대한자강회월보
편역집
3

역자

박관규 고려대 대학원 한문학전공 문학박사로 연세대 학술정보원 국학자료실에 근무하고 있다. 「우암 송시열의 비지문 연구」, 「우암 송시열의 「영릉지문(寧陵誌文)」, 그 찬진의 과정과 표현의 특징」, 「우암(尤庵) 송시열(宋時烈) 비지(碑誌)의 찬작(撰作) 성향(性向) 고찰」 등을 간행하였다.

손성준 성균관대 동아시아학과 문학박사로 부산대 점필재연구소 HK연구교수이다. 『저수하의 시간, 염상섭을 읽다』(공저), 『한국문학 속의 중국 담론』(공저), 『국부(國父) 만들기－중국의 워싱턴 수용과 변용』(공역) 등을 간행하였다.

신상필 성균관대 대학원 한문학과 문학박사로 부산대 점필재연구소 HK교수이다. 『한국 고전번역학의 구성과 모색』(공저), 『서사문학의 시대와 그 여정』(공저), 『묻혀진 문학사의 복원』(공저) 등을 간행하였다.

홍인숙 이화여대 대학원 국문과 문학박사로 선문대 교양교육원 조교수이다. 『근대계몽기 여성담론』, 『근대수신교과서』 2(공역), 「근대 척독집 간행현황과 시대별 변화 양상」 등을 간행하였다.

고전번역학총서

대한자강회월보 편역집 3 자강의 논리

1판 1쇄 인쇄 2015년 5월 8일 **1판 1쇄 발행** 2015년 5월 18일

옮긴이 박관규 · 손성준 · 신상필 · 홍인숙 **펴낸이** 박성모 **펴낸곳** 소명출판
등록 제13-522호 **주소** 137-878 서울시 서초구 서초중앙로6길 15, 1층
대표전화 (02) 585-7840 **팩시밀리** (02) 585-7848
이메일 somyong@korea.com **홈페이지** www.somyong.co.kr

ISBN 979-11-85877-04-4 93810 값 22,000원

이 책은 정부(교육과학기술부)의 재원으로 한국연구재단의 지원을 받아 출판되었음.(NRF-2007-361-AM0059)

고전번역학총서

대한자강회월보 편역집 3

자강의 논리

The Anthology of Daehanjagangghoe Monthly on Translation

박관규 · 손성준 · 신상필 · 홍인숙

소명출판

■ 일러두기

1. 본 편역서의 대본은 1976년 亞細亞文化社에서 영인한 "韓國開化期學術誌"의 『大韓自强會月報』 上, 下권이다.
2. 법령, 광고, 회원 명부, 규칙 등을 제외한 대부분의 기사를 번역하였다.
3. 『대한자강회월보』의 기사들을 주제별로 나누어 편역, 출간한다.
4. 각 권의 세부목차는 기사의 성격에 따라 논설, 번역, 기타 기사 등으로 나누어 편집하였다.
5. 일본인명과 지명은 일본음으로, 중국인명과 지명은 한국 한자음으로 표기하였다.
6. 괄호는 세 가지를 사용했다. 음독인 경우 "( )"으로, 훈독인 경우 "[ ]", 원문의 괄호는 "【 】"으로 표기하였다. "( )"이 독해의 편의를 위해 삽입된 경우도 있다.
7. 괄호 안의 해설은 ";"으로 구분했다.
8. 기타 번역 과정에서 설명이 필요한 부분은 각주를 사용하였다.
9. 본문에 나오는 작가나 인명에 대한 주석은 권 말미에 따로 정리했다.
10. 각주에 나오는 인명이나 서명을 색인에 포함한 경우도 있다.

:: 발간사

고전이란 시간과 공간을 뛰어넘는 인간의 보편적 가치를 지니고 있는 작품이라 일컬어진다. 또는 오랜 시간이 지났지만 낡고 빛바랜 것이 아니라 '오래된 미래'라는 이름으로 불리기도 한다. 고전에 대한 굳은 믿음과 아름다운 찬사이다. 물론 반론도 만만치 않다. 고전의 가치란 시공간을 벗어나 존재하기 어려우며, 고전이 형성되는 과정에서 개입하는 지배 권력의 음험한 작동을 부정할 수 없기 때문이다. 실제로 고전이란 이름으로 시대와 인간을 억압했던 사례 또한 역사에 선연하다. 그런 점에서 고전이 보편적 가치를 지닌다는 통념은 이데올로기적 허구에 가깝고, 고전이 지니고 있는 역기능에 보다 유념해야 한다는 경고는 경청할 만하다. 우리가 기억하는 고전 목록의 대부분이 과거 지배이데올로기였던 불교와 성리학, 그리고 근대 서구중심주의를 강화하는 데 복무했던 사실을 상기한다면 더욱 그러하다.

하지만 역설적이게도 위기의 변혁의 시기, 고전에 대한 재해석으로부터 갱신의 계기를 마련했다는 사실도 함께 기억할 필요가 있다. 서구에서 그리스-로마의 고전을 재해석함으로써 르네상스 시대를 열었다든가 동양에서 제자백가 시대의 유가 경전을 재해석함으로써 신유학의 시대를 열었다는 사실은 잘 알려진 바이다. 고전은 이렇듯 시공간의 아득한 간극에도 불구하고 쉽게 지워지지 않은 채 우리들에게 늘 이중의 과제를 부과하고 있었던 것이다. 과거의 고전을 오늘의 지평으로 끌고 와서 지금도 여전히 유효한 가치를 지니는가를 되묻는 현재적 질문과 동시에 과거의 고전이 담고 있던 문제의식을 재음미하면서 우리로 하여금 새로운 가치를 창출하도록 만드는 미래적 반추가 그것이다. 고전에 대한 이런 되물음과 재음미는 번역의 과정을 통해 비로소 가능하다. 기실, 번역이란 단순한 축자 해석의 차원을 넘어선다. 고전을 번역한다는 것은 고전을 산출한 과거의 지적 시공간을 오늘날의 지적 시공간 속에 삽입하는 과정이자 모두가 읽고 공유할 수 있는 지적 층위를 확충해가는 과정이기 때문이다. 고전을 과거의 현재화, 지식의 민주화라 부르는 까닭이다.

그렇다면 고전번역학이란 거듭해서 음미할 만한 가치를 지닌 고전적 텍스트를 현재와 대면시키면서 새로운 의미를 확보해가는 학문적 분투의 여정이라 할 수 있다. 고전번역은 고전에 새로운 생명을 불어넣는 갱신의 과정이며, 아득한 과거로의 회귀가 아니라 언제나 현재적 기획일 수밖에 없다. 불교 경전이 전래되어 삼국시대에 번역되며 한국불교문화를 꽃피웠을 때도 그러했고, 유가 경전과 신유학의 고전이 전래되어 번역되며 조선 성리학을 일구었을 때도 그러했다. 뿐만 아니라 근대전환기 서양의 문명과 고전이 전래되어 번역되던 시기에도 번역은 과거로의 침잠이 아니라 늘 미래를 향한 현재적 기획의 자세를 견지했다. 바로 그 지점에서 고전번역학은 비교문화학과 해후할 수밖에 없다. 이들 둘은 기본적으로 문화와 문화 간의 차이를 넘어서려는 횡단적 성격을 공유한다. 물론 차이가 있기는 하다. 고전번역학이 시간적 차원에서 문화와 문화의 관계를 해석하는 작업이라 한다면, 비교문화학은 공간적 차원에서 문화와 문화의 사이를 해석하는 작업인 것이다. 고전번역학이 비교문화학과 어깨를 겯고 공명(共鳴)해야 하는 근거이다.

이번에 발간하게 되는 '고전번역학총서'는 단순한 축자 번역을 넘어서서 하나의 문화를 또 다른 문화로 옮기는 문화번역까지 포괄하는 입장에 서서, 고전번역과 관련된 세 가지 차원의 작업을 병행하고자 한다. 첫째, 한국문명의 전환을 이루었던 불교·성리학·서구문명의 전래와 그 고전적 텍스트의 번역에 관련된 자료를 광범위하게 수집·정리하는 작업이다. 이는 고전번역학의 토대를 구축하는 데 크게 기여할 수 있을 것이다. 둘째, 고전번역학의 맥락에서 문명전환기에 중요한 역할을 했던 고전적 텍스트를 선별·번역하는 작업이다. 이는 고전의 현재화를 통해 모두가 활용하는 지적 자산으로 제공될 것이다. 셋째, 고전적 텍스트가 번역되며 새로운 문명전환의 계기가 마련되어 가는 과정을 정밀하게 탐색하고 이를 이론적 차원으로 끌어올리는 작업이다. 이는 한국학계에 고전번역학이란 학문분야를 정립하는 의미 있는 시도가 될 것이다.

돌이켜 보면 고전과 번역은 한국학의 정체성은 물론 문명전환의 과정을 규명할 수 있는 중요한 관건이었음에도 불구하고 이제까지 문헌정리조차 제대로 이루어지지 못했다. 특히 근대 전환기에 유구한 전통을 지닌 우리 / 동양 고전이 새롭게 전래된 서구 고전과의 뜻 깊은 만남, 그리고 그 과정에서 빚어진 파열과 화해의 관계에 대한 탐구는 거의 없었다. 우리는 이런 상황을 직시하고, 한국 고전번역학을 정립하기 위해 자료 수집과 번역, 이론 연구의 기초적인 작업부터 차분하게 시작하고자 한다. 우리가 펴내는 '고전번역학총서'가 그런 힘겨운 여정에 보탬이 되는 디딤돌이 되기를 기대한다.

부산대학교 점필재연구소

차례

:: 발간사 …… 003

제1부 서문, 축사, 취지서, 규칙

대한자강회월보서 (1)_윤치호 013
대한자강회월보서 (2)_이기 015
대한자강회월보서 (3)_오가키 다케오 018
대한자강회월보간행축사 (1)_윤효정 021
대한자강회월보간행축사 (2)_김상범 024
대한자강회월보간행축사 (3)_김석환 025
대한자강회월보간행축사 (4)_윤돈구 027
대한자강회월보간행축사 (5)_지석영 029
대한자강회월보간행축사 (6)_태명식 031
대한자강회월보간행축사 (7)_임진수 033
대한자강회취지서_발기인 장지연, 윤효정, 심의성, 임진수, 김상범 034
본회의 취지와 특성_윤효정 037
본회 취지_오가키 다케오 041
대한자강회 규칙과 세칙 046

제2부
논설부

대한정신_박은식 057
위대한 국민에게는 3개 특성이 있음_오가키 다케오 059
대한지도설_이기 063
자강주의_장지연 067
자강이 가능한가에 대한 문답_박은식 081
단체가 이루어진 뒤에야 민족을 보존할 수 있다_장지연 085
하와이 동포들께 감사함_박은식 093
회의 본의를 논함_이기 096
회의 명의와 목적 및 월보의 독법_이종준 098
문명론_김성희 107
자유를 포기한 자는 세계의 죄인이 된다_설태희 110
언론사가 국사에 유익함을 논함_양계초 117
독립설_김성희 125
외우론_김상범 128
애국설_남궁벽 131
천시가 다시 새로워지다_장지연 134
국가적 정신을 불가불 발휘_윤효정 137
양공이 기우는 집을 완전하게 만들 수 있다_정동모 140
자강의 이유_남궁식 142
금연으로 국채를 보상하는 문제_장지연 148
두 가지를 끊고 한 가지를 좁히자는 논설_지석영 152
자유론_남궁식 156

청국의 각성_윤효정 160
쇄신이 아니면 문명을 이룰 수 없고 문명이 아니면 인류를 보존할 수 없다_남궁식 164
혁심론_김최건 168
과거의 상황_장지연 171
현재의 정형_장지연 176
진정한 사업가_윤효정 182
'자'자를 논하다_이종준 187
자조설_원영의 194
권력의 평균 197

제3부
연설부

본회에 대한 국민의 의문점 및 오해를 변론함_윤치호 203
한국 삼대 병원 중 한 병원_오가키 다케오 206
관존민비의 폐해_정운복 209
조혼의 이해_윤치호 217
외국인의 오해_오가키 다케오 220
한 가지 소감_오가키 다케오 224
금일 국민의 감념이 어떠한가_윤효정 229
국민의 의무_남궁훈 234
생존의 경쟁_윤효정 238

본회의 장래_오가키 다케오 243
인내의 효력_유병필 250
정치가의 마음가짐_윤효정 254

제4부 기타 기사

북미의 대한 사람들이 기금을 모아 해외에 신문사를 만들고 있음을 알림 261
수양의 필요_오가키 다케오 263
마땅히 명실상부해야 함_김최건 265
헌신적 정신_윤정원 267
여항의 논설과 가요 272
이토 히로부미 후작의 연설을 읽고서 느낌을 적다_윤효정 275
이토 통감의 연설 279
부산구_장지연 282
부산구_여규형 284

:: 『대한자강회월보』 해제 …… 287
:: 『대한자강회월보 편역집』을 완간하며 …… 292
:: 인명 주석 …… 294
:: 찾아보기 …… 306

1부 서문, 축사, 취지서, 규칙

대한자강회월보서 (1)~(3) | 대한자강회월보간행축사 (1)~(7) | 대한자강회취지서 | 본회의 취지와 특성 | 본회 취지 | 대한자강회 규칙과 세칙

대한자강회월보서 (1)

윤치호[1]

하루는 어떤 객이 바짝 다가앉아 귀에 대고 내게 묻기를 "자강회(自强會)라는 명칭과 그 취지는 이미 넓은 세상에 공포되었으니 다시 물을 것이 없지만, 그 속사정이 반드시 있을 테니 한 번 듣고자 한다" 하였다. 내가 말하였다.

"아! 이것이 무슨 말인가? 그대가 말한 속사정은 표면에는 자강이라 해놓고 그 내용은 혼란스럽고 부박하게 아첨하는 짓거리를 이르는 것인가? 아니면 혹 밖으로 화려한 이름을 빌려 놓고 안으로 거짓되고 잡된 무리를 끼고서, 자신의 사욕을 살찌우는 데 몰두함을 이르는 것인가? 그것도 아니면 혹 형식적으로 부패를 공격하되, 실제 진심은 한낱 미명(美名)을 빌리고 끝내 일을 마무리 할 수 없음을 이르는 것인가?

1 윤치호는 대한자강회의 초대 회장이었다.

이 세 가지 중에 하나라도 있으면 강한 자라도 반드시 쇠약해지고 말 것이거늘, 하물며 지금 시들고 나약한 우리가 어느 겨를에 자강의 희망을 품겠는가? 본회(本會)의 취지와 명칭은 표리가 동일하여 다른 속사정이 단연코 끼어들 수 없다. 그런데 지금 그대의 질문에 이런 의혹이 있음은 자강한다지만 분명 힘이 없어서 '시작은 있으나 마무리는 드물다'고 한탄한다는 것인가. 이것이 우리나라가 미개하다는 책망을 받는 까닭이다. 그대가 믿지 못하겠다면 본회 월보에서 바로잡기를 바라노라. 월보는 바로 본회의 기관이자 정신이니, 이로써 알 수 있을 것이다."

그러자 객이 끄덕이면서 "과연 그러하군요" 하였다.

(1호, 1면)

대한자강회월보서 (2)

이기

"모임에 회보가 있는 것은 왜인가?"

"회원에게 읽히려는 것이다."

"회원에게 회보를 읽게 함은 왜인가?"

"자강(自强)의 도를 구하게 하고자 함이다."

"비회원이 읽는 것을 허락하지 않음은 어째서인가?"

"그렇지 않다. 읽는 것을 회원부터 시작한 것이지 비회원에게 허락하지 않은 것은 아니다. 진실로 자강의 도를 구하려 한다면 온 천하의 인인군자(仁人君子)들이 장차 모두 읽을 것인데 하물며 우리 대한의 백성이 된 자들이겠는가."

"그런데 우리 대한이 쇠약하여 여기에 이른 것은 모두 문(文)을 숭상한 탓인데, 이제 또 사람들에게 책을 읽게 함은 어째서인가?"

"책은 사람을 약하게도 할 수 있고, 사람을 강하게 할 수도 있으니 내가 여기서 통렬히 논해 보고자 한다. 황로(黃老)의 이야기가 진(晋)나라를 망하게 하였고,[1] 봉천(奉天)의 조서[2]가 당(唐) 왕실을 부흥케 하였으니, 책이 사람을 감동시킴이 그 효과가 진실로 적지 않다. 또 예로부터 준걸한 선비는 반드시 시무(時務)를 알아야 한다. 시무란 다른 것이 아니라 내가 오늘날의 세상에 태어났으니 마땅히 오늘의 옷을 입고 오늘의 음식을 먹으며, 오늘의 글을 읽고 오늘의 자강을 도모해야 한다는 것이다.

요즘 보아하니 오활한 유자들이 매양 옛것으로써 도를 칭하지만, 이는 세상이 달라지면 사람이 달라지고 사람이 달라지면 일 또한 달라지고 일이 달라지면 글 또한 달라짐을 모르는 것이다. 당우(唐虞) 삼대(三代)의 글이 완전했다면 다시 진한(秦漢)의 글이 있을 필요가 없고 진한의 글이 완전했다면 다시 당송(唐宋)의 글이 있을 필요가 없고 당송의 글이 완전했다면 다시 명청(明淸)의 글이 있을 필요가 없고 명청의 글이 완전했다면 또 꼭 서구의 글이 있을 필요가 없고 서구의 글이 완전했다면 다시 『자강회월보』라는 글이 있을 필요가 없다는 것을 알지 못해서이다. 그러니 월보의 간행을 어찌 그만둘 수 있겠는가.

내가 나의 자강에 힘쓰고 나서 또 그대에게 다시 힘쓰게 하는 것은, 뜻이 하나 되지 못하고 힘이 분산되는 것이 진실로 두려워서이다. 내가 이미 자강하고 그대가 또 자강을 회복하면 이는 두 사람의 자강이요, 그대가 또 그대의 옆 사람에게 다시 힘쓰게 하고, 공의 옆 사람이 또 그 옆 사람에게 다시 힘쓰게 하면, 이는 네 사람의 자강이다. 이렇게 하여 2천만 인구의 자강에 이르게 되면 국가의 정치를 개선할 수 있고 세계의 속박에서 벗어날 수 있으니, 그렇다면 여러분이 월보 읽는 것을 또한 어찌 그만둘 수 있겠는가.

1　황로 …… 하였고 : 위(魏)・촉(蜀)・오(吳) 삼국을 통일한 진나라에서 황제(黃帝)와 노자(老子)를 숭상하는 청담(淸談) 사상이 크게 유행하여 국력을 위축시키는 원인이 되었다.

2　당나라 덕종(德宗; 재위 779~805)은 절도사들의 반란으로 781년에 봉천으로 피신하였다. 784년 절도사들을 무마하기 위해 조서를 내려서 당나라는 명맥을 유지할 수 있었다.

아아! 이미 닭이 울어 동쪽이 밝아왔다. 두 손으로 졸린 눈을 비벼 뜨고 읽게 한다면, 나의 다행일 뿐 아니라 여러분의 다행이요, 여러분의 다행일 뿐 아니라 온 나라의 다행이라 할 것이다."

(1호, 2면)

대한자강회월보서 (3)

오가키 다케오

한국은 일본 · 청나라 · 러시아 이 세 나라 사이에 끼어 있어, 국력은 약소하고 인민은 미개하다. 당초에는 청나라의 압제를 받아 국세가 날로 쇠약하다가, 일본과 청나라가 교전한 후로는 청국의 굴레는 벗었으나 일본의 깨우침을 감당하지 못해 몰래 러시아에 의지하여 피하고자 하였다. 그러나 러일전쟁에서 러시아가 연패하여 동아시아의 대세가 일본으로 돌아가게 되자, 아연실색 놀라서 다시 일본에게 의지하였다.

오호라! 이웃 열강이 세력으로 개입하는 경우가 있다 해도, 강자에게 좌우됨이 한국과 같은 경우는 찾아보기 어렵겠다. 비록 그러하나 한국을 한국 되게 하는 데에 어찌 방도가 없겠는가? 하지만 한국의 벼슬하는 자는 견식이 적고 용단도 부족해, 매번 국난을 만날 때마다 좌우를 흘깃거리며 다만 강한 이웃에 의지하여 구차히 편안하기를 도모하려 한다. 그래서 러시아가 강대하여 유럽의 으뜸이라고 들으면 마음이 거기로 움직이고, 일본이 떠오르는 해처럼 발흥하는 것을 보면 마음이 거기로 기울어지며, 청나라가 잠자는 사자처럼 방대하여 뒷날의 부강함을 이루 다 측량할 수 없다고 들으면 다시 그 뜻을 움직인다. 다만 강대국을 섬기고 큰 세력에 아부하면 겉으로는 신뢰하고 속으로는 의심하니, 이러고도 그 나라가 독립하는 경우는 세상에 아직 없었다.

대개 2천만 한국인 중에 어찌 통달한 자가 없겠는가? 나는 일찍이 그런 선비, 군자와 교분을 맺었기에 노련하고 정밀하며 통달한 인걸이 있는 줄 알며, 큰일을 할 만한 젊은 인사가 있음을 보았다. 그럼에도 지금이 지경인 것은 어째서인가? 정치와 법제가 완비되지 않고, 인재가 그 자리를 얻지 못하며, 군주와 백성이 이익과 손해를 함께 하지 않고, 상하가 기쁨과 근심을 같이 하지 못하기 때문이다. 만약 군주와 백성이 이익과 손해를 함께 하고 상하가 기쁨과 근심을 같이 하며, 교육을 펼치고 인간의 지혜를 진보시키며, 식산(殖產)을 권장하고 부(富)의 원천을 열며, 사색당파를 혁파하고, 벼슬길에 인재를 가려서 등용하며, 인심을 게으르지 않게 하여 스스로 믿는 바가 있게 한다면, 한국의 부강을 기대할 수 있을 것이다.

지금 세계 여러 문명국들이 둘러보고 있는데, 누가 능히 군사력이 강하다 해서 제멋대로 다른 나라를 침략할 수 있겠는가? 천도(天道)는 사사로움이 없으며 항상 정의(正義)와 함께 한다.[1] 나라가 작아도 스스로 두려워하지 말고, 인민들이 가난해도 스스로 업신여기지 말며, 오직 정의가 어떠한지만 돌아볼 따름이다. 나라가 정의를 지키고 상하가 협력한다면, 병사를 기르고 무예를 연마하지 않더라도 족히 열강과 대치할 수 있다. 대개 작은 나라가 강해지는 방법은 정의를 지키는 데 있고, 가난한 나라가 부유해지는 방법은 교육과 식산에 있다. 상하가 협력하고 정의를 지키며 교육을 펼치고 식산을 권장하는 일은 오늘날 실로 한국의 급선무이다.

1 『도덕경(道德經)』 79장에 있는 "하늘의 도는 사사로움이 없으며 늘 선인(善人)과 함께 한다[天道無親 常與善人]"라는 구절을 응용하여 쓴 것이다.

오호라! 한국의 관민(官民)과 여러 군자들이 자주독립을 도모하고 세계 문명국 대열에 서고자 한다면, 그 문명국이 되는 궤도를 밟되 감히 혹시라도 통의(通義)와 통법(通法)을 거슬러서는 안 된다. 이것이 대한자강회의 취지요 목적이며, 월보는 본회의 말과 행동을 그대로 보여주는 기관이다. 책머리에 한 마디 기술하여 서문을 대신한다.

남숭산인(南嵩山人; 장지연)은 말한다. "누가 일본에 문장가가 적다고 했는가. 이 한 편의 글은 글자마다 명확하고 정대하며, 그 조직은 극히 정교하고 극히 넓다. 국가의 바른 의리를 논한 곳에서는 시대의 병폐를 더욱 절실히 드러냈다. 사람의 정신을 움직이게 하고 뜻을 도약하게 하며, 정수리에 일침을 가하고, 세상을 일깨우는 큰 종을 쳤으니, 독자는 모름지기 세 번 반복하여 즐겨 읽어야 할 것이다."

(1호, 3~4면)

대한자강회월보간행축사 (1)

윤효정

요번 달에 현세의 요번 달 일을 알고 다음 달에 현세의 다음 달 일을 알아서, 상호간에 응용하는 기술이 있으면 때를 안다고 할 수 있고, 때를 알면 준걸이라 이를 수 있고, 오직 준걸이라야 나라를 경영할 수 있다. 월보라고 하는 것은 현세에 일어나는 일을 매달 알려주는 것이다. 그러니 한 달에 한 번 발간하여 이것을 애독하는 제군이 '때를 아는 준걸'과 '나라를 경영할 자'로 나란히 만들 것을 간절히 바라는 것이 아니겠는가.

나는 『대한자강회월보』 제1호의 발간에 삼가 한 줌 마음 속 향을 피워 우리 진국 동포에게 축원하였다.

"나라가 있고서야 회(會)도 있고 나라가 없으면 회 또한 없으며, 회가 있고서야 월보도 있고, 회가 없으면 월보 또한 없으니, 이 회와 월보는 국가와 존폐를 함께 하려는 것이다. 그러니 애국심을 미루어 그것으로써 회를 사랑하고, 애회심(愛會心)을 미루어 월보를 사랑하는 것이 마땅하니, 그러면 사랑하기를 어찌해야만 하는가. 우리 전국 동포가 한 사람도 빠짐없이 이 월보를 읽는 것 만한 것이 없다.

가령 고금 천하에 읽을 만한 책은 매우 많으니, 윤리 · 도덕이라면 성현의 책을 읽을 만하며, 세상의 옛 일들이라면 역대 사서(史書)를 읽을 만하며, 아름답고 훌륭한 시문이라면 여러 작가의 작품을 읽을 만하며, 또 학술 · 기예 등 서구 문명의 수만 가지 책들 또한 모두 읽을 만하다. 그런데도 전국 동포 중 단 한 사람이라도 반드시 『대한자강회월보』를 읽지 않는 자가 없기를 축원하는 것은 무엇 때문인가. 이것을 읽은 후에야 비로소 조국의 정신을 배양하고 세계의 현상을 미루어 관찰할 수 있게 되어, 국권 회복의 바른 길에 도달할 수 있게 되기 때문이다.

동포여, 동포여! 이 시대가 어떤 경쟁의 시대이며, 또 우리는 얼마나 약하고 어두운 지위에 있는가. 가슴 속에 한 되의 뜨거운 피와 뇌수 속에 한 조각의 영묘한 생각이 없다면 그만이지만, 그것을 갖고 있다면 명분과 의리로써 어찌 이 『대한자강회월보』를 차마 읽지 않을 수 있겠는가. 내가 장차 이 월보로 본회(本會)의 저울추를 삼아 동포들의 애국심을 측량할 것이니, 만약 하늘이 우리나라에 화를 내린 것을 후회하신다면 오히려 백성들의 마음을 계발하기를 도우시려는가."

송(頌)[1] 한다.

남방의 강함도 우리 강함 아니요,
북방의 강함도 우리 강함 아니네.[2]

---

1 송(頌)은 한문 전통 장르의 하나로 축사의 성격이다. 앞의 본문은 국한문체이고 이 송은 한문이다.

2 남방의 강함과 북방의 강함은 『중용(中庸)』 10장에 나오는 구절로 남방의 강함은 관대하고 온유함이며, 북방의 강함은 용맹하여 죽음도 불사함이라 한다.

독립과 자주에 우리 자강 있고,
한강과 남산이 우리 자강 증명하니,
만년토록 자강을 영원히 보존하세.

(1호, 4~5면)

대한자강회월보간행축사 (2)

김상범

대한은 만국의 한 제국이요, 자강회는 제국의 한 단체요, 월보는 자강회의 한 기관이다. 이 세 마디 말에서 나라가 어떤 나라이며 회가 어떤 회이며 월보가 어떤 월보인지 알 수 있다. 그러나 우러러 숭모함이 깊어짐에 스스로 그만둘 수 없어 다시 노래를 지었다.[1]

매이지 않고 의지하지 않음이여, 우리 대한의 강함이도다.
변하지 않고 막히지 않음이여, 우리 회의 강함이도다.
관대와 온유로 가르침이여, 우리 월보의 강함이로다.
남방의 강함인가, 북방의 강함인가.
일만 년 세월에 오직 대한의 자강이로다.
강하고 굳세도다, 강하고 굳세도다.

(1호, 5~6면)

1 다음 시가의 원문은 한시(漢詩)에 현토를 단 형식이다.

대한자강회월보간행축사 (3)

김석환[1]

듣자하니 나라의 근본은 인민에 있고 인민의 근본은 학술에 있다고 한다. 정치 · 종교 · 문학 · 경제 · 병비(兵備)는 물론이고 농업 · 목축 · 공예 · 상업에 이르기까지 나라를 만드는 기구에 그 학술이 정묘해야 비로소 "나라가 되고 인민이 된다" 할 수 있으니, 이는 나라 되고 인민 된 의무이다. 서구인들의 말이 다음과 같다.

"인민들의 지식이 균등해지면 나라의 근기가 된다. 근기가 오래도록 지속되는 역량은 영웅호걸이 갑자기 들고 일어나는 것과 비교할 수 없다."

이는 상국(強國)의 부강한 인민의 지론(至論)이다. 오늘날 학술의 해신을 강구해 보건대 지식보다 우선하는 것은 없다. 지식이 발달하면 정

1 김석환(金碩桓)은 1907년에 연풍군(延豊郡; 현재 괴산군) 군수로 임명되었다.

치 · 종교 · 문학 · 경제 · 군사 및 농업 · 목축 · 상업 · 공예 등의 일이 나라를 위해 갖추어진다. 그 학술을 정밀하게 함이 벼리를 들어 그물을 펼치는 것 같다 하겠다. 그런즉 지금 이 자강회가 간행하는 월보는 진실로 2천만 동포가 견문을 넓히고 지식을 균등하게 하는 역할을 하여, 2천만을 한 마음으로 만들고 국가의 의무를 2천만의 양 어깨 위에 동등하게 지우려 한다. 이렇게 자강불식(自强不息)하고 단결하여 노력하면 단지 국권을 만회할 뿐 아니라 나라의 기틀을 공고하게 할 것이다. 그러면 무럭무럭 같이 올라가서 전 세계 열강과 함께 나란히 달리며 오히려 그들을 능가할 것이라 이르노라!

(1호, 6면)

대한자강회월보간행축사 (4)

윤돈구

글로써 말을 기록하고 말로써 일을 경영하니 그러므로 말을 하지 않으면 비록 일이 있어도 알 수가 없고 글로 쓰지 않으면 말이 있어도 전할 수가 없다. 그러니 글이란 것은 전함이 귀하며 가르침이 귀하거늘, 하물며 오늘날 세운(世運)이 개명하여 인간의 지각이 날로 새로워지는 시절에 있어서랴. 우리 대한의 인사들이 또한 개명의 뜻이 있고 자강의 뜻이 있으되, 매양 말의 뜻이 통하지 않고 글이 전파되지 않음을 걱정하였다. 다행히 뜻있는 여러 군자들이 자유의 권리가 없음을 깊이 근심하고 자강에 대책이 없을까 크게 걱정하여, 회를 설립하여 규정을 세우며 글을 지어 기록으로 남겨 회의 월보로 정하고 장차 원근에 전파하고자 했다.

그리하여 이를 보는 독자들로 하여금 감동하는 바가 있게 하고 격려하는 바가 있게 하여, 이로써 나약한 이들을 자립하는 경지에 이르게 해서, 일세의 문운(文運)을 고무하고자 하니 그 고심과 열성이 어찌 사람으로 하여금 감복하게 하지 않겠는가.

하물며 원근 내외간에 자유와 자강의 길에 뜻을 둔 자가 있거나 개명과 진보의 영역에 이상을 두었으되, 혹은 일이 있어 미처 참석치 못하고 혹은 길이 멀어 참여치 못한 자들이 속으로 한스럽게 여기다가 『자강회월보』가 출간되었음을 들으면 반드시 다투어 구독할 것이다.

한편으로는 자강의 본지를 살펴 연구하며 한편으로는 신지식의 전도를 확장하고 개척하여, 세상 사람들의 심지를 견고히 하고 기개를 굳세게 해서 견문이 증진되고 사업이 성취될 것이니, 사람들이 어찌 즐겨하고 기뻐하지 않겠는가. 그러니 월보가 세상에 도움 됨이 세상을 경계하는 목탁보다 분명 더 낫고, 또한 가가호호 가르치고 깨우치는 것보다 나을 것이니, 기쁨과 다행을 이루 다할 수 있겠으며 축하를 이루 다할 수 있겠는가. 삼가 이를 위해 춤을 추노라.

(1호, 6~7면)

대한자강회월보간행축사 (5)

지석영

『주역』에 이르기를 "하늘의 운행이 굳세니 군자가 보고 자강불식 한다" 하였으니[1] 대개 지극한 정성으로 쉼이 없는 것이[2] 하늘의 운행이요, 쉼이 없을 수 없으나 쉬지 않는 것이 군자의 자강이니, 자강의 뜻이 크지 않은가. 우리 단체 동지들은 세도(世道)의 오염을 탄식하고 국권의 능멸을 비통하게 여겨 특별히 한 회를 설립하여 "자강"이라 하고 이어 월보를 간행하였다. 이는 자강하여 남을 강하게 하고 가문을 강하게 하고 국가를 강하게 하는 방법을 세상에 깨우쳐 알리기 위함이다. 인재 교육과 국권 회복이 자강회 여러분의 뜻과 진실로 공경할 만하도다.

아아! 하늘이 재주를 내려줌은 고금동서에 풍성과 부족의 차이가 없

1 『주역(周易)』「상경(上經)」「건괘(乾卦)」. 하늘의 운행을 뜻하는 건도(乾道)가 지극히 굳세며, 군자가 그것을 보고 스스로 힘써 쉬지 않음은 하늘의 운행이 굳셈을 본받는다는 뜻이다.

2 원문은 "至誠無息"으로 『중용』 25장에 나오는 구절이다.

을 텐데, 어찌 옛적에는 융성하고 흡족했으나 지금에는 쇠퇴하고 침체되었고, 열강은 부강하나 우리 대한은 미약한가. 오직 강함과 강하지 않음에 말미암은 것이니, 이것이 자강회를 만든 이유이며 자강회월보를 간행한 이유이다.

다만 이 책을 보는 자들이 지금부터 계속 대중을 계몽하기를 마음에 맹세하여, 자신을 자강하고 자가(自家)를 자강하며, 어리석은 자가 지혜롭게 되고 비뚤어진 자가 바르게 되기를 바란다. 그렇다면 인재가 홍성하고 국권을 회복하며, 장차 고금을 능가하고 동서를 내려다 볼 것이다. 자강에서 시작되지 않음이 없으리니, 진실로 이와 같이 실행하면 오늘날 여러분의 고심은 장차 천하 후세에 전해질 것이다. 축원을 붙인다.[3]

산의 자강이여, 바다의 자강이여.
우리 자강은 산, 바다와 함께하네.
의존하지 않음이 덕이고, 쉬지 않음이 힘이로다.
기대지 않고 쉬지도 않음이 우리나라를 편안히 하리라.

(1호, 7~8면)

3 아래의 한시(漢詩)는 4자구이다.

대한자강회월보간행축사 (6)

태명식[1]

아름답다 자강이여, 크도다 자강이여.
사람마다 자강이고 집집마다 자강이네.
마음마다 자강이고 일마다 자강이네.
자강하고 자강하니, 나라가 자강이네.
우리 회보 창간하니 우리 자강 일으키고,
우리 회보 확장되니 우리 자강 나아가고,
우리 회보 영원하니 우리 자강 공고하고,
우리 회의 강함이 우리 회보의 강함이네.
귀와 눈이 물들이 뜻과 뇌가 강해지네.
바라건대 우리 동포 자강으로 하나 되고
이러면 국가가 강해지지 않을 수 없네.

1 태명식(太明軾; 1870~?)은 대한자강회 회원으로 활동하였으며 검사와 판사를 역임했다.

천지가 유구하니 우리 회는 자강하네.
일월이 길이 밝으니 우리 회보는 자강하네.[2]

(1호, 8면)

2 이 시도 4자구의 한시 형식이다.

대한자강회월보간행축사 (7)

임진수

아아! 우리 대한이 자강을 잃은 지 오래되었다. 쇠퇴하고 시들어서 마침내 스스로 떨쳐 일어날 수 없으니 이것이 자강회가 일어난 까닭이며, 동포들이 미혹하여 각성할 수 없으니 이것이 자강회보가 만들어진 까닭이다. 그러니 자강회보가 그 목적에 도달하면 그 날이 대한의 자강 기초가 확립되는 날이다. 이 회보가 그 목적에 도달함은 우리 동포가 한 마음으로 회보를 애독하여 자강의 마음을 분발하는 데 달렸다. 이 회보가 그 목적에 도달할 수 없다면 우리 동포가 견고히 닫고 굳게 거부하여 자강의 힘을 해쳤기 때문일 것이다. 무릇 애국의 마음을 가진 보통 사람이라면 이 회보를 대하고 칭찬하고 축하하지 않을 수 없으니 내가 말을 덧붙임은 필요 없겠다. 다만 바라기는 우리 2천만이 사람마다 손에 이 자강회보 한 권씩을 들고, 아침에 펼쳐보고 저녁에 읽어보고 다니면서 읊고 달리면서 암송하는 것이다. 이렇다면 회보의 목적이 달성되리라!

(1호, 8면)

대한자강회취지서

발기인 : 장지연, 윤효정, 심의성, 임진수, 김상범

나라의 독립은 오직 자강(自强) 여하에 달려 있다. 우리 대한이 이전부터 자강의 기술을 익히지 않아서, 인민이 스스로 우매함에 갇혀 있고 국력이 절로 쇠퇴하는 길로 나아가더니, 마침내 오늘의 간난에 이르러 결국은 외국의 보호를 받게 되었다. 이는 모두 자강의 도에 뜻을 두지 않은 까닭이다. 오히려 이에 인습을 따르고 놀면서 자강의 방법에 힘쓸 생각을 하지 않는다면 결국 멸망에 이르게 될 뿐이니, 어찌 오늘날의 형국에서 그치겠는가.

아아! 뜻있는 우국지사가 혹 하늘을 우러러 크게 한숨 쉬며 혹 땅에 주저앉아 통곡함은 진실로 차마 그칠 수 없어서이다. 그러나 초(楚)나라 죄수들처럼 서로 마주하여 신정(新亭)의 눈물을 흘리는 것이나,[1] 비

1 서진(西晉)이 흉노족의 한(漢)에게 멸망하고 그 일족이 강남으로 피해서 동진(東晋)을 세웠다. 동진의 신하들이 신정(新亭)이란 정자에서 고향을 그리며 눈물을 흘리자, 승상 왕도(王導)가 중원을 회복할 생각은 없이 초(楚)나라 죄수처럼 울기만 하느냐며 꾸짖었다 한다.

분강개한 연(燕)나라의 노래[2]를 부르며 공연히 불평한 마음을 품어보는 것이, 나라에 무슨 이익이며 군주에게 무슨 도움이겠는가! 옛날에 위(衛) 문공(文公)의 중흥은 식산(殖産)에 기초하였고,[3] 프러시아의 흥기는 그 공로가 학교에 있었으니, 저들은 모두 나라를 부흥하려는 생각을 잊지 않고 자강의 방법을 강구하였기 때문에 그 큰 과업을 이룩하고 후세에 자취를 남긴 것이다.

지금 우리 대한은 삼천리 강토에 결함이 없고 2천만 민족이 보전되었으니, 진실로 자강할 것을 분발하여 단체가 함께 힘을 합할 수 있다면, 부강한 전도와 국권의 회복을 바랄 수 있을 것이다. 이런 날을 당하여 어찌 서둘러 분발할 때가 아니겠는가. 그러나 만약 자강할 방법을 강구하자면 그것은 다름이 아니라, 교육을 진작함에 있고 식산을 흥업(興業)하는 데에 있으니, 무릇 교육이 일어나지 않으면 인민의 지식이 열리지 않고 산업이 발달하지 않으면 나라의 부가 늘지 않는다.

그러니 인민의 지식을 열고 국력을 기르는 방법은 진실로 교육과 산업의 발달에 있지 않겠는가. 여기서 교육과 산업의 발달이 바로 유일한 자강의 방도임을 알 수 있다. 그렇지만 이 자강의 목적을 관철하고자 하면 부득불 먼저 국민정신을 길러서, 단군・기자(箕子) 이래 사천년의 자국에 대한정신을 2천만 모두의 뇌수에 흘러들게 하여, 한 번 숨쉬고 한 번 눈 깜박이는 순간에도 자강의 정신을 잊지 않도록 해야 한다. 그런 뒤에라야 자강의 심지를 단련하고, 국권을 회복할 생생한 기틀을 만들 수 있을 것이다. 안으로는 조국의 정신을 배양하고 밖으로는 문명(文明)한 학술을 흡수하는 일이 바로 지금 시국의 급선무이니, 이것

2 큰 뜻을 품고 있으나 세상에 쓰이지 못한 자의 노래, 또는 죽음을 각오하고 큰일을 하기 위해 떠나는 사의 비장한 노래라는 뜻이다. 연(燕)나라에 온 형가(荊軻)가 태자 단(丹)의 부탁으로 진시황(秦始皇)을 죽이러 떠날 때 그의 벗 고점리(高漸離)가 부른 노래에 화답해 부른 노래가 매우 강개했다는 데서 나온 말이다.

3 위나라는 기원전 660년에 북적(北狄)의 침입으로 왕이 피살되는 등 국가적 위기를 겪었다. 아버지를 이은 문공이 식산에 힘써 나라를 재건하고 강국을 만들었다.

이 자강회가 발기(發起) 된 이유이다.

전국의 우리 뜻있는 군자들 중 누군들 비분강개하여 국권을 회복하려는 생각이 없겠는가. 청하건대 주저하지 말고 이러한 혈성(血性)을 함께 지녀, 서둘러 자강할 방법을 분발하고 회복의 길로 나아간다면 대한독립의 기초가 반드시 여기서 시작되리니, 이 어찌 온 나라의 행복이 아니겠는가.

(1호, 9~10면)

본회(本會)의 취지와 특성

윤효정

오늘은 곧 대한자강회 제1회 통상회(通常會)이다. 다행히 날씨가 맑고 기운이 온화하여 본회 회원 외에 찬성원과 방청객 여러분이 구름같이 왕림하시어 영광스러운 자리를 꾸며주시니 본회의 감사한 말씀은 한마디 말로는 다할 수가 없도다.

여러분이 이렇게 광림(光臨) 하심은 다만 우리 회의 현황을 구경하려는 것만은 아닐 것이다. 반드시 취지의 소재를 듣고자 해서일 것이니, 본인이 발기자의 한 사람으로 참여했기에 회장이 그 취지와 특성을 설명할 것을 명하였다. 의리상 감히 사양할 수 없으나, 본인의 얕은 학문을 돌아보건대 제대로 뜻을 전할지 두렵다. 그저 왕림해주신 정성에 부응할 따름이며 감히 경청을 바라노라.

무릇 위태롭지 않을 때 위기를 생각하며 어지럽지 않을 때 분란을 생각하여 백성과 사직을 길이 다스리고 오래 평안히 함은, 현자와 철인(哲人)이 나라를 경영하는 방법이다. 그러나 평범한 사람은 그렇지 않아서 위기를 당한 후에야 안위를 구하고, 분란이 있은 후에야 다스릴 것을 생각하며, 약해진 후에야 강함을 구한다. 지금 본회의 이름을 자강이라 하여 발기한 자들의 뜻을 미루어 본다면, 대한의 약함을 가슴 아파하며 피를 토함을 볼 수 있으니, 이것이 소위 약해진 후에 강함을 구하는 것인가.

그러나 시국과 국세가 어떠한지를 살피지도 않고 억지로 무력을 자행하는 우리나라의 소위 의병(義兵)과 청나라의 소위 단비(團匪; 의화단)는 멸망을 자초할 뿐이지 결코 자강할 수 없는 자들이다.[1] 그러므로 본회 자강의 실제는 본회 규칙 제2조 목적에 "교육과 산업을 연구하고 실시함으로써 자국의 부강을 기도하여 훗날 독립의 기초로 삼는다"는 것이다. 한 번 생각해 보라. 훗날의 독립이라 했으니, 진정 오늘의 독립은 과연 어디에 있단 말인가? 이는 비단 우리 발기자들만이 가슴을 치며 피를 토해야 할 일이 아니고, 어찌 전국 동포가 주야로 가슴을 치며 피를 토할 일이 아니겠는가!

교육과 식산의 필요에 대해서는 여러 사람의 논의가 이어질 것이니 내가 덧붙여 말할 필요는 없다. 그러나 교육으로써 지력을 강화하고 식산으로써 경제력을 강화하여 결국 그 두 가지의 자강에 이른다면 자강의 특효는 어떠하겠는가? 우리 대한 독립 주권의 회복이라 하겠으며, 우리 대한 독립 주권의 회복뿐이라 말하리라.

발기자와 본회 회원들의 지성(至誠)과 적심(赤心)은 진실로 이와 같다. 그러나 우리 전국의 동포들이 계속 흐리멍덩하여, 본회에 대해 비방하고 혹 조소하여 "분명히 이루지 못할 것이라" 하여 모두 포기하고 공감하지 않는다면, 돌아보건대 이 약간의 회원들이 어찌 대한의 자강 독립을 담당할 수 있겠는가. 가련하도다! 단군·기자의 옛 강산에 2천만 홍

1 일제 식민지 정책에 순응하는 이런 자세는 자강회가 가진 한계이며 당대의 많은 정치단체들에 공통적으로 나타난다. 동양주의 같은 일제의 선전에 회유된 양상이며 특히 필자인 윤효정은 일제에 대한 협력의 정도가 강했다.

인종[2]의 참상을 다시 보리로다.

훗날이라고 말하는 것은, 내일이나 모레부터 미래의 백천만 년까지를 모두 훗날이라고 할 수 있다. 그러니 앞서 소위 "훗날에 독립을 회복한다"라고 말한 것은 오 년, 십 년 안에 회복한다 해도 우리 동포형제가 감당해야 할 것이요, 백 년 이백 년 이후에 회복한다 해도 우리 동포형제가 감당해야 할 것이요, 심지어 천 년 만 년 영원히 회복할 수 없게 된다 해도 우리 동포형제가 감당해야 할 것이다. 바라건대 우리 대한의 동포형제는 힘쓰고 힘쓸지며, 또 힘쓰고 힘쓸지어다.

오늘날 우리 대한이 세계 최하위의 자리에 있으면서, 부강을 도모하고 열강의 가운데에 어깨를 나란히 하고자 꾀한다면, 우리나라의 한 특성을 양성하지 않고는 끝내 독립의 목적을 관철시키기 어려워질 것이니, 이것이 실로 본회의 소위 "선취한 특성"이다. 청컨대 여러분은 다시금 분명하게 들어주시길 바란다.

무릇 천지간 일체 동물이 모두 배고프면 먹고 목마르면 마시며 삶을 좋아하고 죽음을 싫어하는 본성 외에 따로 한 가지 특성을 갖고 있으니, 그 한두 가지를 들어 말하자면 까마귀・호랑이의 효도,[3] 벌・개미의 충성, 기린의 어짊, 원숭이의 흉내 등이 그러한 특성이다. 각 나라의 사람들도 각각 특성이 있어서 나라마다 다르니, 일본인은 충애가 그 특성이고 러시아인은 탐욕과 사나움이 그 특성이고, 독립은 미국의 특성이며 자유는 영국의 특성이다. 그래서 그 특성의 좋고 나쁨에 따라 국가의 성쇠가 연계되는데, 만약 우리 대한의 유래를 논한다면 이는 단연 의지하려는 특성일 뿐이다. 이것이 실로 오늘날 국세(國勢)를 이루었다.

그런즉 오늘날 본회는 대한 동포와 더불어 장차 진정 무엇을 특성으로

2 홍인종(紅人種)은 황인종(黃人種)을 잘못 쓴 것으로 보인다.

3 까마귀의 반포지효 고사와 설화 속 호랑이의 효도를 함께 나타낸 표현인 듯하나. 호랑이의 효도 설화는 호랑이에게 잡아먹힐 위기에 처한 사람이 그 호랑이가 자기 죽은 형의 환생이라 설득하여 그 호랑이를 속였다는 이야기이다. 호랑이는 그 사람의 부모에게 죽을 때까지 고기를 바쳤다고 한다.

삼아야만 하는가? 자강의 '자(自)'라는 한 글자가 바로 그것이니, '자(自)'라는 글자는 사천이백사십구 년 우리 역사에 대대로 전해져 온 '대한자국(大韓自國)'이 곧 그것이니, 대한정신을 말하는 것이다.

자기가 있은 연후에 남이 있음을 알고 자기와 남의 구별이 있은 연후에 비교하고 경쟁하는 마음이 있게 되어, 천하의 많고 큰 사업이 모두 경쟁하는 마음으로부터 만들어져 나오는 것이니, 지금 전 세계를 돌아보건대 어찌 크게 비교하고 경쟁하는 세계가 아니겠는가. 자기가 가난하고 남이 부유하다면 자기 또한 부유하게 되는 법을 생각하고, 자기가 약하고 남이 강하다면 자기도 또한 강하게 되는 방법을 궁리하며, 교묘함과 서투름을 비교하여 또한 그와 같이 하고, 문명과 야만을 비교하여 또한 그와 같이 하여, 앞으로 나아가기를 그치지 않는 것은 '자(自)'라는 한 글자의 뜻을 깊이 아는 것에서 연유하지 않음이 없다.

교육과 식산의 실질적 발달이 비교하고 경쟁하는 대한정신에 의지하지 않는다면 이는 곧 기선에서 증기력이 없어진 것과 같고 전차에서 전기력이 없어진 것과 같아서 갑자기 활동하고 진행하는 뜨거운 힘이 없어져 버릴 것이다. 우리 회원과 동포는 함께 이 뜻을 헤아려서 먹고 숨 쉬는 잠깐의 시간에도 대한정신을 잊지 않는 것이 곧 바로 독립을 회복하는 큰 기관이도다.

(1호, 19~22면)

본회 취지

오가키 다케오

내가 본 주제에 들어가기 전에 우선 한 가지 말할 필요가 있으니 곧 법률상 용어인 치안 방해의 해석이다. 내가 서울에 온 이후 많은 신사 및 우국지사 여러분과 이야기할 때 항상 정부 당국자에 대하여 오적(五賊)이라는 악명을 붙이고, "그 고기를 씹고자 한다"거나 "천벌을 내리지 않으면 2천만 백성을 어찌하겠는가" 하는 격한 말을 들었다. 실로 그 이유에는 공감을 표함이 없지 않으나, 무릇 한 나라의 대신 된 자가 하루라도 그 자리에 있으면 국민 된 자는 그 관직에 대하여 합당한 경의를 표하여 말을 삼가지 않을 수 없다.

무릇 국가의 질서를 유지할 때 인민의 동요를 제지하기 위하여 치안에 방해가 되는 언동을 허락하지 않음은 문명국의 상례요 따라 국법에도 명백히 규정한 바이다. 개인이 이에 대해 어떻게 말하고 어떠한 격한 말을 쓰든지 국법으로 금지하는 바는 아니지만, 공공의 대중을 모아 놓고 의견을 연설하든지 세상에 글을 공포할 때에는 그 말과 논의가 국가의 질서를 문란하게 하거나 치안을 방해하지 않도록 주의함이 필요하다. 그러므로 본회 규칙 제4조에 국법의 범위를 벗어나지 않고 문명의 궤도를 밟아서 국민을 지도하고 정부에 건의하겠다는 의사를 명시하였다. 그러니 본 회원은 그 정신으로 행동해야 할 것이니, 이는 다른 사람이 정부의 요로(要路)에 있어 국가를 지배한다 해서 이렇게 말함이 아니요, 훗날 본회 회원이 정부의 요로에 있어 국가를 지배할 경우에도 치안의 방해를 제지하여 국가 질서를 유지함이 필요한 즉 피차 동일한 생각이 있을 수밖에 없기 때문이다.

본론에 들어가면, 국가 정치를 외교와 내정의 두 가지로 구분할 수 있다. 한국이 불행히 일본, 청나라, 러시아 삼국 사이에 끼어있어 예부터 이웃 강국의 세력이 커지거나 작아질 때마다 국운에 영향이 미치는 고로, 외교에만 분망히 고민하여 사직(社稷)의 안위가 외교의 여하에 있는 상황이었다. 내정은 소홀히 하여 구습대로 방임하고 거의 외교에 전력하는 상황이었음은 형세가 그럴 수밖에 없었다. 그러나 지금 외교는 일본이 맡은 바가 되어 한국이 고심하여 경영할 것이 없으니 지금 이후는 온전히 내정의 개량 진보에만 전력을 쏟아 불가불 부강의 실질을 성취함에 힘쓸 것이다.

이렇게 외교권을 일본에 위임한 일에 대해 하늘을 우러러 큰 한숨을 쉬고 혹은 땅에 엎드려 통곡하여 망국의 조약으로 시비할 뿐 아니라 심지어 약을 먹고 자결하고 국민을 격동하여 국권 회복에 밑천으로 삼고자 하는 이가 있으니, 나도 또한 깊이 그 뜻을 헤아리기에 처자를 버리고 급히 한국으로 건너왔다. 이는 그 형세를 모두 알았기 때문이다.

그러나 동양의 대세를 살펴보고 한국 전래의 행동을 생각해 볼 때, 일본의 자위(自衛)상 한국 외교권을 일본에 위임함이 필요하다 하여 양국의 황제와 정부 간에 협약이 성립되었다. 따라서 어떤 논자와 같이 이 협약을 파기하여 국권을 회복하겠다고 주장하는 것은, 비록 그 뜻이 애국 충정에서 나왔을지라도 한국을 멸망시킬 방법이 될 수 있으니 방법을 촉구하지 않을 수 없다. 옛날 효자가 있어 그 아버지의 얼굴에 독충이 있음을 보고 옆에 있던 몽둥이로 그 독충을 내리쳤더니 독충은 죽었으나 그 아버지도 머리와 이마를 다쳐 선혈이 뚝뚝 떨어져 끝내 죽었다는 이야기가 있다. 효자의 마음은 원래 미워할 것이 없지만 방법을 잘못 택해 뜻밖에 불효의 결과를 본 것이 아닌가.

신협약(新協約; 을사늑약)에는 한국 부강의 실질이 인정될 시점까지만 유효한 약관이라고 명기했을 뿐 아니라, 이토[伊藤] 통감이 천만 원 차관에 대하여 연설한 중에도 한국의 부강에 도움이 되는 이유를 분명히 말했다. 한국이 문명을 흡수하여 부강의 실질만 성취하면 신협약은 해제될 뿐 아니라 완전한 독립국으로 세계열강에 나란히 서게 될 것은 명료한 사실이다. 이러한 사리에 따라 국권의 회복과 독립의 기초를 이룰 것이니 본회는 가장 급한 일로 방침을 결정한 까닭이다.

그러니 부강의 실질을 들어 독립의 기초를 만듦에 어떠한 방법이 필요하냐고 묻는다면, 교육을 진작하여 사람들의 지식이 개명하도록 꾀하고 식산흥업에 뜻을 지극히 하여 나라 부강의 증진을 꾀함이 필요하다. 교육과 산업의 발달이 실로 국가 부강의 기본이 됨은 본회의 취지만이 아니라 전국의 지식인 및 여러 단체에서도 또한 앞서서 외친 바이다. 그러나 이에 본회의 특색으로 다른 단체에서 아직 표방하지 않은 한 가지 일을 설명하려고 희망하노니 즉 한국혼(韓國魂)이 이것이다.

안으로 한국혼을 배양하고 밖으로 문명의 학술을 흡수함이 본회의 특색이 아닌가. 일본에서도 사오십 년 전까지는 한국과 같이 미개국됨을 면치 못하였다. 그러나 한 번 서구의 문명을 흡수하고는 소위 야마토혼[大和魂]을 발휘하여 안으로는 불열기(不劣氣),[1] 원기(元氣), 호연지기(浩然之氣)를 기르고 밖으로는 뜻을 가다듬어 문명의 학술을 닦아 결국 서구인을 쫓아내고 지금에는 오히려 서구를 능가함에 이르렀다. 민

1 지지 않겠다는 마음, 경쟁심을 이르는 것으로 추정된다.

약 이 야마토혼을 발휘하지 않았다면 어찌 문명의 학술을 수양하여 진보와 발달을 이루었으리오. 죽은 자가 비단옷을 걸친 것과 같이 어떤 활기도 없게 되었을 것이다.

그러므로 한국에서도 단군과 기자 이래의 정신을 잃지 말아서 소위 한국혼을 발휘하고, 저이도 사람이고 나도 사람인데 저이가 할 수 있는 것을 내가 못하랴 하면서 밤낮으로 저 사람처럼 될 것을 생각해야 한다. 불열기(不劣氣), 원기, 호연지기를 발휘하여 부강의 실질에 들 것을 힘써야 할 것이니 이는 본회의 특색이요, 다른 곳에서 아직 표방하지 않은 바이다.

이는 곧 대한자강회 규칙 제2조에서 교육의 확장과 식산의 발달을 연구하고 실시하며 자국의 부강을 도모하여 훗날 독립의 기초를 만든다는 것을 명기한 이유이니, 한국에서 난 자는 누구든지 본회의 취지를 찬성하지 않겠는가. 만약 본회에 반대하는 자가 있다면 제군의 뇌리에서 이러한 자는 결코 한국의 신민이 아니라는 생각이 들 것이다. 그러나 이에 크게 주의할 것은 다른 단체에 대한 언동이니, 일본의 옛 노래에 "따로 산길을 올라가도 달 보는 것은 똑같네"라고 하였다. 대개 다른 단체도 또한 국가와 국민의 복리를 도모하는 뜻이 있을 것이며 다만 그 가는 길이 달라서 간혹 국민을 위험한 길로 인도하는 듯 보여도, 우리 단체의 입회 여부는 다만 대중들의 선택에 맡길 뿐 결코 다른 단체를 비방해서는 안 된다.

본회의 취지와 목적은 위에 대략 설명하였으나 다만 실행방법에 있어서는 반드시 정부와 병행할 것이므로 본회가 연구하고 주창하는 바는 반드시 정부에서 채용하고 실행할 기운을 만들 것이다. 그 일례를 들면 교육 진작은 시국의 급무라고 소리 높여 외쳐서 사립학교가 발흥하게 된 것이 오늘날과 같다. 그러나 이미 교육을 받아 신지식이 있는 자가 국가의 요직에 설 수 없고 오히려 생활이 곤란하다. 사적인 정리(情理)에 호소하고 뇌물을 주어 국가의 요직을 주고받는 일을 그대로 두어 고치지 않으면 교육의 장려를 저해함이 매우 커진다.

그러므로 교육을 받아 재능과 지식이 있는 자는 문벌에 구애받지 말고 점차 등용하여 국민 교육이 필요함을 알게 하고 인재 등용의 실제를 보여주게 한다면, 큰 소리로 외쳐 부르짖지 않더라도 전국이 자연히 따라와 교육이 발달하게 될 것이다. 이는 교육에 관한 일례에 불과하지만 본회의 취지와 목적에 도달하는 수단과 방법에 나아가서는 이제부터 정부에 건의하여 호의로 충실히 교섭할 수 있을 것이다.

내가 대한자강회의 고문으로 이렇게 온화하게 논의함을 보고 제군 중 몇몇은 실망하고 낙담하여 나를 공리공담의 무리로 여겨 아래와 같이 말한다.

"오늘날 정부에 호의로 교섭한다든지 충실히 권고한다든지 함은 소위 마이동풍(馬耳東風)이요, 와면살수(蛙面撒水)[2]이다. 무슨 효험이 있겠는가."

그러나 많은 사람들이 모여 크게 떠들어 외치며 사직을 권고하거나 많은 사람이 휩쓸려 다니며 시위 운동하는 것 같은 만행은 소위 치안 방해이니 효과가 없고 오히려 죄만 얻을 뿐이다. 무릇 바른 이치에 따라 국가의 이익을 표방하고 단체를 만들어 국민의 신뢰를 받고 정부의 외경(畏敬)을 받는 바가 되어야 한다. 이렇다면 호의로 교섭하는 효과가 만행보다 몇 배나 나을 것이다. 이와 같이 국민 다수의 동의를 얻어 공평한 수단으로써 공의(公議)와 여론의 강함을 보이고 단체를 만든 세력을 이용하면 천하에 무슨 일을 이루지 못하겠는가. 옛사람이 말하기를, "대중의 말이 쇠를 녹이고, 대중의 마음이 성을 쌓는다" 하니 제군은 나의 논의를 완미(玩味)하길 바란다.

(1호, 23~28면)

2 일본의 속담이다. 개구리 얼굴에 물을 뿌려도 개구리에게 어떤 자극도 되지 않는다는 뜻이다.

대한자강회 규칙과 세칙

제1조 회명

본회는 대한자강회로 이름을 세울 것.

제2조 목적

교육의 확장과 산업의 발달을 연구하고 실시함으로 자국의 부강을 계획하고 도모하여 훗날 독립의 기초를 만들 것.

제3조 위치

본회의 중앙사무소는 한성(漢城)에 둘 것.

제4조 방법

국법의 범위와 문명 궤도 이내의 행동으로 혹 인민을 지도하며 혹 정부에 건의할 것.

제5조 임원

회장 1인, 부회장 1인, 평의원 20인, 간사원 20인을 투표로 선출할 것.

제6조 임무

아래와 같이 할 것.

회장은 회무(會務) 요령을 총괄 관리할 것.

부회장은 회장을 보좌하되 회장이 유고(有故)할 때에 그 사무를 대변할 것.

평의원은 자강회의 중요한 사항을 의론하여 표결할 것.

간사원은 각자의 분장을 두어 자강회의 서무를 관리할 것.

제7조 기관

월보나 혹 신문을 발간하여 본회의 주의를 발표하며, 그리고 자강회의 사업을 게재할 것.

제8조 고문

법률과 정치에 정통한 일본인 1명을 초빙하여 본회의 외교 사무를 담당케 할 것. 단 봉금(俸金)의 지급은 없이 할 것.

제9조 통상회(通常會)

매월 1회 개회하여 이전 시기의 성적을 표명하고 회원의 안건을 가부로 결정하며 혹 본회의 목적과 방법의 상당한 연설도 있을 것. 단 자강회 사무의 긴급한 경우에는 임시특별회의를 개최할 것.

제10조 평의회(評議會)

통상회 1주일 전에 평의회를 개최하여 회원이 건의하고 제출한 건을 평론하여 선정할 것. 단 긴요한 사항의 경우에는 임시회를 개최할 것.

제11조 지회(支會)

회무(會務)의 진전을 위하여 주요 지방에 지회를 설치할 것.

제12조 회비

회원의 입회금과 독지가의 기부금으로 충당할 것.

제13조 입회

임원 2인 이상의 천거를 필요로 하며 본회가 정한 입회순서를 이행할 것. 단 현직 관인으로 같은 뜻을 표할 때에는 회원명부 외에 특별히 찬성회원명부를 제작할 것.

제14조 퇴회(退會; 탈퇴)

어떠한 사정으로 인하여 퇴회하든지 그 뜻을 진술하고 회권(會券; 회원증)을 사무소에 반환할 것.

제15조 출회(黜會; 퇴출)

품행의 부정으로 자강회의 면목을 더럽히거나 불온한 행동으로 자강회의 취지에 위배되는 자는 회중(會中)에 발표하고 회안(會案)에서 제명할 것.

제16조 개정(改正)

원래의 규칙은 평의회의 가결을 경유하여 증감하여 개정할 수 있을 것.

4일 발기인과 동지 20여 인이 원동(園洞) 임시사무소 윤효정 씨 댁에서 모여 임시회장 임진수(林珍洙) 씨가 자리에 오른 뒤에 회무(會務)를 상의하고 안병찬(安秉瓚)·한영복(韓永福)·유석태(柳錫泰)·박주헌(朴周憲)·임병항(林炳恒) 다섯 분이 임시간사로 선출되었다.

9일 경무청(警務廳) 소환장으로 인해 윤효정(尹孝定)·심의성(沈宜性)·임진수·김상범(金相範) 네 분이 경무청에 나가자 경관이 묻기를 "귀회(貴會)의 목적이 오로지 교육과 식산에 있다면 일반 정치에는 간섭하지 않을 뜻으로 증명서를 씀이 어떠하오" 하여 "본회에서도 취지와 목적 이외의 정담(政談)은 관계하지 않으나 다만 목적 이내의 일은 정부에 건의까지 할 터인즉 자연 정담을 만들 것이지만 일반 정치에는 간섭하지 않는다. 이는 본회 규칙 제4조가 무효하게 되니 다만 목적 이외의 정담에는 관계하지 않는다는 뜻으로 동지들과 상의하여 내일 다시 알리겠노라"고 답변하였다.

10일 발기인 5인의 성명으로 경무청에 증명서를 적어 보내기를 "본회는 취지와 목적 이외의 정담을 간여하지 않을 뿐 아니라 비록 목적 이내의 행동이라도 국법의 범위와 문명 궤도를 반드시 따르겠노라"고 하였다.

입회청원서와 입회인증을 발간하여 실시하다.

청원서 (제 호)

주소 직업

청원인 성명 나이

본인이 귀회의 취지에 같은 뜻을 표시하여 일체의 회헌(會憲)과 의무를 확실히 이행할 뜻으로 입회하고자 하오니 살펴 입회를 허락하심을 바람.

광무 년 월 일

청원인 성명 날인

추천인 성명 날인

동(同) 성명 날인

대한자강회회장 아무개 가하

입회인증

본회의 취지에 대하여 같은 뜻으로 입회하고자 하시는 성의에 감복하여 이에 본 증서와 회규(會規)를 드리오니 아래의 회원의무를 확실히 지키시기를 힘써 바람.

회원의무

입회 청원서를 제출하는 때에 입회금 1환(圜)을 아울러 첨부할 것.

양력 매월 세 번째 토요일 통상회와 임시특별회에 부득이한 일 외에는 반드시 출석할 것.

본회에서 발간하는 월보나 혹 신문이 있을 때에는 필수적으로 구매하여 볼 것.

광무 년 월 일

대한자강회회장 성명

회원 아무개 성명 좌하(座下)

11일 취지서와 규칙을 일반 단체에 발송하다.

14일 임시회를 열고 임원을 선정하니 회장은 윤치호(尹致昊) 씨요, 평의원은 장지연(張志淵)·윤효정·심의성·김상범·임병항·남궁훈(南宮薰)·임진수·이원긍(李源兢)·박승봉(朴勝鳳)·이상천(李相天) 열 분이요, 간사원은 한영복·최재학(崔在學)·안병찬·김영규(金英圭)·이명건(李命健)·강한희(姜漢熙)·김석환(金碩桓)·오주혁(吳周爀)·정운복(鄭雲復)·백상규(白象圭) 열 분이 우선 선출되었고 고문은 일본 신사(紳士) 오가키 다케오[大垣丈夫] 씨로 추천하다.

18일 임시평의회에 통상회세칙과 평의회세칙의 기초위원(起草委員)을 윤효정·장지연·임병항 세 분으로 투표 선출하고 통상회에 제출할 각 안건을 선정하다.

28일 하오(下午) 2시에 통상회를 전동(典洞; 종로구 견지동) 입전(立廛; 옷감 판매 가게) 도가(都家; 동종 상인들이 회의하던 집)에서 개최하니 출석 인원이 44인이요, 당일 회무와 연설은 아래와 같다.

윤효정 씨가 개회세칙과 평의회세칙의 기초한 것을 낭독 보고하자 회중에서 전체 채용하기로 가결하다.

대한자강회 통상회세칙

제1조 통상회의 개회는 매월 세 번째 토요일 하오 2시에서 5시까지 할 것. 단 낮의 길이에 따라 시간의 조절을 수시로 개정할 것.

제2조 회원 20인 이상의 출석이 아니면 개회할 수 없을 것.

제3조 개회 시한이 되면 회장이 자리에 올라 개회를 선언할 것.

제4조 개회 후 회장이 사찰위원 2인 이상을 뜻에 따라 임명하여 회장(會場)을 정숙하게 할 것.

제5조 사찰이 아래의 석규(席規; 통상회 자리의 규정) 5항을 낭독하여 회중에 선포할 것. 5항은 다음과 같다.

개회 중 흡연을 불허할 것.

개회 중 사담을 불허할 것.

개회 중 자리의 순서와 방향의 변경을 불허할 것.

개회 중 이유 없이 출입을 불허하되 부득이한 사정이 있을 때에는 반드시 사찰에게 말할 것.

개회 중 먼저 퇴장을 불허할 것.

제6조 회원이 위의 항목을 위반할 때에는 사찰이 즉시 호명하여 경고할 것.

제7조 출석 점호할 때에 도착하지 못한 회원은 사찰이 성명을 자세히 기록할 것.

제8조 제5조의 석규를 위반하거나 제7조의 출석 점호할 때에 도착하지 못한 회원은 폐회할 때 사찰이 지명하여 공표할 것.

제9조 서기가 출석 점호할 때에 회원이 일일이 응답한 뒤에 출석 인원수를 서기가 회장에게 보고할 것.

제10조 회장이 불참한 회원의 성명을 물은 뒤에 출석 인원수를 공표할 것.

제11조 회장 이하 일반 회원이 발언할 때에는 반드시 단정하게 기립하되 일반 회원은 회장을 불러 발언권을 얻은 다음에 발언할 것. 단 2인 이상이 회장을 동시에 호명할 때에는 회장이 지명한 사람에게 발언권을 줄 것.

제12조 서기가 지난 회의록을 낭독하면 회장이 회의록의 착오 유무를 물은 뒤에 안건의 보존을 선포할 것.

제13조 회장이 신구(新舊) 사건의 유무를 물으면 회원은 안건을 서기에게 교부(交付)하고 간단하고 자세한 설명으로 안건을 제출할 것.

회원이 회무에 진전시킬 방책이 있으면 어느 때라도 평의회 이전에 안건을 만들어 사무소에 송부할 것.

안선 용지는 본회의 정식 인찰지(印札紙)를 반드시 사용할 것.

문법은 국한문으로 간명함을 요할 것.

서식은 회장과 평의장에게 반드시 제출할 것. 단 평의회가 지난 뒤에 긴급한 사항이 있어 평의장과 평의원 4인 이상의 협의를 거친 자는 이러한 제한을 두지 않을 것.

제14조 안건에 대하여 찬성할 뜻이 있는 회원은 해당 안건에 재청할 것.

제15조 안건 재청이 있을 때는 회장이 대략 설명하고 회중에 의견을 물을 것. 단 안건에 재청이 없으면 안건을 무효시킬 것.

제16조 회원 4인 이상이 의견을 설명하기 전에 먼저 안건을 개정할 수 없을 것. 단 의견 설명을 계속하는 사람이 없으면 이러한 제한을 두지 않을 것.

제17조 안건에 대한 설명을 마친 다음에 안건을 바꿀 것이 없으면 회장이 가부를 물어 다수결에 따라 결정할 것.

제18조 안건 개정과 재청이 있을 때는 회장이 의견을 회중에 물어 다수결에 따라 결정할 것.

제19조 다시 안건 개정이 있을 때는 제16조와 제17조의 순서를 이행할 것.

제20조 찬성과 반대표가 동일할 때에는 회장의 의견으로 결정할 것.

제21조 한 사건에 대하여 1인이 3회 이상의 발언을 할 수 없을 것.

제22조 지난 사건의 처리 중에 회계가 이전 회의 이후와 당일 회의 이전의 수입과 지출 총액과 현재 금액을 회장에게 보고하고 다시 회계 명세서로 제출할 것.

제23조 회장은 매 회의마다 회계조사위원을 3인씩 추천하여 이전 조항의 회계를 조사한 뒤에 다음 회의에 보고토록 할 것.

제24조 회장이 연설할 필요가 있을 때에는 대리 회장을 스스로 정하여 자리에 오르게 하고 발언권을 얻은 뒤에 발언 할 것.

제25조 일처리가 끝나지 않았는데 시한이 임박할 때는 회원 중에 몇 분간 연장하기를 동의하여 재청이 있으면 의견을 불문하고 즉시 가부의 다수로 결정할 것.

제26조 이 세칙은 통상회의 가결에 따라 수시로 개정, 증감할 수 있을 것.

대한자강회 평의회세칙

제1조 본 의회는 평의원 20인으로 성립하니 회장과 부회장은 의원 자격을 겸하여 출석할 것. 단 필요한 경우에는 간사원과 합석할 것.

제2조 의회는 전원의 1/3 이상이 출석하지 않으면 개회할 수 없을 것.

제3조 의회는 매월 두 번째 토요일 하오 2시에서 5시에 그칠 것. 단 낮의 길이에 따라 시간을 조절함은 뜻대로 개정할 것.

제4조 의회는 회중의 중요한 사항을 의결하며 회원이 통상회에 제출하려는 안건을 심사하여 선정할 것.

제5조 서기가 회원의 안건을 수합한 것을 일일이 낭독 보고하면 의장이 해당 사건에 대한 의견을 물은 뒤에 해당 안건의 선정을 다수결로 결정할 것.

제6조 안건의 결정은 본회 취지와 목적의 범위 안에 진전의 방도가 확실한 것으로 기준을 삼을 것.

제7조 안건으로 선택된 것은 의장과 회장이 도장을 날인할 것.

제8조 개회 중의 통상회규는 일체 본회의 통상개회세칙에 따를 것.

제9조 이 세칙은 본 의회 전원의 반수 이상의 가결이 되지 않으면 개정 증보할 수 없을 것.

장지연 씨의 안건

임원 임기를 6개월로 정하되 다시 선출할 때는 이전 임원의 재선을 제한하지 않음을 원 규칙 제5조 아래에 첨입할 것으로 회중에서 가결하다.

홍필주 씨의 안건

임원 신징 시에 추천권은 평의원에게 있고 투표권은 일반 회원에게 있는 것으로 보칙(補則) 가운데 편입할 것을 회중에서 가결하다.

윤효정 씨의 안건

본회가 이미 성립되었으니 일반 사회에 총 대표를 파견하여 친목하는 예의를 표할 것으로 회중에서 가결하다.

심의성 씨의 안건

본회 평의원이 평의회와 통상회에 연달아 이유없이 불참할 경우에는 임무를 포기함으로 인정하여 해당 회원의 청원을 기다리지 않고 대리 회원을 투표로 선발할 것으로 보칙 가운데 편입할 것을 회중에서 가결하다.

김상범 씨의 안건

본회 취지와 목적에 대하여 동의하고 찬성할 때에는 외국인이라도 찬성원으로 입회를 허락할 것으로 보칙 가운데 편입할 것을 회중에서 가결하다.

남궁훈 씨의 안건

평의원 5인을 추가 선발하자고 하여 회중에서 가결로 평의원을 선거하니 유근(柳瑾)·현은(玄檃)·태명식(太明軾)·김명준(金明濬)·여병현(呂炳鉉) 다섯 분이 피선되다.

김영규 씨의 안건

간사원 이명건·정운복·김석환·백상규·안병찬 다섯 분이 청원한 대리를 선발 충원하자고 하여 회중의 가결로 간사원을 선거하니 이덕수(李德洙)·윤정구(尹貞求)·이보상(李輔相)·정호면(鄭鎬冕)·최상집(崔庠集) 다섯 분이 피선되다.

(1호, 10~19면)

2부 ▌논설부

대한정신 | 위대한 국민에게는 3개 특성이 있음 | 대한지도설 | 자강주의 | 자강이 가능한가에 대한 문답 | 단체가 이루어진 뒤에야 민족을 보존할 수 있다 | 하와이 동포들께 감사함 | 회의 본의를 논함 | 회의 명의와 목적 및 월보의 독법 | 문명론 | 자유를 포기한 자는 세계의 죄인이 된다 | 언론사가 국사에 유익함을 논함 | 독립설 | 외우론 | 애국설 | 천시가 다시 새로워지다 | 국가적 정신을 불가불 발휘 | 양공이 기우는 집을 완전하게 만들 수 있다 | 자강의 이유 | 금연으로 국채를 보상하는 문제 | 두 가지를 끊고 한 가지를 좁히자는 논설 | 자유론 | 청국의 각성 | 쇄신이 아니면 문명을 이룰 수 없고 문명이 아니면 인류를 보존할 수 없다 | 혁심론 | 과거의 상황 | 현재의 정형 | 진정한 사업가 | '자'자를 논하다 | 자조설 | 권력의 평균

대한정신

박은식

보천(普天) 아래 대륙 위에 각종 인류가 야만과 토번(土蕃)을 제외하고는 각각의 머릿속에 자국 정신을 갖고 있으니, 국가라는 것은 우리의 일대 가족이다. 만약 그 가족의 정신이 불완전하여 하나의 단체를 이루지 못하면 다른 가족이 침범하여 압박하고 유린하는 환란을 입을 것임은 분명한 형세이다. 오직 이 대한이 곧 우리 조국이니 삼천리 강역은 우리 가족의 집이요, 사천 년 문물은 우리 가족이 대대로 이어 온 것이다. 우리 2천만 동포의 할아버지, 아버지로부터 자자손손이 혈맥이 서로 이어지고 성명(性命)과 지체(肢體)를 갖춘 것이 바로 이 대한정신의 응결이요, 덕업(德業)을 서로 권하고 이리를 서로 연마하여 생환을 함께하고 목숨을 걸고 버리지 않음도 대한정신이 관철한 바이다.

그러니 우리 2천만 동포도 머릿속에 대한정신을 품고 있음은 다른 민족과 다름이 없거늘 무슨 이유로 오늘에 이르러 국가의 권력을 보존하지 못할 뿐 아니라 개인의 생명을 자유로이 못하고 재산을 스스로 보호하지 못하여, 노예의 모욕을 감수하고 어육(魚肉)의 참극을 면치 못하는 지경에 다다랐는가.

아아! 현 시대는 세계 인류가 생존경쟁으로 우승열패(優勝劣敗)하는 때이다. 국민의 지식과 세력을 비교하여 영욕과 존망을 판단하니, 저 개명한 나라의 민족이 교육으로 지식을 개발하고 식산으로 세력을 증진하여 오직 타인보다 뛰어나도록 계획하고 힘쓰는 것은, 자국 정신이 완전하고 공고하며 백 가지 어려움에도 꺾이지 않으며 만 가지 변화에도 흔들리지 않는 효력이 있기 때문이다. 우리 대한은 교육이 쇠퇴하고 식산이 졸렬하여 지식이 어둡고 세력이 추락하니, 타인의 침범하고 억압하고 유린함을 어찌 면할 수 있겠는가.

그러니 우리 2천만 동포는 가히 자국 정신을 품은 인종이라 말할 수 없으니 어찌 슬프고 아프고 부끄러운 일이 아니리오. 이에 대한자강회가 뜻 있는 분들의 발기로 말미암아 조성되었다. 그 주지와 목적은 일반 국민의 교육을 진작시키며 산업을 증식하고 발달하여 개개인의 자강 사상으로 자강의 실력을 양성하게 함이며, 최대의 요점은 대한정신을 2천만 형제의 머릿속에 심어놓음이다.

오직 우리 동포는 발을 헛딛고 넘어지는 사이에나 위험과 어려움을 걱정하는 때에나, 총포와 창검의 가운데서나, 세찬 물결과 불꽃이 부딪히는 중에라도, 일단 대한정신이 하늘을 지탱하고 땅을 버티도록 확고해 뽑히지 않으면, 이 정신을 기반으로 삼아 사천 년 조국이 완전한 세계상 독립국이 될 수 있을 것이다. 아아! 부디 이를 생각하여 힘쓸지어다.

(1호, 56~58면)

위대한 국민에는 3개 특성이 있음

오가키 다케오

첫째, 개인으로서 자주독립의 정신이 없을 수 없으니, 이 정신이 없는 국민은 위대한 국민이 될 수 없을 것이다. 국민은 개인의 모임인 까닭에 국민적 정신은 실로 개인적 정신의 일치단결일 뿐이다. 그러므로 개인의 자주독립 정신이 부족하면 그 개인들로 조직된 국민도 또한 자주독립 정신이 박약하지 않을 수 없다. 자주독립이라 하는 것이 개인으로든 국민으로든 일체 남의 도움을 거절함을 말하는 것은 아니니, 이렇게 하면 인류 생활의 도리가 아니다. 인류가 도움을 바라고 혹 도움을 베푸는 것은 사회에서 공동생활을 하는 본의이다. 다만 성인으로서 스스로 일하지 못하고 타인의 노력에 의지하여 생활하고자 함은 큰 잘못이라 할 수 있으니 이는 자주독립의 사람이 아니기 때문이다.

영미(英美) 인민들의 특성을 살펴보면 저들은 타인의 은혜에 의지하기를 좋아하지 않아서 성공의 대소 여하에 불구하고 자주독립의 성공을 믿는 이들이다. 저들은 먼저 자기의 힘을 믿고 만약 혹 자기의 힘을 다하여도 부족할 때는 타인과 일치 협동하여 사업을 경영하고 만약 개인들의 일치 협동으로도 할 수 없는 일만 정부의 보호에 의지하는 습관을 가지고 있다. 저들은 "하늘은 스스로 돕는 자를 돕는다"는 격언을 다른 나라의 인민들보다도 탁월하게 실행한 국민이다. 그래서 영국은 세계에서 태양이 지지 않는 식민 대제국을 조직했고, 미국은 북극에서 남극에 통하는 대륙의 패권을 가진 대공화국을 건설하였다.

둘째, 위대한 국민은 개인으로서 자주독립의 정신을 가졌을 뿐만 아니라 단체로서 조직적 일치의 능력이 있음을 필요로 한다. 협동 일치의 정신은 사회생활의 기본이므로 어떠한 국민이라도 이 정신을 가졌다고 하지만, 또 공공의 일에 관해서 반드시 일치 협동의 미풍(美風)을 소유함에 영미 양국의 인민이 특히 다른 국민보다 왕성하다. 저들의 일치 협동은 구차한 부화뇌동(附和雷同)이 아니요, 맹목적으로 복종함도 아니다. 반드시 각자의 지론을 고수하고 남의 의견을 서로 견주어 보아 상세히 논의를 펴고 토론한 후에 다수의 의견에 따라 자유롭게 결정을 하는 습관으로써 거의 제2의 천성을 이루었다.

또 저들 사이에서는 비록 소수의 사람이라도 자유로 자기 의견을 개진하는 기회가 있으므로 반대 의견이라도 다수의 의사로 정한 후에는 소수의 사람들이 또한 다수의 의견에 기꺼이 따르니, 이러한 뒤에야 다수의 의사가 비로소 전체의 의사로 공인된다. 만약 다수의 의견이 오류에 속하더라도 소수자는 이를 곧장 깨뜨리지 않고 서서히 자기주장의 진실함을 주장하여 사회의 여론을 움직여 다음 회기 의회에 다수를 만들어 이기기까지는 이전에 반대하던 의견이라도 복종함을 의무로 인정하니, 이를 입헌적 도덕이라 이른다. 영국 및 영국 식민지와 또는 미국 각주에서 의회 정치가 행해져 좋은 결과를 얻음은 온전히 여기서 비롯된 것이다.

셋째, 위대한 국민은 보수적 정신을 갖고 있으며 겸하여 활동 진취의 기상에 우수함이 있으니, 시험 삼아 살펴보자. 영미 국민이 얼마나 진취적 기상에 탁월함이 있으며 겸하여 보수적 정신을 갖고 있는가. 저들은 세계의 가장 진보된 국민이다. 유럽 대륙에는 결투하는 야만 풍속이 아직도 유행하지만 영미에는 이 풍속이 이미 사라졌다. 영국 왕실은 유럽 제일의 오랜 왕실이다. 지금 왕인 에드워드 7세는 영국 통일을 이룬 웨섹스 왕 에그버트[1]로부터 38대손이요, 노르만 왕조의 시조 윌리엄 1세로부터 36대 왕이다.[2] 천백여 년 동안 왕조가 여러 번 바뀌었지만 그 혈통은 이어졌고, 저들의 법률은 관습법이므로 특히 폐지되니 않기에 관습은 언제나 그 효력이 있다. 그러므로 영국의 헌법은 현재 성문법(成文法)이 아니며 서기 1215년의 대헌장이 기초가 된 것이다.

원래 영국 식민지로서 본국에서 분리 독립한 북미 합중국의 국민도 또한 같은 특성을 갖고 있다. 미국인은 지금 영국의 관습법을 채용하여 군주제 및 귀족제를 폐지했음에도 불구하고 오히려 상하 양원(兩院)의 제도를 보존하였다. 프랑스 백성들은 과거 백 년간 14번이나 그 헌법을 파괴하였으나 미국 백성은 독립 이래로 그 헌법을 근본적으로 개정함이 겨우 한 번에 불과하다. 요컨대 영미 민족은 유럽 여러 나라 백성들 중 가장 그 선조 이래의 미풍양속을 보수하고 또 점차로 그 폐해를 제거하여 개선하는 극도의 수준에 이르렀으니 이는 국민으로서 가장 위대하게 성공한 이들이다. 저들은 혁명에 의지하지 않고 개혁에 의하여 진보하는 인민들이다.

이로써 위대한 진보적 국민은 반드시 늘 보수적 특성을 드러내니, 이는 국체(國體)와 정체(政體)에 모두 통하기 때문이다. 그러므로 영국 국

---

1 웨섹스(Wessex)는 앵글로색슨족이 5세기 말부터 잉글랜드를 침입하여 세운 7왕국 가운데 하나로 영국 남부에 위치하였다. 웨섹스 왕국의 에그버트(Egbert; 775~839, 재위 802~839)왕은 켄트 왕국을 정벌하고 콘월을 정복하여 통일 왕권의 기틀을 마련했다.

2 윌리엄 1세는 노르만 왕조의 시조로 앵글로색슨 왕조의 해럴드(Harold) 2세를 정벌해 죽이고 잉글랜드의 왕이 되었다. 그 이후에도 영국의 왕가는 여러 번 교체되었다. 본문의 38대, 36대라고 칭한 것은 정확하지 않다. 특히 앵글로색슨 왕조에서 노르만 왕조로 교체된 것을 기록하지 않은 것이다.

민은 군주제를 고수하며 그 귀족제를 보존하였고, 미국은 워싱턴의 유훈(遺訓)을 지켜 공화제를 유지하고 쉽게 그 헌법을 변경하지 않으니 오직 신기한 것만 좋아하는 것은 천박한 진보주의이다. 이는 진실로 취할 만하지 않으며 또 공상적 이론으로 열중하고 광분함과 같은 것은 위험한 급진주의이니, 모두 그 진정 건전한 발달에는 유해하다.

오직 옛 나라의 인민은 그 보수적 경향을 과도히 하여 일체 전진 개발하는 길을 막고 완고한 수구적 성벽(性癖)을 가졌으니, 지나인과 인도인이 바로 그렇다. 이러한 때는 서로 양보하는 것이 옳다. 그러나 이들은 기회에 접해도 오히려 양보하지 않고 만 가지 개혁의 필요에 임박해서도 개혁을 단행할 용기가 없으며 공연히 혁명 파괴의 난리를 양성한다.

양보할 때에 양보함은 실패를 전환시켜 성공하는 방법이며, 개혁할 때에 개혁을 단행함은 옛 제도를 보존할 수 있는 방법이 된다. 과거의 사실에 구애됨은 수구주의의 폐단이요, 장래의 이상에 집착함은 급진주의의 문제이다. 완고한 수구주의는 과거로써 현재를 속박하고 장래를 희생에 바치고자 하는데, 이는 사실 선조들께 불충할 뿐 아니라 자손을 사랑하는 방법도 아니다. 또 과격한 급진주의는 장래로써 과거를 무시하여 오히려 현재를 파괴하고자 하는 것인데, 이 두 가지가 모두 사회의 질서를 파괴하고 진보를 해침은 마찬가지이다.

한국인의 국민성에 대해 생각하건대, 활동 진보의 기상이 있고 겸하여 공고한 보수적 특성도 있음은 거의 의심할 수 없다. 지금 안팎의 나라 사정에 몰려 수년 동안의 미몽에서 한 번 깨어나서, 인심(人心)에 경이로운 감동을 느끼고 기쁨과 걱정이 서로 반반이 된 과도적인 시대에 즈음하였다. 나는 특히 선배들의 말한 바에 기초하여 위대한 국민에게는 세 가지 특성이 있음을 설명하였다. 청컨대 글의 졸렬함을 탓하지 마시고 뜻을 말 밖에서 구하시어, 각자 대한의 위대한 국민이 되기를 힘쓸지어다.

(2호, 1~5면)

대한지도설

이기

『대한자강회월보』의 표지에 붉은색으로 경계가 그려진 것은 우리 대한의 지도이다. 본보 제1호를 발간할 때 관직에 있는 한 군자가 지도를 가리키며 회원 이종일(李鍾一) 씨에게 묻기를 "이것이 무슨 물건이오?" 하자, 씨가 말없이 한참 뒤에야 대답하기를 "영감의 식견이 어찌 이렇게 땅바닥에 떨어졌소?"라고 하였다. 아아, 이종일 씨의 말은 대개 요즘의 병든 풍습을 안타까워하는 뜻에서 나온 것이었지만, 나라가 교육하지 않고 백성이 배우지 않음이 지금 수백 년이 되었다. 나는 전국에 본보를 사보며 표지의 지도를 알아보는 이가 과연 몇이나 되는지를 모르겠다.

무릇 태어남이 있으면 반드시 몸이 있고 몸이 있으면 반드시 가정이 있고, 가정이 있으면 반드시 나라가 있으니 나라가 사라질 수 없음은 또한 매우 분명한 일이다. 귤이 회수(淮水)를 건너면 탱자가 되고 오소리가 문수(汶水)를 건너면 죽으니[1] 초목과 곤충 같은 사물도 그러한데 하물며 사람에 있어서랴. 지금 우리들을 인도양 바다의 남쪽이나 고비 사막의 북쪽에 옮겨 놓는다면 죽음을 면하지 못할 것이요, 혹 죽음을 피한다 해도 질병은 면할 수 없을 것이다. 그러므로 사람이 다른 나라를 사랑하지 않고 자신의 나라를 사랑하는 것은 또한 천리와 인정의 자연스러운 일이다.

최근 우리 대한에 와서 거주하는 외국인들이 있는데 혹 반년이나 일이 년을 지나 십 년에 이르러도 이 땅에서 죽겠다고까지는 하지 않는다. 그러나 그들은 한국에 도착한 날로 반드시 우리 대한의 지도를 구하여 자세히 살펴보니, 하물며 우리 한국인이라면 어찌 지도가 자기만을 위한 계책이겠는가?

내 아버지로부터 위로 먼 조상까지 미루어 봐도 모두 여기서 나고 여기서 살고 여기서 먹고 여기서 묻히며, 내 아들로부터 아래로 먼 후손까지 미루어 봐도 또한 장차 여기서 나고 여기서 살고 여기서 먹으며 여기서 묻힌다. 그러므로 그 산천의 험난함과 평탄함, 기후의 한난(寒暖), 이정(里程)의 원근, 인구의 과밀(過密), 세속의 호오(好惡), 물산의 다소, 금전과 곡식의 생산・소비를 모두 알아야만 한다. 이렇듯 지도가 민생과 국가경제에 관계됨이 진실로 가볍지 않거늘, 급기야 무슨 물건인지도 모르는 지경에 이르렀으니 이는 학문이 그릇된 소치라 하지 않을 수 없다.

대개 우리 대한의 학문이 두 종류가 있으니 그 한 가지는 도학가(道學家)이다. 나라의 여러 현인들이 그 속에서 많이 나왔지만, 말세가 된 이래 당시의 재상들이 이들을 꺼리고 미워하여 마침내 '유일(遺逸)'이라고 부르면서 벼슬살이를 막아버렸다. 도학가들 또한 허명(虛名)을 달가워하고 벼슬길에 나가지 않음을 편안히 여겨, 조정(朝廷)에 대한 일에 말이 미치면 문득 '이는 유학자가 알 바가 아니다'라고 하여 일체의 세상

1 귤이 …… 죽으니 : 『주례(周禮)』「고공기(考工記)」에 나오는 말이다.

일을 등한시한다.

또 한 가지는 과학가(科學家; 과거 공부하는 이)이니, 이는 당 태종[2]의 우민정책의 유습이다. 비록 누군가 이 공부를 하여 벼슬길에 나아가 군수, 관찰사 벼슬을 얻고 더 나아가 판서, 대신의 벼슬을 얻었다 해보자. 그러나 학문과 정사(政事)가 양 갈래 길로 나누어져 멀어지고 금일에 시행되는 정사를 살펴보면 모두 왕년(往年)의 학문과는 어긋난다.

이러니 세력 있는 집안 자제들이 마침내 학문을 경시하는 마음이 생겨 오로지 서로 모방만 하니 지극히 거칠고 무지해졌다. 그러므로 도학가와 과학가(科學家)를 물론하고 만약 우리 한국의 면적이 얼마인지, 노정(路程)이 얼마인지를 묻는다 하면, 겨우 기억하는 것이 불과 '의주(義州)까지 천 리, 해남(海南)까지 천 리, 동래(東萊)까지 천 리이니 모두 삼천 리'[3]라는 정도이다. 무슨 겨를에 산천・기후・도로・마을・인구・풍속・물산 및 생산소비의 양상 따위를 논하겠는가. 이와 같다면 우리나라 사람의 애국심이 어디서 생겨나겠는가.

여러분이 살피시기를 엎드려 바라니, 오늘날 우리 대한을 농락하고 재갈물린 자들이 여러분들의 평소 고담준론으로 '이적(夷狄) 나라 사람들'이라 했던 이들이 아닌가? 눈이 있으니 볼 것이고, 귀가 있으니 들을 터이다.

여러분의 마음이 어떠한가? 마음이 아프지 않다 하면 말이 되지 않으니 반드시 마음이 아플 것이다. 이미 마음이 상했다면 회복할 마음이 있는가? 만약 회복할 마음이 없다면 말이 되지 않으니 반드시 마음이 있다 하리라. 이미 마음이 있다면 또한 애국을 할 수 있겠는가? 애국할 수 없다함은 말이 되지 않으니 반드시 애국한다 하리라. 이미 애국한다면 어디서 시작할 것인가? 내가 공들의 가르침을 아직 받지 못했

2 당나라 태종 전에도 과거제도가 있었으나, 태종이 최초로 정기적인 제도로 만들었다.
3 서울을 기준으로 서북의 의주와 남단의 해남, 그리고 동남의 동래가 다 천리 거리라는 의미이다.

으나 청컨대 한 마디로 대신해보겠다.

"마땅히 우리 토지에서 시작해야 하노라."

지금 이 책 표지에 그려져 있는 것은 세로로 그 둘레가 한 자가 되지 않고 가로로 세 치가 되지 않으나 이것이 진정 우리 대한의 영토이다. 그 강역은 삼천리요, 인구는 2천만이며 내가 내 조상에게 받아 내 자손에게 물려주어야 할 것이다. 여러분께 엎드려 바라고 바라건대, 오늘부터 항상 이 책을 읽을 때에 반드시 책을 안고 한 목소리로 통곡하며 외쳐라.

"내가 자강을 안 하겠다면 모르되, 자강할 수만 있다면 어찌 삼천리 강역과 2천만 인구를 남의 지배와 억압의 지경에 이르게 하겠는가!"

아침에 한 번 통곡하고 저녁에 한 번 통곡하고, 통곡으로 그 마음을 다할 수 없다면 내가 마땅히 통곡을 이어서 다시 고하리라.

(3호, 1~3면)

자강주의

장지연

내가 전에 어떤 사람의 의문에 대하여 자강회의 주지를 대강 설명한 바 있었는데[1] 산 남쪽에서 온 손님이 『자강회월보』에 게재된 「자강회 문답」의 논의를 보고 내게 물었다.

"그대의 논한 바는 내가 이미 그 깊은 뜻을 대략 보았으나 오히려 가슴 속에 막히는 것이 있고 미처 밝혀지지 않는 것이 있었다. 이에 묻기를 청하니 그대는 가르침 베풀기를 아끼지 말고서 깨우침의 길에 황금 밧줄을 내려 주시오.

대개 『역경(易經)』의 건괘(乾卦)에서 '건(健)'의 뜻을 '스스로 강하여 쉬지 않는다'[2] 라고 하니 자강의 뜻이 진실로 크도다. 사람마다 자강의 뜻

1 『자강회월보』 2호에 게재된 「자강회문답」이다. 이 번역집의 2권에 수록되어 있다.

2 『주역(周易)』 「상경(上經)」 「건괘(乾卦)」의 상(象)에 "天行健, 君子以自强不息"이라는 구절을 말한다.

을 알게 하고 자강의 방법을 강구하게 한다면 어찌 국권을 만회하지 못하고 국력이 발달하지 못함을 걱정하겠는가마는, 근대 역사상 망국의 자취를 한 번 살펴보면 폴란드, 이집트, 베트남 등 여러 나라에서 애국하는 단체가 없었던 것은 아니었다.

강개하게 울음을 삼키며 주먹을 불끈 쥐고 팔을 휘둘러 포성의 연기와 빗발 같은 총탄 사이를 무릅쓰고, 피와 살점을 뿌리고 뼈를 드러내고 뇌수를 흘리면서 국권을 회복하고자 기약하는 자가 없는 것도 아니었다. 그러나 끝내 모두 넘어질 뿐이요 국권을 만회하는 데 도움이 되지 않았던 것은 어찌된 일인가. 대개 그 압력이 너무 지나쳐 스스로 자강을 이룰 수 없었기 때문이다. 하물며 그 정당 사이에 항상 알력이 생겨 스스로 원수로 대하고 스스로 반목하여, 장차 국익과 민권을 들어다 받침에 급급하여 끝내 자멸에 이르니, 중국의 전철을 보지 못했는가?

자고로 망국 즈음에는 반드시 이러한 불초한 자들이 다른 민족을 호랑이로 여기고는 스스로 그 창귀 노릇을 하며, 현자조차도 요척(堯跖)[3]을 안 가리매 주인으로 여기고는 스스로 그 개 노릇을 하여[4] 몇천 년 전해온 공업과 산업을 남에게 빼앗긴다. 그리고는 한 병의 물을 갖고 반갑게 맞이하기를 짐승이 땅에 뿔을 대듯[5] 머리를 조아리듯 하여 인끈을 차고 고관의 지위에 올라 신하가 되어 남에게 교만하게 군다. 동

3 요임금과 도척(盜跖)은 역사상 대표적인 성인과 악인이다. 강한 외국세력이라면 선악의 구분 없이 붙좇는다는 의미이다.

4 불초한 …… 하여 : 양계초(梁啓超)의 『신민설(新民說)』 6절 「논국가사상(論國家思想)」에서 가져온 말이다.

5 '한 병의 물로 맞이함'이라는 말은 『맹자(孟子)』 「양혜왕(梁惠王) 하」에 나오는 '영호장(迎壺漿)'이라는 구절이다. 제나라 선왕(宣王)이 연나라를 쳤을 때 어떻게 해야할 지 맹자에게 묻자, 맹자는 "한 그릇의 밥과 한 병의 마실 것[簞食壺漿]"으로 선왕의 군대를 맞이하는 연나라 백성들을 마땅히 인(仁)으로 다스려야 한다고 답하였다. '짐승이 땅에 뿔을 대듯'이라는 말은 『맹자』 「진심(盡心) 하」에 나오는 '약붕궐각(若崩厥角)'이라는 구절로, 주나라 무왕이 은나라를 정벌하면서 은나라 백성들에게 너희를 편안히 하려는 것이라고 말하자 백성들이 복종하며 짐승이 뿔을 땅에 대듯이 머리를 조아렸다는 표현이다. 두 구절 모두 도탄에 빠진 백성들이 어진 왕의 군대를 반갑게 맞는 태도를 말한다.

족을 헐뜯는 일에 진력한 자들이 도도한 파도와 같다.

지금 우리 단체를 헤아려 보니 그 힘이 폴란드나 이집트 등 여러 나라보다 월등히 떨어지고, 또 이 정당의 알력이 생겨 창귀나 배신자들이 나옴을 막지 못하여 이런 무리들이 세력과 지위를 가장 많이 차지하였다. 더욱 그 외세의 압력이 핍박함에 강한 힘을 스스로 이룰 수 있겠는가? 지금 오히려 또 빈말과 헛된 이야기로 미명(美名)을 표방하여 '내가 자강이라', '내가 자강이라' 하면 이것이 어찌 자강의 실질이겠는가. 내가 또한 자강의 취지에 관심이 있으나 백 번 천 번 생각해도 그 말을 궁구하여 얻을 수 없으므로 스스로 해득하지 못하고 고명한 가르침을 듣기를 청하노라. 어찌 맑은 거울이 번거롭게 비춤을 고달프게 여기겠는가."

내가 답하였다.

"그대의 의문이 진실로 그러하다. 그러나 그대가 이미 건괘(乾卦) '건(健)'이 '자강불식(自强不息)'이라는 뜻을 알고 있으니 이는 진정 자강주의의 둘도 없는 법문이다. 자강의 옳은 뜻은 이것에서 실제로 취함이요, 남방의 강함이나 북방의 강함이 아니니, 굳세기만 한 그 강함이 어찌 오늘날 자강의 진의이겠는가.

폴란드, 이집트 및 베트남의 의사(義士)와 영웅이 단체를 규합하여 빈손을 불끈 쥐고 칼날을 무릅쓰면서 눈물을 흘리며 피를 뿌렸으나 포연과 빗발 같은 총탄 속에 헛되이 죽었던 것은 우리 자강의 본뜻이 아니다. 그와 같은 것은 불과 한때의 혈기가 내는 강한 용기일 뿐이다. 그것도 용맹이라면 용맹이고, 열렬하다면 열렬하다 하겠으나, 터럭만큼도 국가에 도움이 되지 않고 다만 천고 영웅으로 하여금 슬픈 눈물로 소매를 젖게 할 뿐이니 아아, 이것이 그대의 첫 번째 오해이다.

또 우리나라는 수백 년 중국을 숭배한 주의(主義)로 인해 그 풍속과 습관이 의뢰하고 기대려는 고질병이 되었다. 또한 그로써 부황한 문사(文詞)의 말단에 물들고 채찍으로 압제하는 치하에 속박되어서, 시들고 약하며 나태하고 구차해져 오늘날 떨치지 못하는 지경으로 길들여진 것이다. 그런데 논자들이 걸핏하면 말하기를, 아무 나라는 잘못된 나라요 아무 백성은 망한 백성이라 하고, 아무개는 나라를 팔아먹은 관리가 되었고 아무개는 아부하는 괴수가 되었다고 하면서 덧붙이는 말들이 분분하니 논평이 들끓는다.

이와 같음은 나 또한 감히 그렇지 않다 말하지 못하겠다. 그러나 정부는 어디에서부터 만들어졌고 관리는 어디에서부터 나왔는가. 이는 하늘 위 세상 밖에서 별종으로 떨어진 것들이 아니요, 이들 또한 자국의 인민 중에서 나오는 것일 뿐이니, 갑남을녀도 국민의 한 부분이 아니겠는가. 무릇 한 무리의 소경들을 모은다 해도 이루(離婁)[6]같은 한 명의 눈 밝은 이를 만들 수 없으며, 한 무리의 귀머거리들을 모은다 해도 사광(師曠)[7]같은 한 명의 귀 밝은 이를 만들 수 없으며, 한 무리의 겁쟁이들을 모은다 해도 오획(烏獲)[8]같은 한 명의 장사를 만들 수 없다.[9] 이러한 국민으로 이러한 정부나 관리를 얻게 됨은 소위 외 심은 데 외 나고 콩 심은 데 콩 나는 것이라 어찌 탓하겠는가.

그렇다면 이는 모두 국민 스스로의 죄이다. 지금 반성하여 스스로를 탓하지 않고 오직 정부의 무능함만 꾸짖으며 외국의 압력을 원망만 한다면, 이는 새끼 밴 암소를 질책하거나 굶주린 호랑이가 살려주기를 바라는 것이니 어찌 옳겠는가. 이것이 그대의 두 번째 오해이다.

내가 지난 번 혹자의 질문에도 대략 이미 말한 것이지만, 대저 우리나라의 형세는 비유컨대 종기와 폐질이 발병한 사람과 같아서 반드시

---

6 중국 황제(黃帝) 때 사람으로 눈이 비상하게 밝았다고 하는 전설상의 인물이다. 백 보 밖에서도 능히 털끝을 살필 수 있었다고 한다.

7 춘추시대 진(晉)나라 평공(平公)때의 악사(樂師)이다. 음악을 공부할 때 마음이 흐트러짐을 스스로 한탄하여 스스로 부젓가락으로 눈을 지졌다. 음률을 잘 알고 소리를 잘 분별하였다고 하며 길흉을 점칠 수 있었다고 한다.

8 전국시대 진(秦)나라 무왕(武王) 때의 장수로 임비(任鄙), 맹열(孟說)과 함께 가장 힘이 센 역사(力士)였다고 한다.

9 무릇 …… 없다 : 양계초의 『신민설』의 18절 「논사덕(論私德)」의 1장에 나오는 구절이다.

세월이 경과한 뒤에야 효력을 기약할 수 있을 따름이고 급속한 효력을 바라기는 어렵다. 그러니 오늘 자강회를 일으키고는 내일 자강의 힘이 생기기를 바라는 것은 천하에 결코 이런 이치는 없을 뿐이다. 더욱 자강주의는 강포(强暴)와 강용(强勇)의 강함이 아니라 진실로 힘써서 자강하는 기술이니, 지금 그대의 묻는 바는 실로 오해에 속한 것이 많도다."

객이 말하였다. "그러면 자강주의를 어떻게 해야 그 목적을 달성하겠는지, 들을 수 있겠는가."

내가 말하였다.

"무릇 천하의 일 중에 나태하게 물러나 가만히 서서 성취할 수 있는 것은 없다. 옛날에 나폴레옹이 한 말 중에, '어려움이라는 한 마디는 어리석은 이들이 쓰는 말이다'라고 했고 또 '불가능이란 말은 프랑스인이 쓰는 말이 아니다'라고 했다. 아아, 지금에 이르러 이 말을 외우니 신기(神氣)가 더욱 왕성해진다. 어찌 위대한 인물, 큰 선비가 해낸 바를 우리만이 도모하여 미치지 못하겠는가. 지금 구미(歐美) 열강이 세상에 웅비하여 세력을 크게 뽐내며 경쟁에서 이기고 있는 까닭은 다른 방법이 아니라, 많은 어려움을 물리치고 위험을 무릅쓸 수 있어서 진취의 정신이 풍부해졌을 뿐이다.

예컨대 가까운 여러 가지 예를 들자면, 스페인의 콜럼버스는 구구하고 미천한 자이다. 혈혈단신으로 만 리의 항해길에 올라 뱃사람들이 사납게 성내며 죽이려 들었지만, 오히려 상인의 용기로 흔들리지 않고 나아가, 마침내 아메리카 대륙에 이르러 백성들을 위한 신세계를 발견하였다.

게르만의 마르틴 루터는 로마 교황이 위력이 극점에 달하여 각 나라의 군주가 모두 그의 팔 아래 소아리거늘 저는 일개 승려로써 굳세게 96조의 격문을 들고 나와 구교의 죄악을 알리고 새로운 주장을 제창하여 천하에 호소하였다. 구속되고 신문 당하는 모욕을 피하지 않고 마침내 종교를 믿는 자유의 단서를 열 수 있게 되었다.

스웨덴의 구스타브 2세 아돌프는 16, 17세기에 신구교가 열렬히 다투던 때에 게르만이 신교를 절멸시켜 거의 남은 무리가 없는 지경에 처했다. 그가 발틱 해안의 작은 한 나라로써 사마귀가 수레바퀴에 맞서듯 분발하여, 마침내 1만 6천의 정예부대로 유럽 대륙을 횡행하여 백성을 도탄에서 구하고 한 몸을 희생했으나 후회하지 않았다.

영국의 크롬웰은 시골의 목부(牧夫)로, 영국이 교만 방자한 때를 당하여 의로운 깃발을 들고 힘을 떨쳐 혈전을 벌여 마침내 북해의 세 개의 섬[10]으로 하여금 문명한 정치 체제를 갖춘 조국을 만들고 국기가 대지에 빛나게 하였다.

미국의 워싱턴은 한 궁벽한 골짜기의 농부였다. 그 나라가 영국의 지배를 받아 조세가 많고 가혹하며 인권이 유린되어 백성들이 편안히 살 수 없는 때를 당하여 독립의 깃발을 내걸고 자유의 종을 울려 터럭만큼도 의지함 없이 막강한 적에게 항거하여 마침내 신세계에 큰 나라를 건설하여 오늘날 20세기 지구상의 주인공이 되게 하였다.

나폴레옹은 군대의 하급 장교로서 프랑스 대혁명 후에 풍조가 급격한 때를 당하여 우뚝 서서 떨쳐 일어나 전 유럽을 석권하고 마침내 대제국을 건설하였다. 강한 러시아에 임하여 북쪽으로 천 리를 쫓아가다가 비록 좌절하여 패하였으나 그 명성과 위세가 세상을 진동하였다.

이탈리아의 마치니는 한 어린 소년으로써 로마가 망한 뒤에 남은 훌륭한 공적이 물거품처럼 사라져 다른 민족에게 기식하며 노예나 짐승 취급당하던 때에 비밀결사에 몸을 던져 정부를 전복하려 했다. 그러나 뜻을 이루지 못하고 먼 이역으로 달아나 숨어 청년들을 교육하는 데 오로지 힘을 써서 국혼을 불러일으키고 마침내 그 나라로 하여금 독립과

10 크롬웰은 스코틀랜드, 잉글랜드, 아일랜드의 세 나라를 총괄하는 호국경이 되었다. 그런데 나라는 세 개이지만 섬은 두 개이다. 착오로 추정된다.

통일을 이루게 하여 세계 일등 국가의 반열에 세웠다. 이러한 자들은 수많은 현자들 중에 임의로 열거하여 예를 든 것뿐이다.[11]

아아, 이 얼마나 씩씩하며 이 얼마나 성대한가. 이들은 대개 용감하게 진취하였고, 행동함에 과감했던 것뿐이다. 그 정신은 강이 끊임없이 바다에 흘러들어가듯이 멈추거나 그치지 않으며, 그 기백은 솥이 깨지고 배가 침몰해도 멈추지 않았다. 그 주의에 철저한 것이 천상천하 유아독존의 경지였으며, 그 앞날을 향함은 나라를 위해 몸을 바쳐 죽은 뒤에야 끝난다는 뜻이었다. 그러니 그것이 이루어지면 뇌수를 다 말라붙을 지경이라도 역사의 영광을 얻음이요, 그것이 이루어지지 않는다 해도 또한 나라와 백성을 위하는 책임을 잃지 않음이다.[12]

대개 사람이 이러한 진취의 정신을 가짐은 무엇보다 희망의 열성에서 나온 것이다. 인류가 금수보다 나은 이유와 문명인이 야만인보다 나은 이유는 오직 이 희망을 가졌기 때문이다. 희망이라는 것은 현재의 실적이 아니라 미래의 이상이니 희망이 클수록 진취심도 더욱 커진다. 때문에 월왕 구천은 회계(會稽)에서 와신상담하며 그 마음에 하루라도 원수 오나라를 잊지 않았다.[13]

프러시아의 슈타인은 교육에 열성을 쏟아 참담한 마음으로 경영하여 허물을 삼키고 모욕을 참아내며 백 가지 어려움을 물리치고 마음을 고되게 써가면서 의무 취학령을 실시하도록 했다. 그는 일국의 여론을 환기시키고 교육의 필요를 부르짖어 인재를 배양할 것을 고무하고 격려해 마침내 교육의 기초를 확립할 수 있었으니, 그러한 그의 마음에

---

11 콜럼버스, 마틴 루터, 아돌프, 크롬웰, 워싱턴, 나폴레옹, 마치니의 예를 든 이 부분은 양계초의 『신민설』의 제7절 「논진취모험(論進取冒險)」의 첫 번째 단락을 축약하여 옮긴 것으로 보인다. 양계초가 제시한 인물 중에서 표트르 대제, 링컨, 리빙스턴, 마젤란 등은 생략되었다.

12 아아 …… 않음이다 : 양계초의 『신민설』의 제7절 「논진취모험(論進取冒險)」의 첫 단락 뒷부분을 변용하여 쓴 것이다.

13 대개 …… 않았다 : 양계초의 『신민설』의 일부이다.

어찌 하루라도 프랑스의 지배를 잊은 날이 있었겠는가.

이러므로 자고로 영웅호걸이 세상에 나오면 각자 희망을 품지 않음이 없고 그로써 끝없이 긴 길에 힘써 경쟁하게 되니 이것이 세상이 매일 진보하는 까닭이다. 저 금수와 야만인은 배고프면 먹을 것을 구하고 배부르면 기뻐하여 오늘이 있음만을 알고 내일이 있음을 모르니, 사람이 사람 된 이유와 문명인이 문명인 된 이유는 또한 내일을 아는 것에 있다 하겠다. 오직 내일만이 우리를 무한함에 매어둘 수 있는 것이니, 사흘, 닷새, 열흘, 한 달, 일 년, 십 년, 백 년, 천만 년이 모두 내일이 쌓인 것이다.[14] 오직 오늘 노닥거리며 쉬기 때문에 자강의 생각이 사라지고 오늘 편안히 쉬기 때문에 자강의 기운이 없어진다. 이러함은 사람 되는 도구를 버림이며 스스로 다수의 움직임에 그저 따라 줄서는 일이다. 자강의 뜻은 오직 진취와 희망에 달려 있다.

(3호, 3~9면)

객이 말하였다.

"그렇다. 진실로 선생의 말대로 사람마다 모두 진취의 정신이 풍부하고 희망의 열성이 확고하다면 자강을 펼쳐 나가는 것에 무슨 어려움이 있겠는가. 그러나 나는 회원들이 모두 선생의 말과 같이 과연 진취와 희망의 정신이 있는 자들인지 알지 못하겠다. 원컨대 선생께서 가르침을 베풀어 주시오."

내가 말하였다.

"그대의 의문이 진실로 그럴 만하다. 만약 각 회원들마다 모두 진취성이 끊이지 않는 정신을 갖게 할 수 있다면 자강하여 나날이 나아감에 무슨 어려움이 있겠는가. 그러나 우리나라 민속과 습관을 볼 때, 모든

---

14 저 …… 것이다 : 양계초의 『신민설』의 일부이다.

사람이 진취의 정신을 갖게 하고 모든 사람이 희망의 열성을 갖게 한다는 것은 뿔 없는 염소를 내놓게 하는 것[15] 같은 일이다. 할 수 없는 일임이 명확하니, 이것이 내가 '자강의 기술은 반드시 조금씩 쌓여서 무리를 합친 이후에 전진하는 희망을 얻을 것'이라고 말하는 까닭이다. 대개 이러한 진취의 사상이라는 것은 지식과 역량을 가슴 속에 갖추고 능히 취하고 버리는 분별을 살필 수 있으며, 독립하겠다는 불굴의 정신이 확고해지고 단호한 모습으로 용맹정진하는 열성이 있은 연후에야 바야흐로 진취의 성과라는 것을 바랄 수 있는 것이다.

그러니 무릇 사람들이 두려워하며 위축되어 물러나는 것은 사리에 있어서 명쾌하게 해명하지 못하기 때문이다. 아이들과 부녀들은 도깨비를 가장 두려워하여 저물어 밤이 되면 감히 문밖을 나서지 못하고, 야만의 민족은 신이 내리는 화복(禍福)을 가장 두려워하여 점친 것을 따르지 않으면 감히 움직이지 못한다. 이는 다름이 아니라 모든 지식이 가려져 있고 그 행동이 위협되었기 때문이니, 무릇 보되 살피지 못하면 그 기운이 먼저 힘이 빠지고 기운이 빠지면 진취적 정신이 시들어 버린다. 그러므로 콜럼버스의 대서양 항해는 지도의 이치를 깊이 믿고 저 너머 해안에 극락세계가 꼭 있다고 믿었기 때문이요, 글래드스톤이 아일랜드 자치안을 고수한 것은 민족주의와 자유평등주의를 깊이 믿어서 이것이 아니면 영국과 아일랜드가 서로 평안할 수 없음을 알았기 때문이다.

맹호가 뒤에서 쫓아오면 시냇물을 뛰어넘고 숲 사이를 누비기를 평지와 같이 하고, 큰 불길이 용마루에 붙으면 처마 위를 날고 벽 위를 달리기를 바람에 나부끼는 쑥처럼 하는 것은 어찌된 것인가. 호랑이와 불이 능히 사람을 죽일 수 있음을 알고 부득불 작은 위험을 무릅써서 큰 위험을 피하고자 하는 것이니, 젖먹이 어린 아이는 호랑이의 포악함

15 『시경(詩經)』 「소아(小雅)」의 「빈지초연(賓之初筵)」에 나오는 구절로, 원문은 "취중에 망언을 하는 자에겐 뿔 없는 염소를 내놓게 하리라[由醉之言 俾出童羖]"는 것이다.

과 불의 뜨거움을 모르고 즐거워하면서 편안할 뿐이다. 그러므로 진취와 모험의 정신을 마땅히 그 견식의 심천(深淺)과 고하에 비례하여 차이가 나는 것이니, 기운을 기르고자 하는 자는 반드시 먼저 지식을 쌓아야 한다는 것이 어찌 허언이겠는가.[16]

양계초 씨가 말하였다. '내가 『사기(史記)』 「이광열전(李廣列傳)」의 "이광이 사냥을 나가 풀숲 사이 바위를 보고 호랑이로 여겨 쏘았는데 바위에 명중하여 화살깃까지 파묻혔다. 가서 보고 바위였음을 알고는 다시 쏘았는데 끝내 바위에 파묻히게 할 수 없었다고 한다"는 구절을 읽었다. 과연 사람의 능력이 일정한 한계가 없으며 일정한 한도도 없고 오직 그 열성의 한계와 정도에 비례하여 차이가 난다는 것에 탄복하였다. 이광처럼 동기는 희미하지만 그 결과가 빼어났던 것으로 천하 고금의 영웅, 호걸, 효자, 열부, 충신, 의사(義士)에서 열성적인 종교가, 정치가, 미술가, 탐험가에 이르기까지 능히 천지를 놀라게 하고 귀신을 울게 할 만한 사업을 만들어, 우주를 진동하고 소생시킬 수 있는 것은 그 소득이 모두 여기서 말미암았다'라고 하였다.[17]

서양의 선비 위고 씨는 말하기를, "부인은 약하지만 어머니가 되면 강하다"라고[18] 하였으니 약한 부인이 어찌 강한 어머니가 되는가. 오직 그 아이를 사랑하는 지극한 정성의 일념이다. 평소 연약하기가 옷을 이기지 못하고 작은 새 같은 성정을 가진 여자라도, 그 아이 때문이라면 천산만학의 산 속도 혼자 왕래할 수 있으며 호랑이와 이리가 울고 도깨비가 출몰해도 두려울 것이 없고 피할 것이 없다. 열성적인 애정

16 그러므로 …… 허언이겠는가: 이 단락은 양계초의 『신민설』 제7절 「논진취모험(論進取冒險)」의 세 번째 단락인 '삼왈생어지혜(三曰生於智慧)' 부분의 문장들을 그대로 빌려와 편집한 것으로 보인다.

17 이 단락은 양계초의 『신민설』 제7절 「논진취모험(論進取冒險)」의 두 번째 단락인 '이왈생어열성(二曰生於熱誠)' 부분의 문단을 편집한 내용이다.

18 "Women are weak but mothers are strong"라는 격언이 빅토르 위고(Victor Hugo)의 말로 전한다.

이 능히 사람을 바꾸는 정도가 매우 크도다!

주수창(朱壽昌)이 눈보라 속을 걸어 나간 것은 그 모친을 사랑했기 때문이요, 예양(豫讓)이 몸에 옻칠을 하고 문둥이같이 꾸미며 머리를 풀고 종이 된 것은 그 주군을 사랑했기 때문이요, 제갈량이 병을 무릅쓰고 출사하여 오장원에서 한 움큼 눈물을 뿌리면서도 물러나지 않았던 것은 그 지기(知己)를 사랑했기 때문이다. 크롬웰이 임금을 시해했다는 악명을 듣고 두 번이나 국회를 해산하여 전제정치의 혐의를 받으면서도 거리끼지 않았던 것은 국민을 사랑했기 때문이며, 링컨이 국내의 분열을 돌아보지 않고 전쟁으로 도탄에 빠짐을 근심하지 않으면서 의연히 노예해방령을 미국 남부에 선포한 것은 공리(公理)를 사랑했기 때문이다.

19세기의 혁명 풍조가 전 유럽에 널리 퍼져 무수히 많은 머리가 떨어지고 피가 흐르는데 앞사람이 넘어져도 뒷사람이 계속한 것은 또한 그 인민들이 나라와 자신을 사랑했기 때문이다. 남녀의 연애에서도 진실로 부모를 등지고 여론을 위반하여 천 번 휘어지고 백 번 꺾어지는 어려움에도 서로를 따르다가 심한 경우 함께 죽기도 한다. 사람의 정이 누가 삶을 좋아하고 죽음을 미워하지 않겠느냐마는 사랑하는 것이 사는 것보다 중요하다고 생각하기 때문에 혹 살 수 있어도 살지 않는 것이니, 이와 같은 것이 못하는 일도 하게하고 이루지 못하는 일도 이루게 하는 것이다. 이를 이름 붙여 '인스피레이션(inspiration)'이라고 하니, 인스피레이션은 곧 열성의 최고조 지점이며 그것으로 사람을 감동시키고 사람을 몰아가서 진취의 길로 왕성하게 솟구치게 한다.

무릇 이 열성은 비단 사랑하는 대상에만 있는 것이 아니다. 슬픔의 극, 분노의 극, 위험의 극에 있어서도 또한 늘 열성의 도화선이 드러나니, 불난 집에 있는 사람이면 약한 여자라도 능히 천근의 상자를 옮길 수 있으며, 적진에 임한 사람이면 병든 말로도 포위를 돌파할 생각을 해낸다. 그러므로 치지 않으면 뛰지 않으며 부딪히지 않으면 움직이지 않는다 하니, 사랑할 만한데 사랑을 모르고, 슬퍼할 만한데 슬픔을 모르며, 분노할 만한데 분노를 모르고, 위험할 만한데 위험을 모르면 이는 소위 인성이 없는 자인 것이다.[19]

위험하고 미약하도다. 우리 2천만 민족이 진취와 모험의 성질이 없음은 예부터 이미 그러하지만, 하물며 지금에는 또 더욱 떨어져서 '만족함을 알아야 욕되지 않다', '멈출 줄 알아야 위험하지 않다'고 말하며, '너무 앞서지도 말고 너무 뒤쳐지지도 말라'고도 말하며, '남보다 앞서지도 말고 항상 남들을 따라가라'고도 한다. 소위 공자를 외우고 본받는 이들도 왕왕 그 큰 요체는 잃어버리고 한 마디 말씀만 주워서, 견(狷; 절의를 지켜 바꾸지 않음) 주의를 취하고 광(狂; 뜻이 높아 작은 일에 얽매이지 않음) 주의를 버리며, 하지 말자[勿]는 주의를 취하고 하자[爲]는 주의를 버리며, 땅의 순한 주의를 취하고 하늘의 강건한 주의를 버리며, 천명을 따르는 주의를 취하고 역행(力行)하자는 주의를 버려서, 이에 진취적 정신이 거의 사라졌다.[20] 어찌 슬프고 슬프지 않겠는가!

오호라, 수년 이래로 풍조가 흔들리고 시세가 크게 변하여 수천 년 신성한 민족이 하루아침에 속박되고, 굴레에 매이고, 채찍에 몰리고, 노예나 짐승 취급을 받고 있다. 스스로 존귀하고 크게 여기던 문벌 계급도 어느덧 없어지고, 가장 귀중하다 여기던 관작과 임금의 총애도 어느덧 무너졌으며, 생명과 재산도 자기 것이 아니요, 선조 대대로 내려온 유업도 자기 것이 아니게 되었다. 그런데도 오히려 아득히 멍하고 취한 듯하여 구구한 사리사욕으로 일신과 가문의 욕망을 위할 뿐, 공공관념이 무슨 물건인 줄 모르며, 국가사상이 어떤 종류의 일인 줄 모른다. 조금 알고 분발하여 깨달은 자들은 불과 천백 중에 한둘에 불과하니, 그런즉 이 무지몽매한 2천만 사람들이 반드시 열패한 운수에서 도

19 76면 마지막 단락부터 여기까지는 양계초의 『신민설』 제7절 「논진취모험(論進取冒險)」의 두 번째 단락인 '이왈생어열성(二曰生於熱誠)'을 축약하여 옮긴 것이다.

20 이 단락은 양계초의 『신민설』 제7절 「논진취모험(論進取冒險)」의 네 번째 단락인 '사왈생어담력(四曰生於膽力)'을 축약한 것이다.

망치지 못하고 폴란드나 베트남의 백성과 같은 운명이 되리니, 아아, 어찌 아프지 않을 수 있으며 어찌 두렵지 않을 수 있겠는가.

우리가 부족한 몸뚱이로 홀로 외로이 대지 위에 서 있다면, 나는 것은 새보다 못하고 달리는 것은 짐승보다 못하니 인류의 소멸이 오래 전에 닥쳐왔을 것이다. 그러므로 인류는 단체로 무리 지음을 귀하게 여기나니, 태평한 때에 공을 통하고 일을 바꾸며 분업하여 서로 도왔던 것은 혼자서는 많은 일에 대비하기 어려웠기 때문이요, 환난의 때에 책략과 힘을 모아 지키고 모욕을 막았던 것은 혼자서는 자기 몸을 보호하기 어려웠기 때문이다.

이러므로 국가가 일어나니 국가라는 것은, 사람마다 스스로 혼자서는 믿을 수 없고 반드시 서로 구해야 함을 알아서 단결하고 보조하고 지켜서 구해주니 상호간 이익이 되는 방법이었다. 사람들이 모두 자기 한 몸보다 더 크고 중요한 것이 있음을 알고는, 한 번 생각을 드러내고 한 번 말을 꺼내고 한 번 일을 처리하는 데에 반드시 그 한 몸 이상의 것에 주의함이 소위 국가적 사상이니, 진실로 그렇지 못하다면 단체를 이룰 수 없고 사람의 도리도 거의 끝난 것이다.

무릇 국가라는 것은 대외적인 이름이다. 세계에 겨우 한 나라만 있게 한다면 국가라는 이름이 성립될 수 없다. 고로 몸과 몸이 서로 나란히 있어야 내 몸이 있고, 집과 집이 서로 접해 있어야 내 집이 있고, 나라와 나라가 서로 우뚝해야 내 나라가 있다. 인류가 천만 년 이전부터 각자 땅을 나누어 번성하며 발달하였다. 언어, 풍속에서 사상, 법제에 이르기까지 형질이 다르고 정신도 다르기 때문에, 자기 나라를 국가라 이르게 되면 사물의 경쟁이라는 천연(天演)[21]의 공례를 따를 수밖에 없다

그러니 사람과 사람이 충돌하지 않을 수 없고 나라와 나라가 충돌하

21 1896년 중국 청나라의 사상가 엄복(嚴復)이 헉슬리(Huxley, T. H.)의 『진화와 윤리』를 번역하고 해설한 책 『천연론(天演論)』에서 등장한 용어이다. 천연은 진화에 해당하며 이 책의 다음부터는 "자연 진화"로 옮긴다.

지 않을 수 없으니, 이에 국가라는 이름이 세워져서 그로써 다른 무리를 대응하는 것이다. 그러므로 애국자는 비록 외국의 성인이나 대철학자가 있어도 남의 주권 하에서는 복종하지 않기로 맹세한다. 전국 사람들이 피 흘리고 몸이 가루가 되어 남는 자가 없게 되더라도 한 실오라기나 한 터럭의 권리도 다른 민족에게 양도할 수 없으니, 대개 이렇게 하지 않으면 나라를 이루는 도구가 먼저 없어지기 때문이다. 한 집안에 비유한다면 비록 집이 가난해서 아무 것도 없다 해도 남이 자기 집에 들어오는 것을 원하는 자가 없는 이유는 내가 있음을 알기 때문이다. 이것이 우리 자강단체가 결성된 까닭이며, 진취 정신을 환기하고 애국 열성을 고무하고 국가사상을 이끌어 깨우는 데 힘써서 그로써 독립에 쏟아 부어 뇌혈에 이르게 하려는 것이다. 아아, 우리 2천만 동포여, 삼가 두려워하며 경계하고 근심할 만하지 않은가."

이렇게 말하자 객이 옷깃을 바로잡고 얼굴빛을 고치고는 내게 말했다.

"제가 오늘 선생의 논의를 들으니 종횡으로 가로지르는 말씀이 미몽을 깨우침이 명백하고 통쾌하니 삼가 가르침을 들었습니다. 청컨대 저 같이 천한 사람도 자강회 명부의 말단에 기록되어 준마의 꼬리에 붙어 가는 영광을 얻을 수 있겠습니까."

내가 말하였다.

"다행이로다. 그대가 돌아가 산 남쪽의 여러 군자들에게 이 이야기를 전해주기를 내가 진심으로 목 빼고 간절히 희망하노라."

(4호, 3~8면)

자강이 가능한가에 대한 문답

박은식

객이 내게 물었다.

"우리 한국이 동서의 열강과 조약을 체결한 지 삼십여 년[1]에 예물 바치기를 정성과 예의를 극진히 하여 감히 게으름이 없게 하였다. 그리고 저 조약을 맺은 각국이 또한 우리를 박하지 않게 응대하여 우리의 독립 유지를 영원히 폐하지 못하게 할 것으로 알고 있었다. 그리고 만일 불행히 한 강국의 압력으로 우리의 독립을 위태롭게 하는 경우에는, 평소 조약을 맺은 각국이 옛 의리를 돌아보고 공법에 준거하여 강함이 약함을 능멸하고 다수가 소수를 제압하는 부정행위를 금지하여서, 우리의 주권을 공동으로 보호해줄 것으로 믿었다.

그러나 일이 크게 그릇되어 그렇지 않게 되자 하루아침에 외교가 단절되고 주권이 없어지는 참상을 당하였는데, 저 조약을 맺은 각국은 집

1 조선의 최초 근대조약인 강화도조약이 1876년에 맺어졌다.

자기 옛 호의를 잊고 모두 손을 떼고 물러나 조용히 보기만 하고 아무 말이 없으니, 소위 공법이 어디에 있으며 인도(人道)를 어찌 논할 수 있겠는가. 아니면 혹 열강이 그 알맞은 때를 살펴 공의를 제창하고 우리의 독립을 원조하여 옛 호의를 회복할 희망이 있겠는가."

내가 말하였다.

"아, 이 무슨 말인가. 지금의 시대는 생존경쟁을 자연 진화라 논하며 약육강식을 공례(公例)라 일컫는다. 저 문명을 가장 중시한다는 영국도 인도와 이집트에 대해 어떠한 정책을 폈으며, 덕과 의리를 숭상하는 미국도 필리핀에 대해 어떠한 수단을 취하였는가. 지금 열강의 매가 날고 호랑이가 뛰는 모습은 그 말은 보살이지만 행동은 야차와 같으니, 누구를 믿을 수 있겠으며 누구를 의지할 수 있겠는가.

이뿐만 아니라 그 사람의 자격에 자강의 성질이 없으며 자립의 능력이 없고 다만 타인의 의견을 우러르는 자는 결코 노예를 벗어날 날이 없을 것이다. 지금 개인의 생활로써 말해보아도 자기가 빈한하고 궁핍하면 반드시 열심히 노력하고 힘써서 입을거리, 먹을거리를 아껴 하고 싶은 것을 참을 수 있으며, 실업에 힘을 써 오랜 세월 연마하기를 티끌 모아 태산처럼 하여서 한 터럭이라도 타인에게 의지하는 마음이 없는 이가 분명 빈손으로 집안을 일으킬 수 있다. 하지만 만약 그렇지 않아 자력으로 노력하지 않고, 자기 일을 경영하지 않으며, 다만 그 친척과 친구들의 도움으로 불씨 일으키기를 기대하는 자는 영원히 걸식하는 생애를 면하지 못할 것이다.

전년에 내가 향곡(鄕曲)에 있을 때 목격한 바가 있다. 한 부자의 아들이 젊어서 호탕하여 천금을 다 흩어 쓰고 나니 생계를 이을 수가 없었다. 그 아내가 말하기를, '지금 생계를 경영하자면 자본이 있어야 가능한 일인데 우리 친정은 만금의 재산을 헤아리기 어려울 정도이니 가서 청하는 것이 어떨까요' 하였다. 그 사람이 한숨을 쉬며 탄식하기를, '태어나 사람이 되어 자기 생활을 마땅히 스스로 도모해야지 어찌 남에게 힘을 빌리겠는가' 하고는, 그 아내와 함께 저잣거리에 들어가 품삯일과 괴로운 노동을 몸소 게으름 없이 하여서, 일을 경영한지 수년 동안 친척과 친구들로 하여금 자기 종적을 알지 못하게 하였다.

그 장인이 오랫동안 소식이 없음을 괴이하게 여겨 사방으로 찾아다니다가 한참 뒤에 결국 소식을 듣고 크게 놀라 찾아가 만나고는 울면서 말하기를, '네가 어찌 이렇게 스스로 고생을 했느냐. 일찌감치 찾아와 말을 했으면 너희 부부를 내가 살려주지 않았겠느냐'라고 하였다. 그 사람이 말하기를, '그것을 어찌 모르겠습니까. 그러나 사람으로 태어나 자기 인생을 스스로 도모하지 못함을 제가 매우 부끄럽게 여긴 까닭에 이러한 고생을 기꺼이 한 것이니 원컨대 걱정하지 마십시오' 하였다. 그리고 더욱 스스로 노력하여 십 년이 지나지 않아 큰 부자가 되었다. 이에 고향으로 돌아와 밭과 집을 사고 쾌락을 누리니 향리가 모두 칭찬하였다. 나라 사정에 이르러서도 어찌 그러하지 않겠는가.

오늘날 우리 대한이 타인의 압제와 억압을 받는 것이 어찌 억울하지 않으리오. 그러나 언제 어느 때라도 이 굴레를 벗어나 독립의 위치에 뛰어오르고자 한다면, 우리 전국 인민들이 하나하나 분발심과 인내심으로 국력을 양성하는 사업에 대하여 온갖 어려움을 돌아보지 말고 일심으로 나아가야 한다. 그리하여 스스로 도와 하늘의 도움을 얻을 것을 목표한 다음에야 자강을 이루고 독립을 회복할 수 있을 것이다. 만일 다른 열강들이 어떠한 일로 우리를 원조해줄까 희망한다면 그것은 비단 망상이 될 뿐 아니라 실로 막대한 불행이다. 설혹 다른 열강이 우리를 가엾게 보고 도와준다는 말이 있을지라도 우리는 사양하고 물리치며 '우리나라의 독립은 우리나라의 자력으로 할 것이요, 다른 나라의 힘을 빌리지는 않을 것이다' 라고 하여, 자강의 성질을 기르고 자립의 기초를 도와 일으켜야 한다. 만약 그렇게 할 수 없다면 영원히 타인의 노예일 뿐이요 희생물일 뿐이니, 길고 긴 세월에 이 한이 끝이 있겠는가."

그러자 객이 "그렇군요"라고 하며 물러났으니, 이 말을 써서 우리 동포들에게 고하는 바이다.

(4호, 1~3면)

단체가 이루어진 뒤에야 민족을 보존할 수 있다

장지연

무릇 국가가 성립되는 것은 그 민족이 단체로 집합되었기 때문이다. 넓은 토지와 많은 민족을 갖고 있어도 단합의 뜻이 부족하고 단합의 힘이 결핍되어, 수초가 물 흐르는 대로 이리저리 휩쓸려 다니듯 천지간에 혼자 움직이고 생활하고 경영하여 제 뜻대로 하고자 한다면 이는 야만의 한 부락일 뿐이다. 태고의 자연스럽고 순후한 시대였다면 가능하겠지만 지금의 극렬한 경쟁 사회에서는 어찌 열패하여 사라지게 되는 근심을 피할 수 있겠는가.

지금 나라 안에 조금이나마 지식이 있는 자들은 모두 단체라는 주의(主義)를 말하고 있다. 각 신문사가 힘써 설명하는 바도 이것이요, 각 단체가 곡진히 강연하는 바도 이것이다. 그러나 전국의 상황을 두루 바라보건대, 과연 그 실상을 거론하며 그 뜻을 채우는 사가 몇이나 되는가. 다만 국민 전체의 큰 단결을 하지 못할 뿐 아니라 일부 작은 단체의 단합도 하지 못하고 있으며, 완고하고 어리석은 자들만 단결하지 못할 뿐 아니라 개화되고 뜻 있다는 사람들도 못하고 있다.

아아! 진실로 이 단합하지 못하는 나쁜 성질을 끝내 변화시키지 못한다면 굼뜨고 어리석은 2천만 민족이 결국 수렁에서 벗어날 날이 없을 것이요, 열패의 재앙을 면할 수 없게 될 것이다. 끝내는 시들고 말라 사라지는 지경에 이르고 말 것이니 어찌 통한하지 않겠으며 어찌 크게 탄식하지 않으며 어찌 뼛속이 시리고 피가 끓어오르지 않겠는가.

폴란드와 베트남이 민족이 망하고 나라가 황폐해져, 소탕되고 전복되며 달아나 숨고 재갈에 속박되어, 잘 때나 깨었을 때나 밥 먹을 때나 쉴 때나 신음하고 애통하는 까닭을 물어본다면 그 죄가 어디서 비롯된 것인가. 정당 사이에 서로 분파와 문벌이 나뉘고 갈리며 같은 민족 중에서도 각자 외세에 붙거나 남을 의존하여, 같은 조정에서 서로 삐걱대고 같은 민족끼리 서로 해치며 자기 한 몸의 사욕을 도모하고 공익의 큰 뜻을 잊어버린다. 그러다가 마침내 나라가 망하고 집안이 멸하여 그 사적인 계획도 아울러 탕진하여 다 텅 비게 되고 제 몸과 자손이 다 죽고 시들어 보호하지 못하게 되는 지경에까지 이르는 것이 아니겠는가.

아아! 지금 우리 대한이 불행하게도 여기에 가깝게 되었으니, 이를 경계하고 깨우쳐 회개하게 하려면 부득불 그 병이 생긴 원인을 소구하여 따져보고 처방을 논하지 않을 수 없으므로 대략 그 이유를 들어 설명하려 한다. 무릇 다섯 가지 병의 근원에서 유래한다.

첫째는 당파의 고질이다. 대개 국초부터 남북의 경계를 나누어 보아 서북 지역 인재를 뽑지 않았으며, 서얼 자손의 벼슬길을 막았던 것은 이미 큰 공익을 보존하고 화합하는 도리가 아니었다. 하물며 민족의 신분제도가 그 한계와 등급이 너무나 협소해져서, 세력을 집중시켜 당쟁의 단서를 일으키고 원기를 소모하여 나약한 조짐을 쌓았으니, 이것이 붕당이 발생하고 국력이 분열된 까닭이다. 한 번 당파의 색목(色目)이 나뉜 이래 사적인 감정을 끼고 정치를 하거나 공적인 일을 빙자하여 사적인 뜻을 펼치니, 한방에서 창을 잡고 가족이 홀연 원수가 되며, 한 지붕 아래 칼을 들어 조정이 전쟁터가 된 것이다.

습관이 고질병으로 굳어져 조화를 이룰 방법이 없으니 오늘날의 비참한 지경에서도 안으로 같은 당끼리 사적인 이익을 품고 분열된 모습을 드러내서 눈을 부릅뜨고 알력을 일으키며, 깃발을 펴고 북을 울린다. 소위 술잔을 나누는 와중에도 간담초월(肝膽楚越; 동상이몽)이고, 담소의 자리에서도 구밀복검(口蜜腹劍)이니, 이같이 해서야 어찌 감히 단결하고 단합하여 회복할 한마음을 구할 수 있겠는가.

아아! 오늘날 우리 대한 국민은 동서남북의 누구를 막론하고, 상하귀천이 다 똑같이 노예와 같은 인민이다. 지위가 일품에 이르고 일등서훈을 받았으며 몸이 육군 장군, 각 부의 대신과 같이 고관에 있는 자라도 똑같이 노예일 뿐이요, 집안이 삼한갑족(三韓甲族)이고 지위가 10대 명문가로 전장이 주군(州郡)에 펼쳐져 종들이 집안에 가득한 자라도 똑같이 노예일 뿐이다. 노예를 그만두지 못하면 그 결과는 끝내 자연히 소멸해 버리는 것뿐이니 슬프지 않은가, 애통하지 않은가!

이런 때에 당파의 원수에 대한 혐오나 색목 간의 전쟁은 마땅히 물과 구름처럼 덧없이 흐르는 것으로 치부해 일체 척결하고, 공평하고 탕평하게 같은 마음으로 협력하여 같은 민족의 보존과 단합을 도모함이 옳다. 옛날 영국의 보수당과 자유당 양당이 다투고 충돌하여 편안한 날이 없다가 격니아(格尼亞)[1] 전쟁이 일어나자 정부에 반대하던 당도 무리지어 일어나 힘을 보탰다. 일본의 자유당과 진보당 양당은 각을 세우고 대치하여 의견이 서로 달랐으나 번벌(藩閥)[2] 내각이 의회를 해산하자, 홀연 서로 제휴하여 같은 법의 정당으로 뭉쳐 저항하였으니, 이는 그 싸움이 애국의 공의에서 나왔기 때문인 것이다. 나라가 나라답지 않으면 어찌 당파 싸움이 있을 수 있겠는가. 애석하게도 지혜가 이

1 문맥상 크리미아로 추정할 수 있다.

2 메이지유신에 공이 있었던 사츠마번, 죠슈번의 출신자들이 만든 파벌이다.

런 생각에 미치지 못한 채, 서로 버티는 새와 조개와 같고 미소짓는 사냥꾼을 모르고 서로 싸우는 매미와 참새와 같다. 이것이 단합할 수 없는 첫 번째 병의 뿌리이다.

둘째는 시기하고 미워하는 나쁜 버릇이다. 대개 이는 풍속이 막혀 그렇게 된 것이나 또한 진실로 당파의 남은 독에 길들여진 것이다. 우리나라 사람들의 이 나쁜 병이 어찌 본성이겠는가. 수백 년 세월이 쌓이면서 여러 종류의 성질이 유전되고 여러 사회의 습관에 물들어 사람들의 뇌 속에 깊이 파고들어 스스로 뽑아낼 수 없게 된 것이다. 못난 자는 남의 능력을 질투고 궁한 자는 남의 영달을 시기하며, 평판 없는 자가 남의 명예를 시샘하고, 업적이 없는 자가 남의 업적을 미워하며, 힘없는 자는 밀려나고 세력 있는 자는 내세워지니 앞을 다투어 냄새를 좇아 조절할 수가 없다. 저 미개한 자는 물론이요, 새로움을 찾는 선비도 날마다 단체를 부르짖으며 갑이라는 땅에 한 모임을 세우면 을이라는 당이 또 다른 것을 세운다. 처음에는 서로 맞춰주다가 중간에는 서로 시기하고 마지막엔 서로 해쳐 끝장을 보지 않으면 그치지 않는다. 이러면서 단합을 바라면 어찌 벽돌을 갈아 거울 만들기가 아니며, 모래를 쪄 밥을 만들기가 아니겠는가.

무릇 종지가 다르면 주장을 내세워 비판함이 옳고, 지위가 같지 않다면 일을 나누어 함께 나아감이 옳다. 그런데 종지와 지위가 같다면 어찌 힘을 다해 동심으로 의무를 함께 하지 않는가? 같은 목적지라 해도 길은 다르고 일치한다 해도 생각은 백 가지지만, 목적이 이미 같아서 한 곳을 가리킨다면 동포로서 결국은 손을 잡고 한 자리에 모일 날이 있을 터이다. 그렇지 않아서 그 목적을 달성하지 못해도 우리가 그 의무를 잃지 않는다면 우리 뜻에 부끄러움이 없으리라.

가령 이로 인해 일이 이루어지면 어찌 성공이 나에게 있어야만 기쁠 것인가. 저들이 비록 동족을 서로 해치게 하고 동지를 서로 다투게 하여 타인을 배척해 쓰러뜨리고 자리를 독점하다가 마침내 나라가 멸망하고 집안이 망하여 교룡과 악어의 험난한 파도에 빠뜨림은 진정 무슨 마음인가. 그런 우매한 자는 진실로 바랄 것이 없으나 개명하여 충심이 있는 이들에게는 이로써 알리지 않을 수 없다. 이것이 단합할 수 없는 두 번째 병의 근원이다.

셋째는 의존하는 습관이 굳어진 것이다. 무릇 단체는 협심(協心)을 말함이요, 부화뇌동하는 뜻이 아니다. 그러므로 능히 독립하여 굴레에 매이지 않아 남의 힘을 의존하지 않고 떳떳하게 혼자 왕래하는 사상이 있는 자라야 단체로 결합할 수 있다. 진실로 한 터럭이라도 의존하고자 하는 사상이 있으면 한 무리라 해도 단합이 아니다.

지금 우리나라의 고질적 습관은 의뢰하는 생각이 깊이 맺혀 악습이 되었다. 학자는 고인에 의존하여 감히 새로운 이치를 스스로 펴지 못하고, 정치가 외국에 의존하여 스스로 일을 하지 못하며, 관리는 군주를 의존하고 인민은 정부를 의존하여, 한 나라 사람들이 각각 책임을 방기하고 의존하는 것만 힘쓴다. 이러니 배우지 못하고 기술이 없는 자도 그 친족과 세력을 믿고 관작을 구걸하며, 손 놓고 노는 자도 그 친척의 재산을 의존하여 입고 먹을 것을 바란다. 뿐만 아니라 심지어 나라를 팔고 임금을 파는 데까지 이르러, 외국에 의존하여 권력을 훔치고 기꺼이 그들의 명령을 받는다.

또 시골의 어리석은 자들은 자기 나라가 자립할 수 없다고 여기고, 매일 타인의 힘과 제삼자의 손길만 바라고서, '어느 나라의 세력이 지금 어떠하고 어느 나라의 공론이 지금 어떠한가'만 말한다.

스스로 일어나고 스스로 서고 스스로 강해지며 스스로 떨칠 방법을 생각지는 않고 다만 외국이 우리를 도와주고, 일으켜 세워줄 것만 바라고 있으니, 어찌 어리석지 않은가! 어찌 어리석지 않은가! 나라가 지금 이렇게 된 것을 생각해보면 어찌 이 의존하는 습관에 길들여진 것이 아닌가. 내가 일찍이 말하기를 신라 무열왕과 김유신이 고구려, 백제를 토벌하고 국토를 통일한 공이 크다고는 하였으나, 당나라 군대를 몰아와 우리 동족을 죽인 것이 어찌 능사(能事)라 이르겠는가. 이로 인해 천여 년에 외국에 의존하는 사상이 생겨 자국의 위풍을 없애고 타인의 세력을 늘렸으니, 아아! 이것이 의존하는 습관이 단합할 수 없게 만든 세 번째 병의 근원인 것이다.

넷째는 나태한 고질병이다. 무릇 이 나태한 증상은 의존하는 악습에서 말미암아 습관에 물들어 마침내 고질병이 된 것이다. 일본 문학사인 다부치 도모히코[田淵友彦] 씨는 이렇게 말했다.

"한국인의 나태는 세계에서 보기 드문 것이니, 저들이 하루 종일 하는 일은 잠자고 담배 피우는 것이다. 내일 필요한 쌀과 소금을 구할 도리를 생각하지 않으며, 내일 필요한 쌀과 소금뿐만 아니라 오늘 당장의 쌀과 소금이라도 계획하지 않고 낮잠 자고 한가로이 노는 것이 일상이다." 또 말하기를,

"한국인은 저항하는 힘이 결핍되어 수백 년 전제정치 아래에서도 발분하여 나아가는 정력이 이미 소진되었고 절대 대외적으로 반항하는 힘이 없다."

대개 이 나태한 성질은 옆에서 지켜보던 이들이 이미 다 말한 것이다. 이것 때문에 여러 가지 사업이 중도에 엎어지고, 용기 있게 시작했으나 끝을 보지 못함을 면치 못하니, 스스로 자기에 대한 계획을 세우고자 하지 않는데 하물며 사회의 공익에 있어서는 어떻겠는가. 이로 말미암아 단결할 마음이 부족하고 결과를 이룸이 적으니, 이는 나태가 단합할 수 없게 만드는 네 번째 병의 근원이다.

다섯째는 국가사상이 없는 것이다. 대개 우리 한국인은 옛날부터 애국 사상이 부족하고 공공의 관념이 결핍되어 국민이 마땅히 해야 하는 의무를 모르므로, 외국인들이 한국 국민의 성질을 논하기를,

"한국은 예부터 가족적인 결합이고 가족적 발달이어서, 한국인들은 모두 가족적인 관념에 지배당하고 공공의 국가라는 관념은 극히 적다. 그래서 애국심을 가진 사람을 볼 수 없고 하등의 공공 설비와 공공 기관을 볼 수 없다"고 하였다.

공공의 관념이란 국가사상에서 말미암아 나오는 것인데 원래 국가사상이 부족하기 때문에 공공의 관념이 없는 것이다. 온 나라가 개인적 이익과 욕망만을 다하여 공익이 무슨 물건인지 모르니, 이것이 단합할 수 없는 다섯 번째 병의 근원이다.

이것이 병의 대략을 살핀 것이다. 자세히 말하면 오만하고 집요하고, 어리석고 나약하고, 이익만 좇고 사욕을 좋아하고, 비루하고 완고한 갖가지 습성이 모두 족히 단체의 적이며 사회의 큰 좀벌레이다. 이 중에 하나만 있어도 단합이 되지 않을 텐데 하물며 각종 병의 근원을 다 갖추고 있어서야 어떻겠는가. 이러한 민족으로 단결된 단체의 협력을 바라고자 하는 것은 연목구어(緣木求魚)같은 일이요, 이러한 사회로 국권의 회복을 바라고자 하는 것은 앉은뱅이에게 빨리 가라고 재촉하는 것과 같으니 효과가 없을 것이 명백하다.

아아! 그렇다면 우리 사천 년 신성한 민족이 끝내 단합을 보전할 희망이 없이 마침내 시들어 떨어지고, 소멸해 끝나는 것이 옳은가. 무릇 우승열패는 자연 진화의의 공리이다. 열등한 자, 우매한 자, 고립된 자, 약한 자는 반드시 꺾이고 패하여 절멸하고, 우세한 자, 현명한 자, 단합한 자, 강한 자에게 승리를 양보함은 하늘이 택하는 자연도태의 결과이다. 우승열패의 길은 하나가 아니지만, 단체가 되느냐 단체가 되지 못

하느냐가 실상 그 주요점이 된다.

아아! 우리 한국인은 굴레에 매인 수치와 노예의 오욕을 생각하고 마땅히 분발하고 반성하여 일체의 고질병들을 씻어내 버리고, 예전의 무리 짓고 꺼리고 미워하던 습관을 근절해야 한다. 의존과 나태의 병을 완전히 떨어내 버리고, 애국 사상을 떨쳐 일으키며 공공 관념을 도발하여, 이로써 하나의 단체로 손을 잡고 나아가 협동의 길로 노력하면 천하의 강국이라도 어찌 이보다 더하겠는가.

이것이 바로 자강의 기술이고 스스로를 보호하는 도리이다. 이미 단합하고 협동했다면 누가 감히 우리의 자유 인권을 침해하여 무리한 속박을 더하는 일이 있겠으며, 누가 감히 우리의 독립 주권을 간섭하여 격에 맞지 않게 기만하고 능멸하는 일이 있겠는가. 단합의 효과로 민족을 보전할 뿐만 아니라 국력을 강대하게 만들 수 있어, 우리 독립의 기초를 공고하게 함이 진실로 여기에 있는 것이다. 부득불 이로써 뜻있는 여러 군자들께 경고하여 간절하게 기원함을 그치지 않으리니, 아아! 힘쓸지어다.

(5호, 1~7면)

하와이 동포들께 감사함

박은식

미국 영토 하와이에 살고 있는 우리 대한 동포들의 교회보(敎會報)를 접하여 읽게 되었는데, 우리 자강회의 주지를 들어 논하기를,

“최근 대한자강회가 본국에 설립되어 때때로 연설하는 것이 사람마다 자강해야 한다는 목적이요, 또 『대한자강회월보』가 발행되었는데 한 마디 한 마디가 모두 자강해야 한다는 주의(主義)요, 또 겉장의 제호를 보면 대한제국의 지도를 매달의 월보가 표지에 실었으니, 삼천리 강산의 자강하는 기초가 될 것이오. 아아! 우리 인민들은 각기 직업에 근무하여 국가의 죄인이 되지 말아야 할 것이며, 신보를 많이 읽어 자신의 심지를 자강하게 하되 『자강회월보』와 같이 각자 자기 등허리에 전국 지도를 짊어지고 한두 사람으로부터 2천만 명에 이르기까지 모두 자강하여 우리 대한제국을 억만 년 상성하게 하여 봅시다” 하였다.

우리가 이 글을 읽고 모르는새 감격의 눈물이 눈시울에 차오르고 부끄러움의 땀이 등을 적시었도다. 아아! 친척을 이별하고 선산을 떠나 해외 수만 리의 외진 곳에서 노동으로 생계를 도모하러 이주한 8천 명 동포들의 애국사상은 물이 아래로 흐르듯이, 단체를 조성하고 서로 지식을 개발하며 충애에 힘쓰는 혈성으로 학교, 신문사, 회보 등의 사업을 천신만고 중에도 차례로 발전시켰다.

그리고 본 회보 표지에 있는 대한지도를 보고는 조국에 대한 생각이 한층 더 감발하여 개연히 이 삼천리 영토를 각자 그 등허리에 짊어지기로 결심하고 굳게 맹세한 것이다. 그런데 본국에 편안히 거하며 살고 있는 2천만 동포들은 애국사상이 어찌 그리 냉담하며 단체의 결합이 어찌 그리 어려우며 학교와 신문사 등 사업이 어찌 그리 드문가. 본 회보 표지의 대한지도를 보더라도 모두 심상하게 보아 넘기고 사천 년 이래로 자자손손 대대로 전수해왔던 기반을 자기 몸에 이르러는 등허리에 짊어질 생각이 거의 없으니, 이는 무슨 이유인가.

대개 하와이에 있는 8천 명 동포들은 이 폐쇄된 국면을 떠나 저 문명의 나라에 건너가 있으니, 신선한 공기가 뇌 속에 흘러들어가 종전의 비루하고 못난 습관이 자연히 사라졌다. 그래서 충애 사상이 깊고 간절하며 공공단체가 확립되어서, 비록 타국에 있지만 국민의 의무를 극진히 하고자 한다. 반면 본국에서는 더럽고 탁한 풍기와 암흑의 기운이 지금까지 그 신체를 얽어매고 마음과 지혜를 꽉 막고 있어서, 설령 한 줄기 틈새의 빛이 들어오더라도 몽롱한 봄잠을 오히려 깨지 못하고 있는 연고이다.

아아! 본 회보의 겉면에 있는 대한지도는 곧 우리 2천만 동포가 공공으로 소유한 기반이다. 지금 해외 외딴 곳에 이주한 동포들이 이를 짊어지기로 스스로 맹세하였는데, 우리 국내 2천만 동포들은 이를 짊어지지 않겠는가. 또한 맹렬히 반성하고 분발하여 해외 동포들의 생각과 같이 동일한 목적으로 단체를 결합하여 전국 지도를 한 사람 한 사람의 등허리에 짊어지고서 자강의 기초를 건립하기에 힘써야 할 것이다. 또 해외 동포에게 감사의 뜻을 멀리서 바치노라.

(5호, 7~9면)

회(會)의 본의를 논함

이기

몇 년 이래로 여러 회(會)가 많이 일어나고 있다. 그러나 어떤 것은 정부의 비난을 초래하고 어떤 것은 지역에 폐를 끼쳐, 경향(京鄕)을 막론하고 거칠게나마 글을 좀 안다거나 스스로 절조를 지킨다고 하는 자들은 '아무개 회(會)'라는 이름을 내걸지 않는 자가 없다. 그러나 이는 모두 회의 본의를 모르기 때문이다. 새나 짐승 같은 미미한 동물도 오히려 무리를 떠나 혼자 살 수 없는데 하물며 사람은 어떻겠는가. 청컨대 여러분께서는 한 번 보시기 바란다.

몸에 입는 옷은 한 가닥의 실만으로는 짤 수 없고, 입에 넣는 밥은 한 톨의 쌀만으로는 지을 수 없으며, 가족이 거처하는 집은 하나의 목재로만은 만들 수 없다. 이 때문에 부부가 모여 가족이 되고 이웃이 모여 마을이 되며 인민들이 모여 국가가 되는 것이다. 사람들로 하여금 높이 날게 하고 멀리 달려가게 하여 인간 세계에 있지 않으면 그만이지만, 그렇지 않다면 회를 버리고 장차 어디로 가겠는가.

회(會)의 성패에 국가 존망이 매여 있으니 주나라의 삼천 명 신하가 오직 한 마음으로 뭉친 것은 주나라의 회가 성공한 때문이다. 은나라 주왕(紂王)에게는 억만 명의 신하가 있었으나 모두 억만 가지 마음을 갖고 있었던 것은 주왕의 회가 실패한 까닭이다.[1] 주 무왕과 은 주왕의 존망이 여기서 결정되었으니 무릇 사람들에게 회란 물고기에게 물이 있고 새에게 바람이 있는 것과 같아서 그 기틀이 발현하여 활동함이 여기서 비롯되지 않음이 없다. 그런데 다만 구습에 안주하여 마침내 서로 잊어버리는 데에 이르러서 결국 회의 본의가 있는 바를 모르게 되었으니 슬프도다!

아아! 가족이 헤어지고 부부가 지켜주지 못하며 향당이 흩어지고 이웃이 도와주지 못하며 국가가 쇠약하고 임금과 백성이 서로 사랑하지 않으니, 알 수 없구나. 오늘 이 날이 무슨 날이며 오늘 이 세상이 무슨 세상인가. 저들은 많은데 우리는 적고 저들은 강한데 우리는 약하니, 다수와 강약의 세력이 어찌 회와 불회의 소치가 아니겠는가.

무릇 사람에게 부모가 없으면 고아라고 하고, 형제가 없으면 독자라고 하는데, 고독(孤獨) 두 글자는 군자가 불쌍하고 가엾게 여기는 바이니 이는 도와주는 이가 없기 때문이다. 한 집안에서도 도움이 없으면 안 될 것인데 이 세상 사회란 큰 곳에서는 어떻겠는가. 여러분들께서는 다시 서너 번만 더 깊이 회의 본의를 생각하셔서, 나의 말이 헛되지 않게끔 해주시기를 바랄 뿐이다.

(5호, 22～23면)

1 구양수(歐陽脩)의 「붕당론(朋黨論)」의 구절로 『상서(尚書)』의 「태서(泰誓)」 상편을 인용하였다. 이 「붕당론(朋黨論)」의 구절에서 붕(朋)을 회(會)로 변경하였다.

회의 명의와 목적 및 월보의 독법

이종준

객이 내게 와서 물었다.

"회(會)라는 것은 무엇인가?"

"무리를 모아 단체를 이룸을 일컫는다."

"설명할 수 있겠는가?"

"있다. 재목이 모인 후에 집을 만들 수 있고 지류가 모인 후에 강과 바다가 이루어지니, 무릇 사물이 모두 그러한데 하물며 사람임에랴. 지금 천하가 생긴 지 오래라 번성하고 복잡해져서 그 족속이 하나가 아니니, 간혹 높은 곳에 올라 멀리 이끌고 가 인간 세계에 있지 않다면 그만이지만 그렇지 않다면 회(會)를 하지 않고 성취할 수 없다. 그러므로 육친(六親)이 모여 가(家)를 이루고, 여덟 가(家)가 모여 정(井)을 이루고, 사방의 이웃이 모여 향당과 주려(州閭; 고을)를 만든다. 이렇게 회를 통일하여 나라가 되니, 나라의 나라 됨이 어찌 한 사람, 한 가정의 혼자 힘으로 마련할 수 있는 것인가. 저렇듯 우거진 모양으로 떼 지어 다니면서 물풀을 따라 옮겨 다니는 것도 오히려 회합하여 그 부락을 이루는데, 하물며 몇천 리의 강토와 몇만 명의 인종이 단체의 회합을 이루지 못하고 각자 서로 나뉘어 있다면, 분열되고 무너지고 헤어지고 갈라져서 어찌 능히 나라라고 하겠는가. 그러므로 고금 천하에 회를 하지 않고 이룬 것은 없었으니, 또한 어찌 회의 뜻을 의심하겠는가."

"무릇 사람이 같은 인종이 같은 나라가 되면 같은 기운이 서로 감응하여 마땅히 합하지 않음이 없으니 이것이 천연하게 스스로 있는 회이다. 어찌 꼭 명칭을 특별히 정한 후에야 가능하겠는가."

"인물이 많고 땅이 넓은데 같은 동산에서 다 같이 자라면 진실로 하나의 규율로 다스리기가 어렵다. 그러므로 단체의 힘을 구하고자 하는 것이니 그 형세가 그러지 않을 수 없기 때문이다."

"그러면 그 성질이 나쁜가, 좋은가. 그 취지가 혼잡한가, 순수한가. 그 덕이 흉한가, 길한가. 설명을 듣기를 원하노라."

"그 성질은 선하지만 혹 악이 없을 수는 없고, 그 뜻이 순수하지만 혼잡함이 없을 수 없고, 그 덕이 길하지만 흉함이 없을 수 없으니, 어떻게 그런 줄을 알 수 있는가. 무뢰배를 불러 모은다면 도적이 될 것이요, 글로써 벗을 모은다면 군자가 될 것이다. 군자가 같은 도리로 함께 나아가면 나라가 다스려지고, 소인들이 함께 악행으로 서로 도우면 나라가 어지러워지니, 길흉과 선악이 여기서 나누어진다. 옛날 은나라 주왕은 억만의 신하가 있어도 모두 억만 개의 마음이었기에 주왕이 망했으니, 이는 주왕의 회가 이루어지지 못했기 때문이다. 주나라 문왕은 삼천 명의 신하가 있었는데 모두 한 마음이었기에 주나라가 흥하였으니, 이는 그 회가 이루어졌기 때문이다.[1] 나라가 흥망하는 까닭은 회의 성패 여부에 달려있으니, 살피지 않을 수 있겠는가. 근래 서구의 양민회(良民會)는 서구가 개명하고 진보한 까닭이요, 지나의 의화단은 지나가 부패

1 이 구절은 앞에 수록된 이기의 「회(會)의 본의를 논함」과 거의 동일하다.

한 까닭이니, 또한 가까운 귀감이다."

"그러면 내가 어찌 일찍 분별하여 따를 바를 알 수 있겠는가. 처음부터 끝까지 신중해야 하니 그렇지 않다면 서로 타락할 것이다. 최근 소위 회란 것을 본 것이 많은데, 잘못된 경우는 보았으나 옳은 경우는 거의 보지 못했다. 회를 빙자해 서로 다투어 비방을 일으키고, 폐를 끼치는 자들이 도도하게 모두 이러하니 마침내 떨치지 못할 따름이다. 어디에 소위 길함과 덕이 있겠는가."

내가 놀라 일어났다가 다시 빙긋이 웃으며 답하였다.

"그대가 잘못되었다. 그대가 잘못되었다. 하나만 알고 둘을 모르며, 등만 보고 배를 보지 못했으며, 술지게미만 마시고 술맛을 보지 못한 자가 그대가 아니겠는가. 그대는 물의 성질을 보지 못했는가. 수원(水源)의 시작에서는 맑지 않은 것이 없다. 그런데 여러 지류가 모여서 진흙탕이 섞이기도 하고 상어와 악어가 어지럽히기도 하여 물이 탁해지는 것이다. 그 탁함을 보고 물이 그 성질을 잃어버렸다고 하는 것은 가능하지만, 물의 성질이 본래 그렇다고 한다면 어찌 이치에 맞겠는가. 밀려온 험한 파도를 돌이켜서 탁함을 물리치고 맑음을 드러낼 수 있다면 물은 진정 처음 그대로일 것이니, 『시경』에, '흐린 경수(涇水)가 맑은 위수(渭水)를 탁하게 하지만 그 물가는 맑고 맑구나'[2]라고 하였다. 지금 그대가 한두 경우만 보고 끊임없이 논박하니, 이는 뜨거운 국에 놀라 나물을 불어가며 먹는 것이요, 목이 멘다고 먹기를 그만두는 것이니, 아! 어찌 옳겠는가."

"그러한가. 어찌 그럴 수 있는가. 그대의 말에 의혹이 없겠는가. 비록 그러하나 내가 일찍이 그대를 안다. 홀로 옛 거문고를 안고서 요즘 사람들이 연주하지 않음을 탄식하고, 우연히 낭서(郎署) 벼슬에 있다가 풍당(馮唐)이 쉽게 늙음을 슬퍼하더니[3] 이윽고 산으로 돌아와 달을 즐기며 지금

2 『시경(詩經)』「패풍(邶風)」의 "곡풍(谷風)" 구절이다.

3 풍당(馮唐)은 한(漢)나라 사람으로 효행(孝行)으로써 알려졌다. 문제(文帝) 때 거기도위

세상은 마땅치 않게 여겼다. 단체에는 한 번도 찾아가 물어보는 일도 없었는데 뜻밖에 지금 단체에 왕래하며 부지런히 논란하니, 뭇사람보다 뛰어나서인가. 부탁하건대 나를 위해 설명을 다해주기 바란다."

"내가 산에서 돌아와 신문의 글을 보다가 '대한자강회'의 다섯 글자가 눈에 띄어 뛸 듯이 기뻐했는데, 취지서를 보니 그 목적이 교육과 식산뿐이었다. 이에 벌떡 일어나 말하기를, '옳도다. 여러 군자들이 내 마음을 먼저 알아줌이여' 했다. 지난번 서울에 들어가 여러 군자들과 교유해보니 모두 당대에 손꼽을 만한 이들이었다. 대부분 불평의 울림으로 좋은 울음을 내고자 한 이들이었다.[4] 오랜 친구와 새 친구가 서로 한껏 강개하여 한 번 탄식하는 말이 무지개처럼 뻗어나고 한 번 말을 하면 흩어져 구슬이 되었다. 종횡으로 펼친 언설이 간담에 얽힌 의기가 아님이 없었고, 두루 통달하여 개명과 발달의 의무에 귀의하고자 하였다. 아아! 늦은 만남을 아쉬워 할 뿐이니, 내가 어찌 옷자락을 걷어 올리고 신발을 거꾸로 신고서 회포를 조금이나마 풀어내지 않으리오."

"그 말을 자세히 들을 수 있겠는가."

내가 근심하는 모양으로 얼굴빛을 고치고는 책상을 치면서 피를 토하듯 말했다.

"아아! 현재 우리 대한이 과연 어떠한 지경인가. 폴란드, 베트남, 이집트의 전철(前轍)을 면하기 어렵도다. 선현들이 말하지 않았던가. 앞의 수레가 전복되면 뒷수레가 경계로 삼는다고 한다. 내가 장차 크게 소리 질러 '경계할지어다, 경계할지어다'라고 말한다면, 오직 우리 인민 가운데 혈기를 지닌 이들은 그 누구라도 마음 아파하며 피를 쏟아 경계해야 하는 이유를 생각하지 않겠는가! 비록 그러하나 시험 삼아 논해

(車騎都尉)를 지냈고, 경제(景帝) 때 초상(楚相)이 되었다가 면직(免職)되었으며, 무제(武帝)가 즉위하고서는 현량(賢良)으로 선발하였으나, 그때 나이 90세가 넘어 벼슬에 나가지 못함을 탄식한 것을 말함.

4 한유(韓愈)의 「송맹동야서(送孟東野序)」에 나오는 구절이다. 좋은 울음[善鳴]을 낼 수 있는 이들로 역사적 위인과 시인들을 거명하였다.

보기를 청하니 그 경계함을 마땅히 어떻게 해야 할까?

첫째는 자국 정신에 있고 둘째는 자강 목적에 있다. 이제 우리 단체가 대서특필하기를, '대한자강'이라고 하니, 내가 무엇 때문에 뛸 듯이 기뻐하며 벌떡 일어나지 않으리오. 생각할지어다, '대한'이라 함은 우리 일반 동포의 선조와 자손들이 쉬고 자라며 살아가는 고유한 강토가 아니겠는가. 사람의 마음을 지녔다면 어찌 먹고 숨 쉬기를 잠시라도 잊을 수 있으리오.

잊지 않고자 한다면 어찌 '자강'이라는 두 글자 외에 또 무엇이 있을 것이며, 자강하고자 한다면 또 교육, 식산 두 가지 외에 무엇이 있겠는가. 그 '대한'이라 말한 것은 이름을 바르게 함이니 『춘추(春秋)』의 '춘왕정월(春王正月)'[5]과 같음이 있고, 그 '자강'이라고 것은 주의(主義)이니 『주역(周易)』의 '자강불식(自强不息)'과 『예기(禮記)』의 '중립불의(中立不倚)'요, 그 '교육, 식산'이라고 말한 것은 대개 「주관(周官)」과 「홍범(洪範)」[6]에서 나와 근세 문명 각국에서도 분명한 사례이니 자강의 재료이다. 지극하도다, 대한자강회의 명의와 목적이여. 가히 현세를 건너게 해줄 나루터와 뗏목이요, 정문일침이니, 무릇 우리 동포는 어찌 서로 힘쓰지 않는가. 만약 그 자세한 설명을 구한다면 『자강회월보』에 있으니 찾아볼지어다."

"창해(滄海)의 거친 물결은 한 척 작은 배로 건널 수 없고 큰 집이 장차 무너지면 기둥 하나로 버틸 수 없으니, 그대의 말과 같다면 진실로 아름다운 뜻이지만 혹 정위(精衛)가 돌을 물고 오는 것[7] 같은 일 아닌가.

---

5 '춘왕정월'은 『춘추(春秋)』 첫머리에 나오는 '노(魯) 은공(隱公) 원년 봄, 천자가 쓰는 역(曆)으로 정월'이라는 말을 가리킨다. '대일통(大一統)'의 뜻이 그 속에 담겨 있다고 하여, 여기서 '대한'의 뜻풀이와 연결 지은 것이다.

6 「주관」은 『주례(周禮)』의 편명이고, 「홍범」은 『서경』의 편명이다.

7 정위(精衛)는 염제의 딸이 동해(東海)에 빠져 화했다고 하는 전설상의 새이다. 서산(西山)의 나무와 돌을 물어다가 동해를 메우려고 했으나 이루지 못하였다고 한다. 불가능한 헛수고를 이르는 말이다.

효과가 있다고 할 수 있겠는가."

"아! 이 무슨 말인가. 그대는 진실로 달걀을 보고 때맞춰 울기를 바라는 자로구나. 내가 어찌 오늘 자강의 의무를 짊어지고 내일 자강의 효과를 바란다고 말했겠는가. 모름지기 매일 한 걸음씩 나아가 세월로 연마한다면 반드시 자강하는 날에 도달할 수 있다. 평지에 한 삼태씩 흙을 쌓는다 해도 마침내 아홉 길의 높이를 이룰 수 있으며, 아홉 길 높이의 산을 만든다고 해도 한 삼태기가 모자라면 그 공을 이루지 못한 것이다.

그러니 이처럼 앞으로 나아가며 쉬지 않아 오래도록 힘을 쌓는다면 반드시 자연 효력이 있을 것이니, 그대는 진중할 것이며 서두르려 하지 마라. 지금부터 계산하여 혹 삼사 년일지 십 년에서 백 년이 걸릴지 진실로 헤아려 볼 바가 아니거니와, 내가 못 본다면 내 자식, 내 손자가 당연히 보는 날이 있을 것이다. 백 번 강한 마음으로 단련하여 매일 조금씩 힘쓸 뿐이다. 부모가 병이 있을 때 증세에 대한 약을 쓰는 것은 자식의 도리이니 어찌 꼭 효과에 이를 것을 바람이 있겠으며, 또한 어찌 그 어쩔 수 없음을 안다고 약을 쓰지 않을 리가 있겠는가."

그러자 객이 더 따지지 않고 "알겠다" 하고 물러났다. 마침내 이 말로써 우리 동포에게 고하고 다시 남은 뜻을 모아 아래에 덧붙여 의문을 풀게 하고 서로 장려하게 하려고 한다.

1. 무릇 회의 회보가 있음은 모습을 그려서 그 정신을 전하는 것과 같으니 이 회의 소식을 알고자 한다면 월보를 보면 된다. 천하의 유지군자들과 여러 명가(名家)가 제출한 정수(精髓)를 주의 깊게 보시기 바란다.

1. 월보의 애독자들은 마땅히 몇 건의 사안에 깊이 주의해야만 한다. 대한정신, 자강능력 그리고 자강회의 명의와 목적, 월보 독법 등이 그것이다. 이 몇 가지에 주의할 수 있어서 뇌수를 집중할 수 있다면 지금 세상의 방향을 거의 알 수 있을 것이다.

1. 월보를 시급히 읽어야만 한다. 시급히 읽으라는 것은 늦어서 시사에 미치지 못할까 걱정함이다. 요즘 형편에 잠시라도 늦을 수 있는가. 고질병은 급히 정문일침을 놓은 후에야 정신을 깨울 수 있으니, 정신이 조금 들어야 소생을 점차 도모할 수 있다.

1. 월보를 찬찬히 읽어야만 한다. 찬찬히 읽으라는 것은 서두르다가 다다르지 못하기 때문이다. 요즘 형편에 서두르면 일이 되겠는가. 고질병에 기 살리는 약을 갑자기 쓰면 결국 원기를 탈진하게 되니 원기가 한 번 탈진되면 소생하기를 바랄 수 없다.

1. 월보를 꾸준하게 읽어야만 한다. 반드시 그 기사를 천천히 보고 적절하고 요긴한 시무를 강구하여 점차 자강의 주지로써 연마하여 사람들이 모두 애국사상에 깊이 물든다면 반드시 목표에 도달할 날이 있을 것이다.

1. 월보를 자세하게 읽어야만 한다. 어찌 담대함과 용력만으로 무지하게 덤비는 자들이 경륜의 사업을 도모할 수 있겠는가. 반드시 실사구시하고 기초를 정립해서 널리 보되 절충하여야 한다. 그리고 세밀히 살펴 드러난 뒤에야 대본(大本)을 세워 크게 응용할 수 있다. 그러므로 일을 하되 구석진 곳까지 공부가 이르지 못하면 천하대업을 이룰 수 없다.

1. 월보를 때때로 읽어야만 한다. 사람은 생각하지 않으면 빈틈이 생기고 빈틈이 생기면 쉼 없는 일에 흠이 생긴다. '대한자강'이란 네 글자를 항상 염두에 두어 잠시라도 마음이 떠나지 않아야만[8] 한다. 지금 이 월보는 미혹을 각성시키는 경종이다. 그러니 어찌 때때로 이 종을 울려 몽롱하게 코골며 자는 많은 사람들을 깨우지 않겠는가.

1. 월보를 흔쾌하게 읽어야만 한다. 명분이 바로 서면 말이 순하고 말이 순하면 일이 이루어질 것이니 내가 어찌 흔쾌히 읽지 않겠는가.

1. 월보는 거친 마음을 가진 사람이 읽게 해서는 안 된다. 거친 마음

8 원문은 "參前倚衡", "造次必於是"이다. 전자는 『논어』 「위령공(衛靈公)」에 나오며, 후자는 『논어』 「이인(里仁)」에 나온다.

을 가진 사람이 읽으면 다만 독서의 이익이 없을 뿐만 아니라 도리어 허공에 장애를 만들어낼 것이니, 장애를 만들어내는 데 이르게 되면 읽지 않음만 못하다.

1. 월보는 만흥인(漫興人)[9]에게 읽게 해서는 안 된다. 만흥인이 읽으면 남이 좋아할 만한 자질구레한 이야기를 지어낼 뿐, 긴요하고 절실한 사상은 없으니, 긴요하고 절실한 사상이 없다면 무슨 이익이 있겠는가.

1. 월보는 약삭빠른 자에게 읽게 해서는 안 된다. 저들은 탁견이 없을 뿐더러 심사원려(深思遠慮)에 대해서는 조금도 움직이지 않는다. 온갖 옛 전장(典章)에 의거해 경솔하게 지적만 하고 있으니 어찌 옳다 하리오. 월보를 또한 약삭빠른 자들에게 읽게 해야만 한다. 읽게 만들고자 함은 심사(深思)를 가지게 하려는 것이고, 심사를 가지게 함은 서로 돕게 하려 함이다. 아아! 약삭빠른 자들이여, 가르침이 법식임을 듣지 못했는가.

1. 월보는 완고한 자에게 읽게 해서는 안 된다. 수주대토(守株待兎)하고 교주고슬(膠柱鼓瑟)하여 시의(時宜)를 알지 못하고 오직 집요한 습관으로 모든 신학문을 침 뱉고 욕하니 어찌해야 할 것인가. 월보를 또한 완고한 자에게 읽게 해야만 한다. 읽게 만들고자 함은 비교하게 하고자 함이요, 비교하게 하고자 함은 서로 돕게 하려 함이다. 아아! 완고한 자들이여, 어찌 시의에 따르는 『주역』의 지극한 이치를 읽지 않았는가.

1. 월보를 다독해야만 한다. 다독은 널리 캐어 연구하고자 하는 것이다. 앞 호에 어떤 논의가 있고, 다음호에는 어떤 신의(新義)가 있는지 살펴서, 반드시 스스로 이리저리 헤아려서 취사선택해야만 한다.

1. 월보를 다독해서는 안 된다. 다독하지 말라는 것은 요령을 파악하려는 것이다. 자강회의 목적은 교육, 식산이라는 두 사안일 뿐이니, 내가 반드시 이러한 것을 파악하면 이 월보의 천 마디 만 마디가 모두 이

9 사전적 의미로는 자연스런 흥취를 이르는 말이지만 여기서는 분위기에 휩쓸려 경솔한 사람을 의미한다.

두 가지 외에는 없다. 또 이 책의 표지에 대한의 지도가 그려져 있고 '대한자강회월보'라고 대서특필하였으니 '대한자강'이라는 네 글자를 읽으면 그 취지를 다한 것이다. 글자마다 정절(精切)하니 어찌 다른 말이 필요하리오. 사천 년 전해온 우리 대한을 과연 어찌 위대하게 할 것인가. 오직 자강일 뿐이니, 남들이 이룬 자유, 자강, 자립 등의 '자(自)'를 보라. '자(自)'는 남에게 의존함을 바라지 않음을 말하니, 이 '자(自)'라는 글자를 2천만의 뇌수 중에 쏟아 부으면 대한정신이 날로 떨치고 나타나 도도하여 막을 수 없을 것이다. 어찌 꼭 천 권, 만 권의 문자들을 한가로이 앉아서 읽은 후에야 가능하겠는가.

1. 월보는 읽어야만 하는 것은 아니다. 복희씨의 팔괘가 어찌 문자로 남은 것이며 팔괘 이전의 역(易)이 어찌 소리와 모습이 있었겠는가. 다만 혼자 있을 때, 무리 속에 있을 때, 한밤중에, 대낮에, 걸어 다닐 때, 앉거나 누웠을 때, 먹고 쉬고 움직이는 모든 시간에 대한자강의 생각이 있어서 늘 그 생각에 몰두하고 간직하여 그치지 않으면, 한 글자도 읽지 않아도 자강할 수 있다. 그렇지만 월보는 다독해야만 하고 또한 다독할 것도 아니고 또한 반드시 읽어야만 하는 것도 아닌 다음에야 잘 읽었다 할 것이다.

(6호, 1~8면)

문명론

김성희

세계의 이른바 문명이란 것은 무엇인가. 우주를 망라하고 만물을 덮어 빛나서 가릴 수 없는 것이니, 요임금이 빛으시고 순임금이 성하게 하신 하나의 정신으로 지구 사천 년에 자주 볼 수 없었다. 『춘추(春秋)』에 '거란세(據亂世), 승평세(昇平世), 태평세(太平世)'[1] 등의 단계가 있으나 아직 그곳에 나아간 적은 없었다. 순수하고 아름다운 바탕이 안에 있지 않은데 그 영화가 겉으로 피어나기를 구하고자 한들 어찌 얻을 수 있겠는가. 세상의 논자들이 서구가 건물, 기차, 선박, 기계, 무기 등을 제조함을 문명의 형질로 여기고 있으나 이는 진실로 그렇지 않다.

나라의 문명을 만들려면 바탕, 기관과 정신이 있어야 하니, 이는 무엇인가. 서양 로마 시대에 신성공회(神聖公會)와 명예혁명(名譽革命) 등 종교석인 자발적 단체는 오래되었다. 17세기 이래로 교육을 함양하여 품

1 거란세, 승평세, 태평세는 유교의 경전인 『춘추(春秋)』 「공양전(公羊傳)」의 삼세설(三世說)에서 기원했다. 강유위가 이 단계를 자신의 글에서 인용했다.

행을 도야하고, 만물의 뜻을 깨달아 일을 이루어 그 생애를 준비하였다. 이로써 의식주와 사회 및 경제에 도덕을 만들어 그 몸을 기르고 그 실력을 채우니, 이를 문명의 바탕이라고 한다. 도덕이 성립함에 학문으로 단련하여 몽테스키외의 『만법정리(萬法精理)』와 루소의 『사회계약론』과 헤르바르트의 「학파설(學派說)」 같은 것이 모두 이용(利用)의 정곡을 얻은 것이니, 이것이 바로 문명의 기관이다. 이로써 백 년이 되지 못하는 사이에 풍조의 기세를 타고 진화의 단계를 밟아서, 파리 민주정치의 풍기가 열리고 베를린의 연방이 철혈정책을 펴고, 북미의 13주가 독립의 뜻을 세우고, 일본 무사도는 죽음을 기원하는 혼을 세웠다.[2] 이는 모두 찬란하게 증기가 이슬을 맺게 하며 황산이 결정을 만드는 것 같아서, 천지에 뻗어나 일월과 다투어도 막을 수 없는 것이 문명의 정신이다.

정신은 어떠한 것인가. 곧 동물 속에 있는 빈 기운이다. 대개 이것이 있어야 살고 이것이 없으면 죽으니, 아아! 우리 2천만 명 중에 이 기운을 가진 자가 몇 명이나 되는가. 옛것에만 얽매여 고담준론을 펴는 자, 운명과 운수만 빙자하여 심산유곡에 묻힌 자, 손목에 스위스 시계를 차고 외국 것에 심취한 자, 이집트 권련을 지니고서 풍채만 뽐내는 자, 요직에 있는 이들을 찾아다니며 알력을 일삼는 자, 군적을 속여 이름을 올리고 앉아서 잠이나 즐기는 자들을 제외하면, 그 나머지는 모두 재야의 식견 없는 우민(愚民)뿐이니 흙 인형과 다름없다. 그렇다면 도덕과 학술이 있는 자가 없으니 국가의 문명이 어디서부터 생기겠는가.

아아! 앞길에 나아갈 자는 어여쁘고 무성한 청년학도 몇몇뿐이다. 마땅히 각고의 노력을 들여 실지 실학에 힘써, 치장하는 것을 좋아하지 말고, 자유와 자주 정신으로 섣불리 부화뇌동하지 말라. 치장하기 좋아하는 것은 남아프리카의 노예이니 몸에 여러 물건들을 걸고 그것을 장관이라 보는 것이며, 섣불리 부화뇌동하는 것은 인도의 노예이니 남

2 일본의 무사도가 죽음을 기원하는 혼을 세웠다는 말은 근대 일본의 무사도에서 니토베 이나조(新渡戶稻造, 1862~1933) 등이 할복을 '극기의 극치'라고 설명했던 것을 말한다.

에게 병권(兵權)을 넘기고 스스로 병졸의 대열에 섰다.

저들 또한 인종이니 하늘이 어찌 그들을 암흑에 나서 노예로 죽게 하려 했겠는가. 인민과 문물의 문명과 야만에 있어서 시대의 경쟁이 반드시 있음은 또한 자연 진화의 공리이니, 어찌 그러한가? 최근 달와랍(達窩拉; 산마리노로 추정할 수 있음)의 육십 명의 민병들과 아사덕(俄斯德; 미상)의 열두 명의 늙은 농관(農官)이 능히 그 나라를 지켜 유럽 열강들의 사이에서 독립하였으니, 대개 문명 정신의 효과가 이와 같은 것이다.

(6호, 9~10면)

자유를 포기한 자는 세계의 죄인이 된다

설태희

서구 학자가 이르기를, "천하의 제일 큰 죄악이 남의 자유를 침해한 것이요, 자기의 자유를 포기한 것이니, 이 두 가지 죄는 같다"라고 하였다. 내가 이를 읽고 책상을 치며 크게 외치고 붓을 잡아 우리 2천만 동포에게 경계하여 이렇게 고한다.

죄가 없겠는가, 죄가 없겠는가! 나무는 스스로 썩은 후에 좀이 생기고 사람은 스스로 모욕한 후에야 반드시 남이 그를 모욕 한다[1]고 한다. 이에 대해서는 모두 아는 바인데 어찌 또 말하는 것인가. 대개 사람이 진실로 자유권을 잃지 않는다면 남이 자유권을 침해하지 않는다. 그러므로 저쪽이 얻음은 이쪽의 잃음이요, 이쪽의 잃음은 곧 저쪽의 얻음이니, 이 두 가지는 곧 둘이며 하나요, 하나며 둘이다. 그러니 양쪽을 비

1 원문은 "人必自侮以後에 人이 侮之"로 『맹자』 「이루(離婁) 상」에 나온다.

교하여 이쪽에 열등함이 있으면서 헛되이 저쪽의 우월함을 부러워함은 어리석은 것이요, 내가 스스로 패함을 취하고는 남이 힘써 이기고자 함을 도움은 이미 지혜로움이 아니다. 하물며 생존경쟁과 약육강식은 자연 진화의 공공연한 사례이다. 현재 동서 세계에 우월하기를 힘쓰는 자는 자기의 자유권을 확충하고서도 뻔뻔하게 빼앗지 않으면 만족하지 않으니 그 나아감에 한계선이 없고 그 욕망에 제한이 없어, 남이 포기한 나머지를 엿보아 탐내는 것은 필연적인 형세이다. 만약 스스로 그 권리를 포기하지 않았다면 어찌 호시탐탐 노리며 만족을 모르는 자가 그 사이에서 권리를 신장시킬 수 있었겠는가? 죄를 따져보면 스스로 잃어버린 죄가 제일이 아니겠는가.

아아! 우리 대한 동포여, 생각할지어다. 죄가 없을 수 있는가. 무릇 하늘이 백성을 내시매 균등하게 자유를 부여하였기에 세계 각국은 독립을 지키는 것이다. 그러나 오늘날 우리 대한이 독립하였다 할 수 있겠으며, 우리 대한 사람이 자유롭다 할 수 있겠는가? 분명히 말하기를, "그렇지 않다"고 할 것이니, 어찌 이렇게 되었는가. 어찌 이렇게 되었는가? 강토가 좋은 땅이 아니던가? 그렇지 않다. 백성이 열등한 인종인가? 그렇지 않다. 확실한 이유가 하나 있는데 그것은 백성이 권리를 잃은 지 오래라는 것이다. 아니면 스스로 버렸는가, 빼앗겼는가? 자유권을 박탈한 자가 있다면 이는 백성의 적이다. 그러나 설령 박탈한 자가 있더라도 이미 스스로 포기한 기미가 없었다면 누가 박탈할 수 있을 것이며 또한, 어찌 그를 적으로 삼을 수 있겠는가? 죄를 따져보면 스스로 포기한 자가 제일이 아니겠는가.

이렇게 자유를 포기하는 것은 우리 한인(韓人)의 본성이 아니다. 그런데 깜깜한 우민(愚民)으로 급히 몰아가는 기술 중에 두 가지가 있으니 그것은 무엇인가. 첫째는 형식적 중독이다. 정치를 하되 가족 제도로써 전단(專斷)하여 공공(公共) 사상에 힘쓰지 않는 것이 이것이다. 무릇 나라는 스스로 일정한 토지와 백성을 가지고 있으며 마땅히 스스로 조치하여 실책이 없도록 참작해야 하는데, 오직 인심(人心)은 같지 않기에 획일적으로 할 수 없다. 복잡한 생활로 유지하기 어렵기 때문에, 이에 통치권을 요구하고 어진 이를 추대하여 맡기는 것이다.

이것이 이른바 법리상 국가의 삼 요소이다. 통치권이 있으면 반드시 책임을 나누어 맡은 자가 있으니, 정부가 곧 그것이다. 정부의 의무는 그 백성을 보호하는 것이며 권한은 법 집행과 행정이다. 백성도 또한 그러하여 한편으로는 세금 부담의 의무가 있으며 한편으로는 자유 생존의 권리를 향유하니, 그 자세한 설명은 잠시 다음 호에 미룬다. 상하 피차간에 서로 분수를 한정하는 한계선을 두어, 위에 있는 자가 그 권한이 아닌 영역에 힘을 발호하지 못하게 하며, 밑에 있는 자는 또한 의무 외의 것에 제약을 받는 일이 없게 해야 한다. 그런데 어찌하여 매일 무고한 사람을 죽이는데 항의하지도 못하고, 재물을 빼앗기면서도 겁내고 머뭇거려서 스스로 노예근성에 만족하며 비첩(婢妾)의 모양을 하고 있는가.

유신(維新)이다, 유신이다 하는 설이 퍼진 것이 지금까지 수십 년이었다. 오히려 헛된 꿈에서 깨지 못하다가, 오늘에 이르러 눈을 들어 보니 고관대작의 집에 안개 낀 달빛 풍경이 비록 조국의 산천이건만 관원의 임면권(任免權)은 실로 우리의 소관이 아니게 되었으니, 과거처럼 권세로 이익을 농단하고 낙토에서 복을 구할 희망이 다시 있겠는가. 아아! 큰 소리로 부르짖노니, 스스로 지위와 문벌을 믿는 자들이여, 지위와 문벌을 훼손한 자가 너 아니라고 누가 말 할 수 있겠는가? 권세와 위엄을 좋아하는 자들이여, 권세와 위엄을 박탈하는 것이 어찌 네가 한 것이 아니리요?

옛날에는 자국의 노예였다가 지금에는 타국의 노예가 된 나의 슬픈 2천만 동포여. 예부터 노예더니 지금까지도 노예이구나. 자초한 것이니 어찌 남을 탓 하리오. 이뿐만 아니라 그 죄는 용서 받기도 어렵다. 예컨대 법률상 중죄를 만드는 경우에도 모름지기 간질 환자나 백치는 무능력자로 치부하여 용서해주는 예외가 있다. 그러나 정식 판결을 내리기 전에 허다한 형벌을 부가하여 겁을 먹고 매질 당해 정력이 손상되고 또한 무형의 손해까지 이른다. 이러한 세상의 죄인 가운데 죄목이 큰 경우에는 인종이 다 멸망했다. 뼈가 아프고 담이 서늘하지 않겠는가? 의심이 생긴다면, 저 아메리카의 홍인종이 거의 남지 않았음과 아프리카 대륙의 붕괴를 살펴볼지어다. 아아! 전제 정치의 독이 어찌 이처럼 심한 것인가.

둘째는 정신적 질병이니 바로 종교를 오해한 것이다. 무릇 유교라는 것은 "정밀하고 전일하게 하여 그 가운데를 잡으리라"[2] 하는 것이니, 그 마음을 밀고나가 "지극한 선에 이르게 하는 것"[3]일 뿐이다. 정치에 임해서는 "사물의 이치를 지극히 하여 앎에 이르고 뜻이 정성스럽고 마음이 바로잡히고 몸이 닦이고 집이 가지런하고, 나라가 다스려진 뒤에 천하가 평정된다"[4] 하였다. 진실로 이와 같이 하면 나라가 다스려지지 않음이 없으리니 부강함이 저절로 있고, 사람이 교화되지 않음이 없으리니 문명함이 세상에 드러날 것이다. 이렇게 말한다면 공자의 도가 진실로 큰 부강의 기술이다. 그러나 그 부강과 이해(利害)를 특별히 명확하게 말하지 않은 것은 백성들로 하여금 허욕을 금지하고 거짓된 힘을 막게 하고자 함이었으나, 우리나라 사람들은 문득 말하기를, "부강과 이해(利害)는 학자가 꺼리는 것이다"라고 한다. 어찌 그리 어리석은가!

이 세상 나라 중에 종교를 다스리지 않고 부강을 도모하는 것은, 먹고 마시지 않고서 배부름을 구하는 것이라고 나는 생각한다. 혹자는 유교가 정치와 종교가 혼잡하여 명확한 표준이 없다고 한다. 이는 후학(後學)의 연구가 모자라 발달하지 못한 것이라 유감이 있다. 또 말하

2 『서경(書經)』「대우모(大禹謨)」에 있는 구절이다. 순임금이 우임금에게 선위할 때에 "인심은 위태롭고 도심은 은미하니, 정밀하고 전일하게 하여야 진실로 그 가운데를 잡으리라[人心惟危, 道心惟微, 惟精惟一, 允執厥中]"고 말하였다.

3 '지극한 선에 이른다[至於至善]'는 구절은 『대학(大學)』의 세 강령인 '명덕(明德), 신민(新民), 지어지선(至於至善)' 에서 나온 것이다.

4 『대학(大學)』의 여덟 조목인 '격물(格物), 치지(致知), 성의(誠意), 정심(正心), 수신(修身), 제가(齊家), 치국(治國), 평천하(平天下)'이다.

기를, "왕도를 존중하고 패도를 배격한다고 하는 것은 바른 의리이나 범위가 좁아 후학들을 구속한다"고 한다. 이는 적당한 때를 서로 만나지 못한 것을 후학들이 깨닫지 못하여 터럭만큼의 차이가 천 리 만큼의 차이가 된 것이 마치 갑의 달력을 을의 해에 쓴 것과 같으니, 애석하지 않으리오. 성인의 말씀에 "사물에 막히거나 얽매이지 않고 능히 세상과 더불어 옮겨 다니니, 나는 변화를 따라 뭍사람과 함께 있다"[5]라고 하였다. 이는 대개 인류 진화의 변화가 무궁하지만 성인의 도 또한 무궁함이로다. 만약 하나를 잡았으되 변하지 않으면 하늘과 땅도 또한 생길 수 없었을 것이니 하물며 사람의 세상은 어떠하겠는가.

내가 보기에 예수의 도가 오늘날 동서 천하에 크게 발전하게 된 것은 분명 예수의 후세 사람들이 예수의 선대 사람들보다 앞섰기 때문이다. 공맹의 도가 오늘날 동서 천하에 떨치지 못한 것은 어찌 공맹의 후세 사람들이 공맹의 선대 사람들보다 못하기 때문이겠는가? 아아! 우리나라에 전해온 가르침은 요순과 공맹의 도를 일컫는 것이니, 분명히 요순의 정치 체제도 있으며 공맹의 학문도 있지 않은가. 다만 탄식할 일은 우리나라 사람들이 공맹의 뜻에 힘쓰지 않고 다만 공맹의 말에만 얽매여 거짓으로 꾸미고 갖출 뿐이었다는 것이다. 유자(有子)가 노나라 애공(哀公)에게 말하기를, "백성이 족한데 임금이 누구와 더불어 부족하겠습니까"[6]라고 하셨고, 맹자는 임금을 가볍게 여기고 백성을 중하게 여기셨으니, 민권을 드러내어 밝힌 것이 이미 뚜렷이 분명한 일이다. 그러나 개국 이래 여러 성현이 유교를 창도해온 중에 능히 성현의 본뜻에 도달한 자가 몇이나 있겠는가?

바라건대 상중하의 일반 동포들이여, 다만 공적인 마음으로 반성해

---

5 굴원의 '어부사(漁父辭)'에 있는 구절이다. 『사기(史記)』 권84, 「굴원열전(屈原列傳)」에 "성인은 사물에 막히거나 얽매이지 않고 세상을 따라 미루어 옮겨가나니, 온 세상 사람이 혼탁하거든 어찌 그 흐름을 따라서 그 물결을 일으키지 않는고?[夫聖人者 不凝滯於物 而能與世推移 擧世混濁 何不隨其流已揚其波]"라고 하였다.

6 『논어』 「안연(顔淵)」에 나오는 구절이다.

볼지어다. 삼백 년 이전은 개국한 지 백여 년에 이웃나라에게 침략을 당해 임금의 수레가 파천(播遷)하고 팔도가 도탄에 빠져 거론할 바가 없었다. 삼백 년 이후에는 도덕이 크게 융성하고 문운(文運)이 극히 칭송되어 남은 풍속이 오늘날까지 전해지는 바가 없지 않다. 그러나 그 대강을 취하여 말한다면 가히 볼 만한 점이 없을 뿐 아니라 도리어 망국의 화를 배태한 것이 이 때인 것이다. 어째서인가?

소위 동인, 서인의 붕당이 일어나 공적인 것을 빙자하여 사적인 것을 가지려 하고, 소위 노론, 소론의 무리에 연유하여 사적인 것으로 공적인 것을 덮으려 하였다. 반상의 구별이 실로 『춘추』에 정해진 것도 아닌데 당색에 치우친 원한이 어찌 성인의 도리이겠는가? 의식(衣食)이 족하고 예절을 알면 어찌 상인(商人)이나 공인(工人)이라도 천하다고 하겠는가. 아아! 동인이 옳다고 하면 서인이 그르다고 하고, 노론이 권세를 잡으면 소론이 쫓겨나 원수와 적이 서로 노려보고 창과 창이 서로 부딪혀, 대간(臺諫)은 복수를 주의(主義)로 삼고 재상은 설분(雪憤)할 지위로 여겼다. 이와 같이 내분이 극에 치달으니 종묘사직과 백성에게 재앙의 조짐이 없었겠는가. 쇄국(瑣國)시대였기 때문에 다행히 스스로 지켰으나, 그렇지 않았다면 어찌 능히 이렇게 삼백 년 오랜 시간을 지낼 수 있었겠는가. 그렇기에 우리나라의 종교가나 정치가가 아무개 재(齋), 아무개 암(庵), 아무개 당(堂), 아무개 곡(谷)이 아닌 자가 없는 것이다.[7]

이런 정치를 요순의 정치라 부르고 이런 학문을 공맹의 종교라 한다면 실로 요순과 공맹에게 큰 죄를 얻게 될 것이다. 최근 한 노재상의 상소문에 "국가가 백여 년이래 종교와 정치가 모두 문란했다"고 하였으니, 깨닫지 못한 것이 심하도다. 원인이 없는데 어찌 결과가 있으리오. 오늘날 겉으로 드러난 것은 삼백여 년 전에 안에서 배태된 것이다. 아아! 종교를 오해한 병이 어찌 이와 같이 심한 것인가. 아아! 슬프다. 2천

7 정치와 종교를 아울러 담당한 조선시대 산림의 부작용을 비판한 대목으로 추정된다. 재(齋), 암(庵), 당(堂) 등은 호(號)로 가장 많이 사용된 글자들이다.

만의 무고한 우리 동포들이여, 인권을 빼앗김이 저렇게 심한데도 어찌 스스로 분개하지 못하는가.

대황제 폐하께서 신성함을 굳게 발휘하셔서 유신을 명하신 지 이에 십 년이 되었으나, 오히려 구습에 연연함이 마치 잡은 새를 놓아주어도 비실거리며 날지 못함과 같으니, 실로 "죄는 면할 수 없다"고 말할 만하다. 백성이 그 자유를 누릴 수 있어야 나라도 이에 독립을 보존할 수 있으니, 다시 묻건대 인권을 박탈한 자와 자유를 포기한 자는 누가 옳고 누가 그른 것인가? 과거의 일은 따질 수 없으나 장래의 일은 도모할 수 있으니, 사천 년 조국의 유업과 삼천리 2천만의 생존이 오직 백성의 자유를 만회하는지 여부에 달려 있지 않는가!

양계초의 「독립론(獨立論)」에 이르기를, "독립이란 남의 힘에 기대지 않고 우뚝하게 세계에 자립하는 것이다. 사람으로 독립하지 못하면 지금 노예라고 하니 민법상에 공인된 사람으로 인정하지 않고, 나라가 독립할 수 없으면 부용(附庸)이라고 하여 공법상에 공인된 나라로 인정하지 않는다"라고 하였다.[8]

아아! 독립은 그만둘 수 없는 것이다. 맹자께서 말씀하시기를, "나는 어떤 사람이고, 순임금은 어떤 사람인가' 하였고, 또 "저도 장부이고 나도 장부이다"라고 하셨다.[9] 사람이 어찌 스스로 열등하다 자처하고 우월함을 두려워하기만 할 것이며, 스스로 약함을 감수하고 강함을 도모하지 않을 것인가. 사람이 하는 일은 사람이 하면 될 뿐이니, 또 어찌 할 수 없는 일이 있겠는가. 아아! 우리 2천만 동포여. 눈을 밝게 뜨고 이를 갈면서 행하고, 팔을 걷어붙이고 발을 구르면서 만들어내면, 세계의 죄인과 노예를 면할 수 있을 것이다.

(6호, 18~23면)

8 이 부분은 「국민십대원기론(國民十大元氣論)」(『청의보(淸議報)』 第33冊, 1899)에 나오는 구절이다. 이 구절의 장절 제목이 "독립론"이다.

9 『맹자(孟子)』 「등문공(滕文公) 상」에 있는 내용이다.

언론사가 국사에 유익함을 논함

양계초 저, 이종준 역

국가의 강약을 살펴보려면 언론의 소통 여부에 달려있을 뿐이다. 혈맥이 통하지 않으면 병이 들고, 학술이 통하지 않으면 고루해진다. 도로가 통하지 않기 때문에 진(秦)나라와 월(越)나라가 서로의 비옥함과 척박함에 관여하지 않고, 언어가 통하지 않으므로 민월(閩粵; 지금의 복건성과 절강성 지역)과 중원 지역이 이역(異域)처럼 아득히 멀리 느껴지는 이치와 같은 것이다. 국가 또한 마찬가지이다. 윗사람과 아랫사람이 소통하지 않기 때문에 덕화를 펼치고 실정을 전달하는 효과가 없게 되어 문서를 농단하는 관리들이 잇달아 간특한 짓을 자행하며, 안팎으로 소통하지 않기에 지피지기(知彼知己)의 능력이 없어 수구(守舊)하는 선비들이 마침내 그들의 번드르르한 입만 놀린다. 중국이 수십 년간 무욕을 당함도 이와 관계된 것이다.

막힌 것을 없애고 소통하도록 만드는 방도가 하나만이 아니지만 언론사는 그 방도를 이끌어내는 실마리이다. 눈과 귀가 없거나 목구멍과 혀가 없는 것을 폐질(癈疾)이라고 한다. 지금 만국의 병립함이 마치 이웃과도 같고, 제주(齊州; 지금의 산동성 지역)의 안쪽은 한 집안과도 같아졌다. 그런데 이웃의 일을 내가 알지도 못하고 심지어 한 집안에서 일어나는 일조차 서로 듣거나 묻지 않는다면 눈과 귀는 달려있더라도 눈과 귀가 없는 것과 마찬가지다. 윗사람이 조치하는 일을 백성에게 깨우쳐줄 수 없고 아랫사람에게 고통이나 근심이 있어도 군주에게 알릴 수가 없다면 목구멍과 혀를 지녔더라도 목구멍과 혀가 없는 것과 마찬가지이다. 눈과 귀, 목구멍과 혀의 쓰임을 돕고 천하의 폐질에 걸린 사람들을 치유하는 일이 언론사의 역할이다.

언론사가 옛 사적에도 증거로 삼을 만한 것이 있었던가?

옛적에 태사(太師)는 시(詩)를 진술하여 백성의 풍속을 살폈다. 굶주린 자가 먹을 것을 노래하고 수고로운 사람이 그 일을 읊기에 유헌(輶軒; 천자의 사신이 타는 수레)을 타고 다니며 시를 채록하거나 찾도록 하여 향(鄕)에서는 읍(邑)에 보내고 읍에서는 서울에 보내고 서울에서는 천자에게 올렸으니 이는 민보(民報)의 역할과도 같았다.

공경대부(公卿大夫)는 천자의 덕성을 드날리고 정치를 논란하였으니, 『시경(詩經)』의 「황황자화(皇皇者華)」 편에서는 사신에게 명을 내리는 내용을 읊었고, 「강한(江漢)」 편에서는 공훈을 기록하였으며, 「사간(斯干)」 편에서는 집을 낙성한 일을 노래하고, 「경(駉)」 편에서는 목축에 대해 언급하였다. 이처럼 임금이 신하에게 말하고 윗사람이 아랫사람에게 알리는 모습이 마치 관보(官報)와도 같았다.

뿐만 아니라 주(周)나라에는 다음과 같은 관직이 있었다. 송훈(誦訓)은 사방의 오래된 고사를 왕에게 고하고 널리 본 일을 아뢰기도 하며, 사방의 풍속에서 숨기는 사정을 기록하고 그들이 꺼리는 일을 설명하여 지방의 풍속을 알 수 있도록 하였다. 외사(外史)는 지역의 역사 기록을 관리하고 문서를 사방에 전달하였으며, 탐인(撢人)은 왕의 뜻을 알아 국가의 정사를 말하여 천하의 제후국에 순방해 유세하였다. 이러한 관직은 모두 천자의 덕행을 천하에 알리고 백성들의 마음을 소통시키기 위한 방법이었기에 단지 기록하고 서술하는 일에 그치지 않고 직책과 함께 관장하는 일까지 겸하도록 하였다. 그러므로 군주는 궁실(宮室)에 앉아서도 사해(四海)의 사정을 알 수 있었고, 사대부는 『시경』을 외워서 국정을 알았다. 하(夏)·은(殷)·주(周) 삼대의 강성함은 모두 이러한 제도에서 말미암은 것이다.

서양인들의 대형 언론사는 의원(議院)에서의 언론을 기록하고 국가 비용의 회계를 기록하며, 인명의 생사, 지리의 험준함과 요충지, 민간 산업의 상태, 학회의 운영 과정, 물산의 품목, 주변국의 움직임, 병력의 증감, 법률의 변개, 자연과학의 새로운 이론, 공예(工藝)의 신제품 등을 기술한다.

분야별 언론사의 경우 정무(政務)를 말하는 자는 관보(官報)를 볼 수 있고, 지리를 말하는 자는 지학보(地學報)를 볼 수 있으며, 병학(兵學)의 경우 수륙군보(水陸軍報), 농업의 경우 농학보(農學報), 상정(商政)의 경우 상회보(商會報), 의학의 경우 의보(醫報), 공업의 경우 공정보(工程報), 자연과학의 경우 각종 천문, 수학, 음향, 광학, 화학, 전기 분야의 전문 보도매체를 볼 수 있다. 학문마다 저마다의 보도매체가 있어 어느 학문에서 하나의 새로운 의미를 찾으면 바로 어떤 매체에서 소식을 알려 복잡한 형태는 그림으로 증명하고 번다한 사실은 도표로 나열하여 아침나절 신문에 기사를 올리면 저녁이면 만방에 전파된다. 이런 때문에 일을 담당한 자들은 막히거나 몽매할 염려가 없고, 학문을 말하는 자들은 좋은 사례를 보고 절차탁마의 이익을 얻게 된다. 글의 뜻이 너무 어려워 모든 사람이 이해하지 못하는 경우를 염려해 부녀보(婦女報)라든가 해유보(孩孺報; 어린이 잡지) 등이 있다. 매체의 출판에는 계보(季報), 혹은 월보(月報), 반월보(半月報), 순보(旬報), 칠일보(七日報), 오일보(五日報), 삼일보(三日報), 매일보(每日報), 반일보(半日報) 등이 있다.

국가는 새가 새끼를 기르는 것처럼 언론사를 보호하고 사민(士民)들은 나방이 누린내에 달려들 듯 매체 보기를 좋아한다. 열독하는 매체가 많을수록 그 사람은 더욱 지혜로워지며 언론사가 많을수록 그 나라는 더욱 강성해진다. 오직 소통이 되는 까닭에 국사에의 이로움이 이와 같은 것이다. 그러므로 재주를 지니고 인덕을 갖춘 선비들 가운데 어제는 주필(主筆)을 맡다가 지금은 정권을 잡은 이들도 있으며, 아침에 군기처(軍機處; 군사와 정무를 맡은 최고 기관)에서 파직되었다가 저녁에는 언론사에 나가는 사람들도 있다. 이들이 국시(國是)를 주장할 때마다 정부와 목소리를 함께 하였다. 러시아의 전쟁, 독일과 오스트리아의 연맹에 대해서 5대륙 사람들이 모두들 고개를 빼고 발꿈치를 치켜들며 『타임즈(*The Times*; 1785년 창간된 영국 신문)』의 의론을 읽기에 기사가 탈고되면 이미 전보로 전송하니 그 중대함이 이와 같았다.

그런데 영국과 독일, 일본의 경우 언론사의 참소와 비방에 대한 법률과 징벌에 관한 조항이 있으니 또한 어째서인가?

자잘한 일까지 기재하기에 기이한 소문을 찾아 모으느라 터무니없는 제동야인(齊東野人)의 말이나 비밀스런 잡된 일들을 문을 닫아건 채 만들어 내고, 입에서 나오는 대로 떠들어 시대의 문제점에는 도움됨이 없이 한갓 풍속과 교화만 손상시키니, 그 첫 번째 폐단이다.

군사(軍事)와 적국의 정황에 대해서 부실한 기사를 실어 단지 삼인성호(三人成虎)처럼 떠도는 소문에 근거하거나 저녁에 닭이 운다는 헛된 혐의도 증명하지 않는다. 심지어 대중들의 심정에 영합하여 그릇된 말들을 억지로 지어내 해외에서는 이미 소각된 사실이 신문 지면에서는 아직도 승전보라며 실려 민심을 의혹시키거나 나라의 국면을 그르치니, 그 두 번째 폐단이다.

인물들을 평가하고 사건마다 시비를 논란하는데 비판과 칭송이 사적인 은혜나 원한에 의지하여 필설(筆舌)이 칼날보다 심하다. 때로는 권세가를 칭송하여 출세의 계단으로 삼거나 부호를 지목하여 배척해서는 뇌물을 받아내는 계약서를 만드니, 행동은 무뢰배요 의리는 상서로운 말과 어긋남이 그 세 번째 폐단이다.

붓을 들어 논리를 펴는데 본질 없이 답습만 하고 떠도는 소문을 모아놓거나, 모자란 재주로 엉성하게 부연하며 지면만 채우거나, 사소한 일화(逸話)나 따지고 유람이나 기술하여서 취할만한 뜻도 없고 문장도 볼품 없음이 그 네 번째 폐단이다.

간혹 번역하여 기록한 내용이 자못 넓고 언론도 볼만한데다 불필요한 내용을 간추려내어 체제와 요점은 제법 알지만 종풍(宗風)을 빌려와서 밝힘이 정나라의 뜻에서 벗어나지 아니하니[1] 비록 단장취의(斷章取義)의 이득은 있을지라도 가시(歌詩)와는 다르다는 유감은 면할 수 없으니 그 다섯 번째 폐단이다.

이러한 폐단 때문에 언론의 본의가 마침내 손상되어 결국 자신을 아끼는 해내(海內)의 한두 선비들이 도리어 언론사를 해로운 도적 보듯이 하고 신문을 요언(訞言)으로 지목하여 옛 의리가 행해지지 아니하며 훌륭한 법이 폐기되기에 이르렀다. 오호라! 마음이 아프지 않겠는가?

(7호, 12~14면)

이제 중국에 언론사를 만들어 다시 서양인들의 장관거리로 만들고자 한다면 이는 형세상 불가능하다. 서양의 의원(議院)에서는 한 가지 일을 의정(議定)하여 대중에게 공포할 적에 언론인들이 의원에 들어와 기록하도록 한다. 중국이라면 기휘함이 매우 심해 추부(樞府; 국방과 왕명을 담당하던 군기처)의 움직임을 알 수가 없으니 외국인이라면 말할 것도 없다. 서양에서는 인구, 물산, 민간의 산업, 상업 장부 등에 대해 매일같이 기재해서 책을 펼쳐보면 내용이 환히 드러나 그 기록이 인쇄된 책자와 일치

1 종풍(宗風)을 …… 아니하니 : 한(韓)나라 군수가 찾아온 정나라 대신들에게 정나라의 시를 읊게 하였다는 구절이 『춘추좌씨전(春秋左氏傳)』 "소공(昭公) 16년 하(夏)"에 나온다. 정나라 대신들은 고국의 시를 읊어 한나라와의 우호를 강화했다. 여기서 종풍은 이와 같은 전통적인 풍습을 이르는 것으로 양계초는 당대의 중국 언론이 과거의 투식으로 현재의 실상을 견강부회하는 것을 비판한 것이다.

하여 대중들과 함께 공유한다. 중국에서는 인구와 가축에 대해 전담하는 기관이 없어 주현(州縣)에서 백성을 다스리면서도 자신이 관할하는 민간의 물산과 산업을 두루 알 수 있는 방도가 없으니, 조정의 경우는 말할 것도 없다. 서양 사람들은 연구와 제조를 전문하는 업체, 관립학교, 민간학회에서 서로 강습하고 연구하여 새로운 법칙이 날마다 쏟아져 나온다. 그래서 서둘러 신문에 실어 먼저 보기를 즐긴다. 하지만 중국에서는 조금이라도 이러한 학문을 연구하는 사람이 봉황의 깃털과 기린의 뿔처럼 희소하니 어찌 그 학업을 전문적으로 정밀하게 할 것이며 그 법칙을 신명하게 알아 새로운 제품을 만들어내겠는가? 이런 몇 가지 이유로 서양 신문의 장점을 우리가 소유할 수 없는 것이다.

그렇다면 신문의 법식은 어떠해야 하는가? 5대륙의 최근 사건을 널리 번역하면 독자들이 전지구의 대세와 그 강약흥망의 이유를 알게 되어 야랑(夜郎)[2]이 자신의 나라를 큰 것으로 자랑하면서 원정(眢井)[3]에 앉아 천지를 의논하는 지경에는 이르지 않을 것이다. 각 성(省)의 새로운 정책을 상세히 기록한다면 독자는 새로운 법안이 실제로 이익이 있는지, 담당자가 얼마나 어렵게 경영하는가와 그 종지(宗旨)의 소재를 알게 되어 훼방하는 자가 드물어질 것이다. 교섭의 요체가 되는 방안을 널리 찾아낸다면 독자들이 국체(國體)가 서지 않으면 남에게 모욕을 받고, 법률이 시행되지 않으면 우롱당함을 알게 되어 신학문에 분발하고 힘써 예전의 치욕을 씻어버리고자 노력하게 된다. 정치와 학예에 관련된 중요한 글들을 실으면 독자가 모든 실용 학문의 원류와 갈래, 시간이

---

2 야랑(夜郎) : 오랑캐의 나라 이름이다. 야랑의 임금은 스스로 제 나라가 가장 큰 체하였다 한다.

3 원정(眢井) : 물이 말라붙은 폐정(廢井)을 말한 것이다. 춘추시대 때 소(蕭)나라가 초(楚)나라의 공격을 받아 위태로웠을 때, 소나라의 대부(大夫)인 선무사(還無社)가 초나라의 대부인 신숙전(申叔展)에게 "물 없는 우물 속을 잘 들여다보고서 나를 구해 달라[目於眢井而拯之]"라고 부탁했었다. 다음 날 소나라가 멸망을 당할 때 신숙전이 약속대로 그 우물을 찾아가서 그 속에 숨어 있는 선무사를 구해 주었다고 한다. 이 내용은 『춘추좌씨전(春秋左氏傳)』 "선공(宣公) 12년 동(冬)"에 보인다.

흐름에 따라 새로워지고 달라진 자취를 알게 되리니 팔고문(八股文; 과거 문체의 하나)의 형식이나 운자를 맞추고 고증학(考證學)과 사장(詞章) 등의 학문에 힘쓰면서 실상은 없이 스스로 대단한 척하는 지경에 이르지는 않을 것이다. 이에 따라 실행하여 세월이 지난다면 기풍이 점차 변하고 온갖 폐단이 조금씩 해결되어 국체가 차츰 일어나 인재가 점점 배출되면 10년 후에는 언론사의 규모도 점차 갖춰지게 된다.

아! 중국의 저보(邸報; 조정의 관보에 해당)는 서양의 신문이 생겨나기도 이전에 시작되었지만, 수백 년이 지나도록 하나도 진전되지 아니하였다. 개항이 시작된 이후로 사건들은 불어만가고, 권면하는 말은 많아도 핵심을 찌르는 풍자는 드물어 도움이 적으며, 흐르는 물결은 더욱 급해져도 여전히 눈먼 장님인데다, 언로는 통하지 않아 병통이 심장과 배에 이르렀다. 비록 모기나 등에와 같은 작은 역량이라 산을 등에 질 수는 없지만 정금(精禽)[4]처럼 바다 메우기를 잊지 않는다. 위로는 대부(大夫)의 뜻을 어기지 않고 따르며 아래로는 서민들이 저자에서 떠드는 말에 붙좇아 마음으로는 불을 끄고자 하나 실천하지 못하는 우매함으로 큰소리로 서두르기만 한다. 조사하고 죄를 주는 것은 모두 당국자의 책임일 뿐이다. 독자들이 믿지 않고 비방으로만 여겨서 언론의 싹을 꺾어 버리면 어찌할 것인가? 혹시라도 함께 배를 타고 어려움을 같이 하여 그 외로움과 울분을 생각하며 보호할 것을 제창하여 자신의 뜻을 이루려는 것은 고정림(顧亭林)이 말한 '천하의 흥망은 천하 필부까지도 책임이 있다'[5]는 의미일 뿐이다.

역자(譯者)는 다음과 같이 말한다.

---

4 정금(精禽)·정위(精衛)를 말한 것이다. 정위라는 새가 바다를 메우기 위해 노력한다는 내용이 『산해경(山海經)』에 보인다.

5 고정림(顧亭林)이 …… 책임이 있다 : 정림(亭林)은 고염무(顧炎武)의 호이다. 고염무의 초명(初名)은 강(絳)이며 자는 영인(寧人)이다. 명나라가 망한 후 염무(炎武)로 개명하였다. 본문의 "天下興亡, 匹夫有責"은 그의 저서인 『일지록(日知錄)』에 보인다.

"청나라 선비 중에 시무(時務)를 알면서 총명하고 박식한 자로는 음빙실주인(飮氷室主人) 양계초(梁啓超) 만한 사람이 없다. 저술한 것이 많은데 시무에 절박하면서도 적절하지 않은 것이 없다. 언론사에 대해 논술한 이 글은 근원이 있고 요점을 알아 중국과 서양을 비교하며 이해(利害)를 논함이 매우 절실하고도 분명하여 우리 한국에 있어서도 더욱 절실한 내용이다."

무릇 우리 정부와 국민들은 마땅히 서둘러 진보하고 발전하여 풍기가 점차 열린 다음에 그 수준을 말할 수 있을 것이다. 대체로 이 일은 어려움이 많아서 일일이 거론할 수 없으니 양 씨가 '10년 후에는 점차 갖춰질 것'이라고 한 말이 진실로 옳은 말이다.

현재 국내의 언론사는 많지 않아 개명한 국가에 비하자면 구우일모(九牛一毛)일 뿐이다. 그런데도 오히려 구입하여 보는 사람이 거의 없고 혹은 언론 잡지의 배달을 정지시키는 경우도 있고, 관리들조차 이러한 사람들이 있으니 하물며 어리석은 백성은 어떠하겠는가? 아침 한 끼를 줄이거나 저녁에 술자리 한 번을 줄이면 천금의 보감(寶鑑)과 바꿔 백 년 동안 사귈 수 있는 좋은 벗을 얻을 수 있거늘 어찌하여 그리하지 못하는 것인가? 이는 그저 개명하지 못한 때문이라 하겠으니 또한 개탄할 일이 아니겠는가? 근래 신문과 잡지가 조금씩 발행되고 있으니 진실로 생각건대 우리의 전국 동포가 비록 콩죽을 끓여먹고 물을 마실 수 없는 가난에서도 시기마다 언론 잡지를 읽어 문화가 날로 개명되기를 바라고 기다리노라.

(8호, 8~10면)

독립설(獨立說)

김성희

무릇 독립은 단체(團體)가 설 수 있는 방법이다. 유럽의 정치학자가 "국가는 유기체의 조직이다"라고 하였고, 또한 "국가는 인민의 근육과 관절을 집합시켜 구조적으로 착종시킨 것이다"라고도 하였으니 무슨 말인가? 사람은 사지(四肢), 오관(五官)과 혈구(血球), 혈관이 모두 생리에 따라 조직되어 신체를 형성하였으니 이는 개인 일신의 단체이다. 스스로 자신의 신체를 수련하며 스스로 근력을 강화시켜 무리지어 살면서 의존하지 않으며 곤궁한 생활을 하면서도 두려워하지 않아 자유롭게 행동함이 한 개인의 독립이다.

한 개인의 단체로 한 개인의 독립을 수립하고 천만 사람의 단체로써 천만 사람의 독립을 조합하여, 국가가 독립하여 존재하는 실질을 완성한 은 이렇게 비유할 수 있다. 기둥과 지붕의 많은 목재와 얹이은 주춧돌의 쌓인 석재가 계선(界線) 안에 자재(自在)하여 그 구조와 적층이 그러한 가운데 우뚝하다면 목재와 석재의 그 무엇이 단체가 아니겠으며,

지붕과 주춧돌의 그 무엇인들 독립적이지 않겠는가?

비록 그렇지만 이로부터 세계에는 2류 이하의 사람이 없고 2류 이하의 국가가 없으니 어째서인가? 약육강식과 우승열패는 현재 동서양의 역사상에서 벌어지는 한 판의 연극 무대이다. 강하고 우등한 자가 저열하고 약한 자에 대해 범과 양, 고양이와 쥐의 관계와 같을 뿐만이 아니라 그 형세는 기필코 삼켜지고 물린 다음에야 그칠 것이다. 전 지구상에 제국, 왕국, 대공국(大公國), 공국(公國), 제후국(諸侯國), 보호국(保護國), 종국(從國) 등으로 명칭이 각기 다르다. 하지만 국가를 보존해 지킬 마음을 품다가 목적을 이루지 못하거나 혹은 교육에 어두워 개발하지 못하며, 군대의 압박으로 짓밟히거나 혹은 차관(借款) 때문에 양도하기도 하며, 식민지가 되어 동화되거나 또는 재정 창고를 맡겨두고 음식을 구걸하며, 외교권을 실추하여 억제되거나 혹은 경찰권을 잃고 도리어 얽매인 자들은 결코 국제사회의 숲에 병립할 수가 없으니 6, 7개의 최강국이 눈을 부라리며 팔뚝을 휘두름도 실로 형세가 그러한 것이다. 그렇다면 세계 제1등의 독립 외에 사람이 있을 수 있으며, 국가가 있을 수 있겠는가?

오호라! 우리 한인(韓人)의 지위가 어떠하다 하겠는가? 한 가지 계책도 스스로 펼칠 수 없으며 한 발자국도 스스로 서지 못하고 일이 창졸간에 닥치면 머리를 숙이고 애걸을 한다. 오직 이 충무공(李忠武公; 이순신) 한 사람만이 해상 방어에 대한 군무(軍務)를 정비하여 패배를 앞둔 전장에서 용맹을 떨치며 해상과 육상의 대첩(大捷)에서 적봉(敵鋒)을 쓸어버리고 목숨을 바쳐 절개를 다하여 국가의 위엄을 온전하게 하였으니, 그 독립의 의지와 기개가 얼마나 위대한가? 대개 임진년의 전쟁은 말할 것도 없거니와 미친 바람과 성난 파도가 몰아치고 빗발치는 화살이 폭주하는 줄도 어리숙하게 모른 채, 조금이라도 소란스럽고 놀라운 일이 생길 때마다 구원병을 불러들이게 되었다. 갑오년의 일에 이르러서는 온몸의 통증과 가려움을 다른 사람에게 맡겨 두드리고 긁도록 하면서 머리를 후려치고 꾸짖는데도 스스로 단잠에 빠져 있다가 급기야 그 실체가 드러나자 여탈권이 남에게 있어 몸 둘 곳이 이미 없게 되었으니 다시 어디에 하소연한단 말인가?

슬프도다! 습속(習俗)을 일변하고 정략(政略)을 고쳐 계획하는 일이 어찌 그리도 어렵단 말인가? 오늘날에 이르러 속박받는 노예가 되며 채찍질 당하는 마소가 되었으니 아마도 그것은 인류에게 단체의 원질(原質)이 없어서인가, 독립의 본성이 없어서 그러한 것인가? 신체를 수련치 아니하며 근력을 강화시키지 않고서 오직 의뢰하기만을 좋아하고, 또한 일변하기를 꺼리고 두려워하는 마음에 걱정하고 벌벌 떨다가 유약하고도 졸렬함의 극단에 이르렀다. 진실로 남에게 도움을 바라거나 비호를 구하지 않는다면 무엇을 두려워하겠는가? 『주역(周易)』에서는 "군자는 본받아서 독립하여 두려워하지 않는다"[1]라고 하였고, 맹자(孟子)는 "그도 장부요 나도 장부이니 내 어찌 그를 두려워하겠는가?"[2]라고 말하였다. 지금 독립하려는 마음으로 두려워하거나 꺼리지 말고 사회와 결합하여 풍기를 쇄신하며 국가를 조직하여 세계와 곧바로 접촉해 경쟁의 장에서 우뚝하게 스스로 존립하는 일이 본 자강회의 목적이라 하겠다.

(7호, 15~17면)

1 『주역(周易)』에서는 …… 않는다: 『주역(周易)』의 대과괘(大過卦)에서 인용한 것이다.
2 맹자(孟子)는 …… 두려워하겠는가: 『맹자(孟子)』, 「등문공 상(滕文公 上)」에서 인용한 것이다.

외우론(畏憂論)

김상범

무릇 천지간의 유기체 동물 가운데 지각을 갖춘 자로서 두려워하거나 걱정하지 아니하는 자가 하나라도 있는가? 지극히 거룩한 임금조차도 오직 백성을 공경함은 대중을 두려워하기 때문이요, 방금 태어난 아기도 배고프면 우는 이유는 굶주림을 걱정해서이다. 사나운 호랑이의 용맹함도 함정을 만나면 벌벌 떠는 것은 빠질까 두렵기 때문이요, 신령스런 용(龍)의 지혜로도 물을 만나지 못하면 우는 이유는 몸이 문드러질까 걱정하기 때문이다.

두려워할 만한 일에 두려워하고 걱정할 만한 것에 걱정함은 이치이지만, 지금 한국 사람은 두려워 할 것이 아닌데도 두려워하고 걱정하지 않을 것에도 걱정하고 있으니 이 또한 생각하지 않음이 심하도다. 일본 사람에 대해서는 '간사하다', '악독하다', '군대가 강하다'고 하면서 길을 걸을 적이면 수십 걸음을 스스로 물러나 감히 다투지 못하며, 송사에 응할 때에는 백만 자금을 잃고도 감히 따지지 못한다. 심지어 여항(閭巷)의 부녀자들은 그들의 목소리만 듣고도 등줄기에 땀이 흐르고 무릎걸음으로 달아나거나 죽을듯한 모습을 보인다. 정계의 관리는 그들의 콧소리만 쳐다보며 영합하고, 아침저녁으로 문안드릴 때 스스로 생존할 계책도 없이 한 번의 찡그림과 웃음에도 두려워하며 걱정하며 "저들은 내가 감당할 수 없지 감당할 수 없어"라고 말한다. 서양인에 대해서는 '코도 크다', '몸도 장대하다', '공예(工藝)도 기묘하다'라고 하면서 그들이 한 마디 말을 꺼내면 시비도 따지지 않은 채 듣고서 따르고, 한 가지 일을 일으키면 이해를 묻지도 않고 칭송하며 복종해 흡사 천신(天神)처럼 여기면서 "저들은 내가 감당할 없지 감당할 수 없어"라고들 한다.

애달프고 애달픈 한국 사람이여! 단지 이 뿐만이 아니다. 본국 사람 가운데도 새로운 공기(空氣)를 흡수하여 신학문을 연구하고 신지식을 발달시키며, 상투를 자르고 양복을 입고 다니며 외국어에 능통한 사람이 있다. 그런데 그들을 보면 설령 10년의 우의가 있을지라도 천리나 떨어져 있는 듯이 소원해져서 "저들은 개화당(開化黨)이니 우리의 무리가 아니다"라고 말하면서 평소에 친했던 자를 도리어 두려워하고 걱정하니, 이는 동포의 정이 흩어진 것이다.

애달프고 애달픈 한국 사람이여! 저들의 인종을 두려워하고 걱정하는 것인가? 우리 인종도 오성(五性)이 구비되고 오관(五官)을 갖추어 4천년에 걸친 조국의 일관된 정신을 받았으며 2천만 동족의 한 형제와도 같은 기맥(氣脈)이 연결되어 있다. 저들의 강토를 두려워하고 걱정하는가? 우리의 강토도 면적이 8만 2천 방리(方里)[1]이고 삼면의 해상권(海上權)이 충분히 세계의 승패를 다툴만하며, 사계절의 기후가 지구상에 자랑해 선전할 만하고 온갖 곡식의 번식이 평시와 전란에도 공급할 정도이다. 저들의 정치를 두려워하고 근심하는가? 우리도 시행하면 가능할 것이다. 저들이 법률을 두려워하고 근심하는가? 나도 고쳐서 실행한다

1 방리(方里) : 방리는 평방마일이다. 8만 2천 평방마일은 남북한 전체 면적인 22만 평방킬로미터에 거의 가깝다.

면 가능할 것이다. 저들의 공예를 두려워하고 근심하는가? 나도 배우면 가능할 것이다. 그렇다면 근심하거나 두려워할 것이 없거늘 어찌하여 벌벌 떨면서 위축되어 있는가?

애달프고 애달픈 한국 사람이여! 내가 너의 둥근 머리를 보니 형체도 없는 쇠갈고리와 쇠사슬이 좌우에서 얽어매고 있구나. 내가 너의 모난 발을 보니 형체도 없는 큰 가죽과 거친 밧줄이 앞뒤에서 묶어놓고 있구나. 너는 나를 보아라. 나 또한 그러하니 이것이야말로 진정 매우 두렵고 근심할만하여 하늘에 울부짖고 땅에 머리를 찧으며 실성통곡하여 죽음만 있지 살아갈 수 없는 곳이로다. 그러나 높은 제방의 소금 나르는 말도 궤도를 따라 멀리 나아가면 반드시 굴레를 벗어날 날이 있을 것이며, 횃대 위에 매여 있는 새매도 바람 소리를 듣고 스스로 떨쳐 일어나면 반드시 끈이 풀릴 기회가 있으리라. 하물며 나는 저들과 동일한 인종이니 어찌 서로 해치고 멸망시킬 리가 있겠는가?

다만 나의 학업을 닦아 높은 경지에 이르고 지기(志氣)를 가다듬어 비루해지지 말며, 국가가 있는 다음에야 내 몸을 보호하고 동포를 사랑한 뒤에야 가족을 지킬 수 있음을 확인할 것이다. 그리하여 저들이 한 걸음 전진하면 나는 두 걸음을 전진하고 저들이 한 가지 기예에 능하면 나는 두 가지 기예에 능해져서 서로 권면하여 문명의 지경에 함께 올라가 단란한 하나의 큰 사회를 결성한다면 몇 년이 지나지 않아 굴레와 밧줄을 벗어던져 노예가 되는 것을 면하여 세계의 1등 독립국을 만들 것이다. 이에 우리가 저들을 어찌 두려워하겠으며 우리가 어찌 저들을 근심하겠는가? 무릇 우리 국민은 힘쓰고 힘써야 할 것이다.

(7호, 17~19면)

애국설(愛國說)

남궁벽

오호라! 동서 양쪽의 반구(半球)를 물론하고 국민의 뇌수(腦髓) 안에 애국 사상이 있음을 발견한다면 그 나라가 결코 부강함에서 벗어나지 않으리니 미국, 이탈리아, 프랑스, 독일이 이들이다. 국민의 뇌수 안에 애국 사상이 없음을 발견한다면 그 나라가 결단코 빈약함에서 벗어나지 못하리니 폴란드, 베트남, 이집트, 핀란드가 이들이다. 이로써 본다면 어느 나라의 국민을 막론하고 애국 사상을 뇌수 속에 배양하지 않고서야 어찌 그 나라의 국민이 되었다고 말할 수 있겠는가?

아! 애통하고 애통하도다. 지금 이웃 나라의 기세가 어떠한지와 우리나라의 상황이 어떠한가를 비교해 보면 우리나라가 과연 얼마만큼의 비통한 지경에 있는 것인가? 아! 우리 대한제국 2천만 동포의 한 분자(分子)가 되지 않았다면 그만이지만, 우리 2천만 동포의 한 분자가 된 자들은 이 말을 잊지 않는 것이 옳을 것이다. 그렇지만 나는 지금 14세의 어린 사람이다. 학식이 성숙하지 않아 오늘날 자강(自强)할 힘에 만

분의 일도 도울 수 없겠지만 몇 년 동안 지식이 확충되기를 기다려 애국하시는 선배 여러분의 기치 아래 마땅히 채찍을 잡고서 나란히 나아가리니 힘쓸 지어다 애국 동포여!

만당자(晩堂子; 이종준)는 기숙하는 언론사에서 일찍 일어나 앉아 손가는 대로 책상 위의 달력을 들춰보았는데 바로 광무(光武) 11년(1907) 1월 1일이었다. 이에 관을 정제하여 쓰고서 마음속으로 다음과 같이 빌었다.

"천도가 순환하여 지나가면 돌아오지 않는 것이 없다. 올해가 새롭게 시작되었으니 생각건대 하늘이 우리나라의 운수를 새롭게 하시리라. 『서경(書經)』「반경(盤庚)」에 '사람은 옛사람을 구한다'라고 하였으니 어찌 나를 속이겠는가? 하지만 현재 부패한 기운이 예전부터 뿌리를 박고 있으니 장차 우리의 오래된 나라를 새롭게 만들려면 오직 어린이들을 교육시켜 성공을 이루는 데 달려있을 뿐이다. 우리 2천만 형제 가운데 반드시 영특하고 뛰어난 재주로 장차 우리의 독립과 자유의 기초를 수립할 사람이 많으리라 생각한다."

한참을 생각해 보니 신년을 맞이함이 의당 이보다 큰 것이 없으리라. 생각건대 오늘 아마도 좋은 소식이 있을 듯하였다. 문득 한 장의 종이가 책상머리에 떨어져있기에 한 번 펼쳐 읽어보니, 격앙된 말투에 학력(學力)은 투철하고 분명하여 중요한 관건을 장악하고 산만한 군더더기 말이 없어 흡사 노성한 선비의 담론과도 같았다. 그런데 그 실상을 물어보니 바로 방년 14세의 어리고 고운 소년이었다. 감상하느라 시간이 흐르도록 어느 분의 훌륭한 자식인지 몰랐는데 듣자하니 바로 『황성신문(皇城新聞)』 사장 남궁훈(南宮薰) 씨의 영윤(令胤)이었다. 남궁훈 씨는 고아한 명망으로 사회에서 첫손가락에 꼽히는 인물인데 그 분이 자식을 훌륭하게 교육시킴이 또한 이러하니 진실로 "사람들은 훌륭한 부형이 있는 것을 즐거워한다"[1]고 하겠다.

그가 어린 나이에 학문이 이미 이러한 경지에 이르렀으니 장년이 되어 실천한다면 그의 진보를 어찌 헤아릴 수 있겠는가? 그를 위하여 여기에 한 마디 적는 것은 신년 맞이에 이보다 큰 일이 없기 때문만은 아니다. 한편으로는 남궁벽의 박학하고도 국한 없음이 정밀하고 더욱 정밀해져서 훗날 국가에 쓰이기를 기다리며, 다시 바라는 일은 전국의 일반 어린이들이 남궁벽을 보고 느껴 흥기하여 문명의 교화에 나날이 성대하게 나아가 우리 대한제국이 6대주의 위에 능가하기를 바라고 기도하노라.

(7호, 70~72면)

1 사람들은 …… 즐거워한다 : 『맹자』, 「이루(離婁) 하」의 "中也, 養不中, 才也, 養不才. 故人樂有賢父兄也"에서 인용한 것이다.

천시(天時)가 다시 새로워지다

장지연

세월은 유수와 같고 시간은 번개와 같다. 손가락을 한 번 튕기고 눈길을 돌리는 순간에 한해가 이미 저물고 봄기운이 돌아왔다. 휘장 속의 매화는 꽃받침 속에 향기를 머금고 언덕 위의 버드나무는 금빛 잎을 펼쳐 어여쁘니 어언 간에 광무(光武) 11년(1907) 정미년 봄이 이르렀다. 사물과 시절에 마음이 이끌려 감정이 일고 탄성이 나온다. 천도(天道)는 때에 따라 변화하며 하루하루 혁신하거늘 우리는 지금도 몽매하고 어두워서 시대에 따라 변화하고 바뀔 줄을 모른 채 작년에는 지난해의 사람이었고 금년에도 작년의 사람이다. 세월은 나와 함께하지 아니하고 사물은 시절을 따라 변천하거늘, 여기에 그치고 말 것인가? 여기에 그치고 말 것인가?

외국의 현재 상황을 시험 삼아 살펴보라. 학문하는 사람은 정밀하게 단련하고 깊이 연구하여 학업을 닦고 힘써서 학계의 면모를 일신(日新)하며, 농업인은 힘과 근력을 다하여 생산과 사업을 늘리고 일으켜 농업계의 유용한 것들을 일신한다. 상공업자는 각종 실업계의 자본가와 노동자들이 저마다 기술과 업무로 힘써 노력하고 인내하며 증진·발전시켜 생활의 행복을 돕는다. 이런 까닭에 올해가 작년보다 진보하고 이번 달이 지난달보다 진전한다. 매년 통계표에 근거해 보면 교육, 학술, 식산(殖産), 흥업(興業)이 해마다 증가하여 사회의 발달과 실력의 팽창이 대단하고 홍성하여 저같이 성대하고도 강성함에 이를 수 있었다. 저들이 어찌 안일하게 지냄이 편안하며 한가하게 노닒이 즐거운 줄을 모르겠는가? 그럼에도 노고를 마다하지 않고 업무에 부지런히 힘쓰는 이유는 그렇지 아니하면 인간 세상의 생활을 보존하고 또한 우리가 자신의 의무를 다할 수 없음을 알기 때문이다. 이것이 사회가 진보하고 국민이 개명하는 이유이다.

지금 우리나라 사람들의 상태를 돌아보건대 그들이 과연 스스로 국민의 의무를 알며 독립적인 생활을 깨달아 현재의 시기가 이전과는 크게 변하였으니 내가 자신의 교육에 종사하지 아니할 수 없으며 내가 자제의 교육에 종사하지 아니할 수 없다고 여기는가? 또한 내가 부지런히 애를 쓰고 노력하여 스스로 독립적인 생활을 영위하지 아니할 수 없고, 내가 사회와 단체를 결성하여 국민의 본무를 다하지 않을 수 없으며, 내가 구습을 쓸어버리고 실력을 양성하여 국권이 기울어지고 엎어져 인종이 멸망하는데 이르는 경우는 면하게 해야 한다고 생각하는가? 그리하여 발분하여 정신을 가다듬고 눈을 크게 뜨고 담력을 키운 자가 2천만 동포 가운데 몇 사람이나 되는지 모르겠도다.

오호라! 2천만 인민으로 하여금 모두가 이러한 사상과 능력을 소유할 수 있도록 한 다음에야 우리 대한제국이 독립할 날이 있으리라. 하지만 지금 2천만 인민 가운데 이러한 능력을 지닌 자는 몇 명 되지 않을 듯싶고 이러한 사상을 가진 사람도 천, 백에 한둘에 불과하리니 슬프도다.

이처럼 새해가 오고 봄기운이 일어나는 설날에 백엽주(栢葉酒)와 도

소주(屠蘇酒)[1]를 가지고 삼가 우리 2천만 동포를 위하여 새해의 복을 송축하노라. 금년에는 뇌수에 박힌 구습을 혁신하며 심장에 찌든 찌꺼기를 씻어버리고 신사상(新思想)과 신지식(新知識)을 펼쳐서 정치는 쇄신하고 사업은 갱신하며 교육과 산업 등의 각종 사회는 모두 분발해 새롭게 하고 혁신하여 나아가되 물러남이 없이 날로 한 걸음을 더하고 합심하되 이반되지 않아 날마다 하나의 단결을 이룬다면 올해 안에는 대한제국이 거의 아름다운 천명을 새롭게 하여 2천만 가호(家戶)마다 찬란한 독립의 깃발이 걸리기를 바라노라.

바야흐로 춘풍이 점차 불어와서 따사로운 기운이 밝게 소생하니 장차 오얏꽃과 무궁화가 동원(東園)[2]의 꽃밭에 만발하여 대한제국에 곧 문명이 번화하는 기상이 있으리라. 오직 우리 동포가 일신(日新) 또 일신하여 이처럼 태평한 행복을 함께 누림이 어찌 기쁘지 아니하며 상쾌하지 않겠는가?

(8호, 5~6면)

1 백엽주(栢葉酒)와 도소주(屠蘇酒) : 모두 설날에 어른들께 세배를 드리고 나서 가족들과 함께 마시는 술로 이것을 마시면 한 해의 나쁜 기운을 없애 오래 살 수 있다고 한다.

2 동원(東園)은 조선시대의 관청인 장생전(長生殿)의 별칭이기도 한데, 여기서는 동구(東丘)처럼 우리나라를 이르는 말이다.

국가적 정신을 불가불 발휘

윤효정

무릇 동서고금으로 지구상에 나라를 세운 자들이 자못 별처럼 벌려 있고 바둑돌처럼 펼쳐진 듯하여 천, 만으로 헤아릴 수 없을 뿐만 아니라 흥망성쇠의 원인 역시도 동일하지 않다. 하지만 당대에 위세를 떨치고 후대에 공훈을 남겨서 역사의 광휘를 장식할 수 있음은 오로지 국가를 조직하는 각각의 인민이 국민의 관념에 분명하고 국민의 직분을 다하며 국민의 임무를 담당하는가에 달려 있을 뿐이다. 국민의 관념에 분명하면 국가의 최대 요소가 수립되고, 국민의 직분을 다하면 국가의 최대 정신이 완성되며, 국민의 임무를 담당하면 국가의 최대 생명이 완전해질 것이다. 혹여 이러한 요소를 결여하고 직분을 잃어버리며 생명을 버리고서 단지 많은 인구와 넓은 토지, 풍부한 물산만으로 위대한 국가를 성립시킨 사례는 일찍이 동서고금 6천 년 역사상에 없었다.

대체로 국민 전체가 자국을 세계 열국에 모범으로 만들고자 하여 이로써 세계 열국의 원기를 움직이고 세계 열국의 평화를 유지하여 강포(强暴)한 나라를 꺾어버리고 약소한 나라를 부축하며 몽매한 자는 지도하고 미개한 자는 개명시키고자 한다. 그러자면 오직 이 하나의 위대한 정신이 안으로 충만하고 밖으로 넘쳐나 이로써 법제를 완비하고 교육을 융성케 하며, 산업을 발달시키고 외교를 활발하게 만들며, 우수한 기술과 융성한 문학을 이루어 국가의 광채를 더하도록 만드니 이 모두가 국가 정신이 발휘된 소치이다.

만약 사대(事大)를 본능으로 삼고 의뢰를 주의(主義)로 삼아 스스로가 비굴함을 달게 여기며 더 이상 분발할 기력이 없다면, 두려움과 공포에 습관이 들고 시기심에 버릇이 들어 일치단결할 능력은 없고 개명하여 진보할 희망은 결핍된 채 꼬물거리면서 자멸하기만을 기다릴 따름이다. 이미 자력으로 자립할 수 없다면 반드시 다른 세력에게 압도당함이 어찌 저절로 이르는 형세가 아니겠는가? 지금 현대의 생존경쟁과 우승열패에서 국가의 존립을 도모하고자 한다면 국민 전체가 국가의 정신【바로 애국심】을 확장하고 발휘하여 반드시 자력으로 자립할 방법과 수단을 강론한 후에 가능할 것이다. 예컨대 농부는 자신의 경작물이 다른 나라보다 뛰어나기를 바라고 상인은 자신의 무역이 다른 나라보다 성대하기를 바라며, 공업인의 기예와 사인(士人)의 학술은 모두 다른 나라보다 정밀하고 훌륭해지기를 원하니 이와 같이 되고서야 국가가 비로소 존립할 것이다.

국민 전체가 이 하나의 위대한 정신을 발휘하도록 만들자면 다른 방법이 없다. 오직 법제를 확립하고 민권을 공고하게 만들어 그 생명과 재산의 안전을 도모하며, 자치 제도를 실시하고 선거법을 채용하여 점차 국정 참여의 권리를 부여한다면 군주와 인민이 함께 다스리고 온 나라가 일치되어 국민들이 국가의 일을 자기 집안의 일과 다름없이 여길 것이다.

대개 "백성은 도리를 따라 행하게 할 수 있을 뿐 도리의 근원을 알게 할 수는 없다"[1]는 말은 유치한 고대에는 합당하겠지만 현대의 정치에는 부당하며, "백성은 나라의 근본이므로 근본이 견고해야 나라가 평안하다"[2] 하였으니 국민의 권리를 확립하여 국가의 기초를 공고하게 만드는 일은 바로 오늘날 각국이 문명을 이룬 관례이다. 그러나 관헌이 직권을 농단하여 그들의 위엄과 무단(武斷)을 남행하고, 인민이 비굴함을 스스로 달게 여겨 두려움과 공포, 시기심에서 벗어나지 않는다면 그 폐해는 공공연히 뇌물이 나돌아 애증이 사심에서 말미암고 도적이 만연하여 백성의 산업이 탕진하는 지경에 이를 것이다. 그러면서도 외국의 경멸과 외세의 압도를 모면하려는 일이 또한 어렵지 않겠는가?

우리들이 비록 미력하지만 자강회를 설립한 이래로 아침이면 사인(士人) 한 사람이 늘어나고 저녁이면 두 사람이 가입하여 현재 뜻있는 사람들이 단결하여 거의 수천 명에 이르렀다. 하지만 아직도 각 도(道)와 군(郡)에서 지회(支會) 설립의 청원(請願)이 날마다 이르러 모두가 화살들을 한데 묶듯이 힘을 모아 기울어가는 가옥의 형세를 만회하고자 기약하고 있다. 우리 대한자강회가 도달할 목적은 이미 이루어질 날이 있음을 믿지만 다만 관민(官民)과 노소(老少)를 불문하고 대한의 국민이면 다 함께 우리의 국가 정신을 발휘하길 바랄 따름이다.

(8호, 6~8면)

1 백성은 …… 할 수 없다: 『논어(論語)』「태백(泰伯)」의 "民可使由之, 不可使知之"를 부정적으로 인용한 것이다. 이 글의 인용 의도처럼 공자가 우민정책을 주장한 것은 아니며, 백성을 도덕과 명령정교(命令政教)로 통솔하자는 취지에 가깝다. 백성에게 고차원적인 그 소이연(所以然)을 알리는 것은 사실상 불가능하기에 "不可使知之"라고 한 것이다.

2 백성은 …… 평안하다: 『서경(書經)』「오자지가(五子之歌)」의 "民惟邦本, 本固邦寧"을 인용한 것이다.

양공(良工)이 기우는 집을 완전하게 만들 수 있다

정동모[1]

사람들은 항상 '기울어지는 큰 집은 나무 하나로 지탱할 수 없다'고 말한다. 무릇 웅장한 거대함이 우르르 넘어지려 하는데 자잘한 왜소함으로 갑자기 지탱하고자 한다면 이는 진실로 할 수 없는 일이다. 그러나 몹시 그렇지 않은 바도 있다. 용렬하고 우매한 사람에게 책임을 맡기면 비록 동량(棟梁)이 될 만한 목재를 모두 사용하더라도 좌우로 두리번거리면서 어쩔 줄을 모를 것이니 하물며 나무 하나로 어찌하겠는가?

진실로 훌륭한 장인이 그 임무를 담당하면 집터가 무너지고 재목이나 기와가 손상된 부분을 먼저 살펴서, 비용을 준비하고 재목과 도구를 마련하며 목수들을 모아 힘을 합친다. 이렇듯 차근차근 순서와 조리가 법도에 맞으며, 모든 일이 정력과 지혜에서 나올 것이다. 비록 건물을

1 정동모(鄭董謨)는 나철(羅喆)과 함께 1908년 일제의 요시찰 인물로 분류되어 감시대상이 되었다는 기록이 있으며 호는 석당산초(石塘山樵)이다. 이외에는 미상이다.

새로 짓더라도 완성을 이룰 수 있으리니 하물며 중수(重修)하는 것이야 어떠하랴?

아! 원인을 살피거나 방법을 강구하지 않고서 아득히 스스로를 과소평가하여 게으름과 자포자기로 마룻대와 들보가 꺾이고 부러지면 몸을 의지해 가릴 수도 없으리라는 점은 생각지도 못한다. 그리고는 곧장 유수 탓이나 하면서 범범하게 나무 하나로는 지탱할 수 없다고 말하니 생각하지 않음이 심하며 개탄스러울 따름이다.

청컨대 제비집을 보라. 사람이 혹시라도 그 집을 무너트리면 제비는 반드시 재빨리 날아 오가며 진흙과 풀을 물어다 여러 차례 붙이기를 더욱 부지런히 하여 필시 집을 다시 지어낸다. 다시 무너트리면 다시 짓고 세 번을 무너트려도 세 번을 지어내니 제비가 분발하여 힘을 씀이 참으로 어떠한가? 지극히 신령한 사람이 미물인 제비만도 못하단 말인가?

아! 지금 우리 대한의 위급한 형세는 무너지려고 하는 큰집일 뿐만 아니라 자포자기하며 자신을 과소평가하니 나무 하나로 지탱하기 어려운 정도가 아니다. 이는 교육이 마땅한 방법을 잃어버려 재주가 확장되거나 지혜가 밝아지지 아니하고, 식산(殖産)이 방향에 어두워 이윤을 얻거나 재산을 마련하지 못하기 때문에 분명 지금과 같은 경우에 이른 것이다. 우리 2천만 동포에게 바라노라! 의지와 기운을 분발하며 정신을 쇄신하여 학문에 힘쓰고 지식을 개발하며 단체로 합심하여 조금도 나태하거나 해이하지 말고 자유를 잃지 않는다면 훌륭한 장인이 기우는 건물을 다시 세우는 것과 같은 효과가 거의 있으리니 부디 힘쓸지어다.

(8호, 12~13면)

자강(自强)의 이유

남궁식[1]

나그네가 나에게 이렇게 물었다.

"근자에 그대가 대한자강회에 참가하여 자강회의 월보를 매호(每號)마다 열람하여 밤낮으로 항상 손에서 놓지 않아 심지어는 침식(寢食)을 잊기도 하며, 혹은 주변 사람에게 그 취지와 목적을 설명하거나 그 기사와 논설을 강론하기도 하면서 입회하거나 회보 읽기를 권하여 주린 자가 밥을 찾고 목마른 자가 물을 구하듯이 급급해 한다고 하네. 지금 우리 대한의 지위로 훗날의 극복을 기도(期圖)한다고 말함은 의기의 발로로 어쩔 수 없이 그럴 수 있다. 하지만 내 생각으로는 그대가 정성을 다해 사람들을 깨우치는 일이 그처럼 지극하지만 감동하여 반응하는 사람은 심히 드물고 분발하는 자도 거의 없을 것일세. 나는 그대가 한갓 심

1 남궁식(南宮湜)은 대한자강회의 회원으로 월보에 몇 편의 글을 기고하였다. 호는 파산초부(坡山樵夫)이며 나머지 사항은 미상이다.

력(心力)과 입만 허비할 뿐 일에는 무익할까 걱정이네."

내가 "무슨 말인가?" 하고 묻자, 나그네가 말하였다.

"대한자강회가 그 목적에 도달하여 성과가 맺히기를 나는 깊이 축원하네. 그러나 우리 대한 사회의 지나온 일을 살펴보자면 처음에는 취지와 목적이 좋고 아름답지 않은 경우가 없지만 결국에는 마치 하늘과 땅처럼 이름과 실상이 부합되지 않네. 그런 까닭에 전국의 사람들이 누차 속아 마음속으로 맹세하며 사회단체를 배척하는 자들이 매우 많다오. 혹 입회를 권하면 '불가하고 불가하오. 장래의 이익은 멀고 당장의 괴로움이 견디기 어렵다'고 말하네. 현재의 인정세태로 이면의 얕고 깊음을 모르면서 한갓 외면의 선하고 아름다움만을 보고서 다투어 달려가려고 하겠는가? 내가 무익하다고 이르는 이유는 진실로 이것 때문이라네."

내가 말하였다.

"아! 나도 알고 있소. 지금 그대의 말을 듣고 그대의 안색을 살펴보니 그대의 뜻은 말 밖에 있소이다. 비록 그러하나 그대가 자신을 헤아려 다른 사람을 판단하는 것은 참으로 어리석은 사람의 소견이오. 자네의 다문박식(多聞博識)을 어리석은 사람으로 배척한다면 분명 대단히 괴이하고 놀라운 일이겠지만, 근래 이른바 '다문박식'이라는 네 글자는 붓을 잡고 먹물이나 튕기면서 음풍농월하는 용도에서 벗어나지 못한다오. 이러한 자들은 아무리 입으로 만권의 서적을 외우더라도 터럭만큼도 일에는 무익할 것이고, 무익할 뿐만 아니라 이보다 더욱 심히 유해한 경우가 있으니 내 그대를 위해 말해 보리다.

무릇 글을 읽은 자를 선비라 하고 선비를 사민(四民)의 으뜸이라 일컫는 이유는 그 식견이 충분히 민심을 지도하여 정도(正道)에 귀일시키기 때문이오. 민심이 귀일되어야 기운이 백배로 솟아나서 용맹하게 앞으로 나아가면 국운의 진취가 반석처럼 난단해지니, 이는 백성의 기운이 아니라 바로 선비의 기운이라오. 그러므로 우리나라가 선비들을 배양한 것은 대체로 이 때문이었는데 지금은 그렇지 않습니다. 옛것을 배운 자들은 시무(時務)를 도모하지 아니하고 선비 된 자들은 식산(殖産)을 부끄럽게 여겨 정치와 경제의 기술은 하나도 연구하지 않고 오직 문장을 외우거나 짓는 쓸모없는 학문만으로 우뚝하게 스스로를 높이는 자들이 대부분이오.

어리석은 백성은 그저 선비들이 행동하기만을 기다리다가 혹여 어지러운 때를 만나 마음속에 울분이 생겨 선비에게 찾아가 사회상의 문제를 물어보면, '우선 참으라. 우선 참으라'고 하니, 우선 참으라는 '고인(姑忍)' 두 글자의 의미를 나는 이미 알고 있소. 만일 그 사람이 일찍이 먼저 개명하여 자유와 평등의 권리가 있음을 알았다면 지난날의 문벌과 계급을 나누지 않았을 것이요, 농락하고 속박함을 베풀지도 않았으리라. 그러므로 '우선 참으라. 우선 참으라'고 하면서 스스로를 그르치고 남을 그르치며, 남을 그르치고 나라를 그르쳐서 2천만 대중이 서로 망하도록 만든 것이로다.

현재 우리 전국의 인민이 전부 남의 노예로 몰락하였거늘 아직도 경계와 분수만을 다투고 있으니, 이것이 솥 안의 물고기가 물이 아직 뜨거워지지 않았을 때 헤엄치고 다니면서 큰 물고기가 작은 물고기를 깔보는 일과 무엇이 다르겠소? 가련한 가운데 더욱더 매우 가소롭도다. 지금 사람들에게 '우선 참으라. 우선 참으라'고는 하지만, 머잖아 그가 아무리 쇠와 구리로 만든 신체라도 참을 수 없는 경우가 있으리니 어찌 비참하지 아니하겠소?

대저 말을 들어보면 그 사람의 마음을 알게 되고, 일을 보면 그 사람의 덕을 알 수 있음이 격물(格物)의 방법이라오. 대략 그 경개를 논하자면 천하의 일은 대단히 공정하면서 이루지 못하는 경우가 없으니 그 까닭이 무엇이겠소? 그 사람의 마음가짐과 처사가 하늘과 사람을 감격시키고, 상하를 믿음으로 복종시킬 수 있기 때문이오.

그러므로 이윤(伊尹; 은나라의 개국공신)이 유신(有莘; 고대 중국의 국명)의 땅에서 경작할 적에 천하를 녹봉으로 준다 해도 받지 않았으니, 이로 말미암아 천하 사람들이 이미 그를 믿은 것이오. 그가 탕(湯)과 걸(桀)을 섬기고 임금을 폐위시켰다가 복위시켰을 때에도[2] 천하 사람들이 의심치 않았으며, 걸과 태갑(太甲)도 의심하거나 꺼리는 마음이 없었네. 제갈량이 초가집에 거처하면서 문달(聞達)을 구하지 않고 그럭저럭 성명(性命)을 보존하다가 삼고초려 이후에 어쩔 수 없이 세상에 나왔으니, 그가 영화와 이익에 대한 욕심이 없음을 당시 사람들이 알고 있었소. 그러므로 선주(先主; 삼국시대 유비)께서 후주(後主; 유선)를 부탁하는 유언에 '후사를 보좌할만하거든 보좌하고 만약 그렇지 못하다면 그대가 자리를 차지하라'고 하였지만 이 말이 나왔을 때 일찍이 한 사람도 감히 비방하는 말을 한 마디도 꺼내지 아니하였네. 전후(前後)로 출사(出師)할 적에 권한을 장악하였지만 후주가 의지하고 믿으면서 티끌만한 의심조차 없었소. 그렇다면 이들 현인이 큰 절개를 세우고 대사를 이룰 수 있었음은 절대적인 재능에 달린 것이 아니라 순일하여 두 마음이 없는 대단히 공정한 성심에 있었을 뿐이로다.

지금 본 자강회의 여러 군자들로 말하자면 그 평상시 마음가짐과 처사를 분명 세상 사람들이 모두 들어 알고 있으리라 생각하오. 4천 년 강토를 담당하고 우리 2천만 동포의 마음과 지혜를 개도하여 밤낮으로 부지런히 힘써서 제 한 몸이 세상에 있는 지조차 바로 잊어버립니다. 주야로 생각하고 헤아려 온갖 어려운 고심을 두려워하지 않으리니 천운이 회복되지 않아 일이 끝내 와해되면 마땅히 나라에 몸을 던질 것입니다. 인심이 단합하여 하늘이 만약 돕는다면 우리 2천만 동포로 하여금 인자롭고 장수하며 부강(富强)한 지경에 함께 나아가 동아시아의 세 국가가 솥단지의 발처럼 대치할 것이지요. 서양의 열강이 어깨를 나란히 하여 화친한다면 사람이 생겨난 이래로 인간 세상의 행복이 그 누가 이보다 클 것이며, 천하의 위대한 업적 가운데 그 무엇이 이보다 더하겠는가?

2 탕왕(湯王)을 이어 즉위한 임금 태갑(太甲)이 국성을 문란하게 하여 이윤이 폐위시켰다가 복위시켰다고 한다. 걸(桀)은 폭군으로 유명한 하(夏)나라의 마지막 임금이다.

이것이 바로 내가 깊이 믿는 것이며 그 믿음의 표준은 바로 사람의 공정함에 달렸거늘, 이제 그대가 다른 단체의 시작만 있고 끝이 없었던 경우만을 가지고 비교하니 어찌 어리석은 자의 소견이 아니겠소?

공자께서 '발분(發憤)하여 먹는 것조차 잊었다'[3]라고 하셨고, 맹자께서는 '반드시 일이 있을 때에 미리 기대하지 말아 마음으로 잊지 말며 조장하지 말라'[4]라고 하였으니, 무릇 일을 하는 사람은 반드시 이 두 가지를 참고하여 처리해야 할 것이다. 그러므로 본회에서 자주 강연장을 열어 큰 소리로 급히 소리쳐서 방청자가 놀라서 몽매함을 깨우치고 마음과 담력을 격동시켜 자국의 정신을 불러일으킴은 바로 발분망식하는 행동이오. 또한 회보를 간행함에 정문일침으로 피부에 스며들 듯이 두뇌에 애국사상을 쏟아 부으며 시기를 기약하지 않는 것은 바로 잊지 말며 조장하지 말자는 의미이다.

급하지만 차근차근 생각하고 맹렬하지만 너그럽게 일을 처리함은 바로 시작을 삼가하며 좋은 결과를 얻는 방도라 하겠소. 그렇다면 본회의 마음가짐이 저렇게 공정하고 일처리가 이처럼 꼼꼼하니 장래에 좋은 결과를 어찌 얻지 못할까 근심하겠소? 그대가 믿지 못한다면 내게 질정해 보라."

나그네가 옷깃을 여미고 자세를 바로하면서 말하였다.

"내 일찍이 우리 대한의 선비들이 학식으로 자만하여 농·공·상인 보기를 마치 진흙이나 잡초 보듯이 하여 습속을 이루었다고 의심하였소. 지금 족하(足下)의 말을 들으니 종잡을 수 없는 사심(私心)에 한 가지 방도가 배태되었음을 깨달았네. 지난날에야 거의 그럴 수 있었다지만 지금은 내가 그 누구를 존귀하게 여기겠는가? 머리 숙여 생각하고 고

---

3 공자께서 …… 잊었다: 『논어(論語)』 「술이(述而)」의 "發憤忘食, 樂以忘憂, 不知老之將至"에서 인용한 것이다.

4 맹자께서는 …… 말라: 『맹자(孟子)』 「공손추(公孫丑) 상」의 "必有事焉而勿正, 心勿忘, 勿助長也"를 인용한 것인데 호연지기를 기르는 방법이다.

개 들어 답할 적에 책임을 피할 길이 없소. 그리고 족하가 일을 요량하고 덕을 헤아림에 참으로 오묘한 법도가 있음을 경하하오. 무릇 이윤과 제갈량이 큰 절개를 세우고 대사를 이루었음이 재능이 아닌 마음가짐의 공정함에 달려있다고 이른 말은 진실로 명확한 논평이오.

사람이 만약 믿지 않는다면 재능을 장차 어디에 쓰겠소? 지금 대한자강회의 여러분들이 이윤과 제갈량에 비해 그 재능은 혹여 서로 상하를 다투겠지만 마음가짐과 처사는 나란히 행해져 어그러지지 않는다고 말할 수 있소이다. 알면서도 말하지 않는다면 이는 불인(不仁)이요, 말만 하고 행동하지 않는다면 이는 불용(不勇)이니, 불인(不仁)하고 불용(不勇)한 것이 어찌 사람의 본성이겠소? 나 역시 장차 그대의 뒤를 따라 우리 대한이 자강해지기를 기다려보리다."

나는 저도 모르게 벌떡 일어나 절을 드리고 사례하였다.

"군자로다, 이 사람이여! 군자로다, 이 사람이여! 잘못을 하고서 스스로 새로워지니 그 누가 우러르지 않겠는가? 힘쓰고 힘쓸지어다."

나그네가 "예, 예" 하고는 물러나거늘, 내가 이로써 그 일을 서술하여 우리 동포에게 고하노라.

(8호, 13~16면)

금연으로 국채를 보상하는 문제

장지연

사건은 참으로 뜻하지 않은 곳에서 나오고 세상에는 참으로 쉽게 헤아릴 수 없는 것이 있다. 국채 관계가 매우 커져서 다가올 위급한 도화선이 될 것을 인민들이 어떤 연고로 추측하여 알고서는 신춘(新春)의 새달 첫머리에 금연하여 국채를 갚자는 문제가 갑자기 동짓날 자정에 한 줄기 우레가 우르릉 울려서 놀라게 하듯이 천만인의 먼 귀를 뚫어버렸다. 이는 금년부터 우리 국가가 양기를 회복할 기미인가 싶다. 나는 대구에서 온 사람에게 국채보상운동이 발기(發起)된 상황을 상세하게 들었기에 먼저 그 대강을 아래에 기록하겠다.

음력 정월 9일에 대구 인근 한 고을의 뜻 있는 신사(紳士) 서상돈(徐相敦) 등 여러분과 수백 명이 북후정(北堠亭) 위에 대단하게 모였는데, 모인 인민은 남녀노소 모두 수만 명이었다.[1] 이에 신사 박정동(朴晶東) 씨가 먼

1 음력 정월 …… 명이었다: 1907년 2월 21일 대구에서 열린 국채보상운동 대구 군민 대회를 말한다.

저 연단에 올라 국채 문제로 다음과 같이 일장 통론(痛論)을 하였다.

> 현재 우리 정부의 세입(歲入)이 단지 1천 4백여 만 원에 불과할 뿐이다. 이것으로 세출에 충당하기에도 항상 모자랄까 근심하였거늘 무슨 남는 금전이 있어 이런 거액의 국채를 변상할 수 있겠는가? 기한이 지나 채권자가 독촉하면 결국 강토를 보존치 못하리니 우리 인민은 장차 어디에 몸을 붙이고 생활하겠는가? 그렇다면 이 국채의 상환은 어쩔 수 없이 우리 인민 각자가 의무를 담당하여 국채 장부의 청산을 힘써 도모함이 옳다. 비록 그렇지만 우리들이 무슨 재주로 이런 거액을 마련하겠는가? 먹지 아니하면 굶주리고 입지 않으면 추우니 의식(衣食)을 끊어버려 마련하기는 불가능하고, 집이 없으면 주거할 수가 없으니 가옥도 팔아버릴 수 없소. 반드시 우리들이 날마다 쓰는 무익한 연초(煙草)를 석 달 동안 끊어버리기로 한정하고 그 소모되던 비용을 각자 모으되 전국 인구 가운데 부녀자와 비흡연자를 제외하고 헤아려보면 1천 2백만 명으로 산정되니 사람 하나에 1원이면 1천 2백만 원이니 어찌 국채보상을 근심할 것인가?

이에 만장일치로 박수갈채하고 각자 주머니를 풀어 돈을 내는데 한 목소리로 의의에 호응하는 자들이 파도가 용솟음치고 비가 쏟아 붇듯이 분분하게 일어났다. 늙거나 젊거나 갓을 쓰거나 상투를 튼 신사들, 푸른 옷이나 붉은 옷을 입은 부녀자들, 술이나 차를 파는 노파, 구걸하는 앉은뱅이 아이, 푸줏간에서 소 잡는 자, 책을 끼고 있는 동자, 공을 치며 노는 아이들이 강개하여 눈물을 흘리며 의리와 용기를 분발해 그 자리에서 거둔 금전이 수백 원에 이르렀다고 하니 인심의 감발함이 진실로 이런 지경에 이른단 말인가?

또 근래 경성 안에서 여러 신사들이 발기하여 모금소를 개설하고 각 단체에서 공포하여 모집하는 상황을 들어보니 역시 신사, 부녀, 아동들로 매일같이 발길을 이어 의연금을 내는 사람이 모두 수백 명에 이르러 금, 은과 구리 조각이 비와 눈이 날리듯 분분하다고 한다. 또한 시정(市井)의 상황을 물어보니 근래 외국산 권연(卷烟)을 피우는 자가 매우 적어져서 구매자가 드문 까닭에 담배 상인의 가게가 대부분 쓸쓸하다고 한다. 다시 듣자하니 경재(卿宰)와 신사(紳士) 집안에서는 대부분 담배 피는 도구를 버리고 절대 흡연하지 않는다고 하니 이는 비록 사소한 일이지만 또한 인심의 격발(激撥)됨을 알 수 있다.

나는 우리나라의 금융 기관과 화폐의 대권이 태아검(太阿劍; 왕권을 상징하는 보검)을 거꾸로 잡고 다른 사람에게 의지해 목숨을 구하는 것과 같아 전국의 사람들이 비록 의연금을 추렴하더라도 불가능할 듯 여겨진다. 하지만 만약 세월을 제한하여 저축을 모집하는 것에 기한을 정한다면 반드시 성공하지 못할 것은 아니다. 또한 천하의 일이란 오직 결심이 어떠하며 단체가 어떠한가에 달려 있다. 가령 전국의 사람들이 모두 '단연상채(斷烟償債; 금연하여 국채를 보상)' 네 글자로 가슴에 새겨 결심하고 단체를 만들어 힘을 합친다면 어찌 화폐의 부족을 근심하겠는가? 오직 동포 제군들의 결심이 어떠한가에 달려 있도다.

나는 이 문제에 대하여 당국의 여러분을 우러러 질문할 한 말씀이 있도다. 무릇 우리 정부는 재정의 고갈이 극심하다. 만일 정리하는 방법에 착수하고자 한다면 부득불 자금을 빌린 다음에야 시행할 수 있을 것이오. 또한 제반 사업을 경영하고자 해도 자금을 빌린 연후에야 시행할 수 있다. 대체로 국채는 구미 열강들도 없을 수가 없다. 하지만 저들은 간혹 전쟁이나 사업 때문에 이러한 국채가 있는 것이다. 우리나라는 어떤 목적으로 갑자기 1천만 원을 빌려서 공연히 소모하고는 한 건의 사업이 성과를 거뒀다는 말을 듣지 못하였으니 훗날에 무슨 방법으로 변상하려는가?

이집트의 전철(前轍)에 대해서는 여러분들이 아는 바이거늘 눈앞의 작은 이익 때문에 국가의 큰 재앙을 아랑곳하지 않음은 어째서인가?

만약 국채를 청산할 기약이 없이 매년 이자 65만 원만 해마다 보상하더라도 10년이면 650만 원이요 20년이면 1천 3백만 원이니 원금을 넘어서 망국의 기본이 되지 않겠는가? 지금 이들 인민들이 격앙되어 분발함에 여러분들이 반드시 양심에 자연히 부끄러움이 생기리라. 이제부터 마땅히 마음속의 연기를 잘라버리고 나라의 재앙이 되는 국채를 청산하기를 인민들이 간절히 소망하는 바이다.

편집자는 다음과 같이 말한다.

살펴보건대 남숭산인(南嵩山人)의 이 논설에 몇 가지 분명치 않은 점이 있어 지금 견문한 것으로 아래와 같이 증명한다.

박정동 씨가 통론(痛論)했다는 수백 마디의 말은 모두 서상돈 씨의 말이다. 대개 이 대회가 이미 지난 섣달 23일에 있어서 음력 정월 초엿새에 『제국신문』에서 널리 알린 것이다. 박정동 씨의 연설은 정월 9일에 있었던 일이라 하였는데 이는 아마도 잘못 듣고 그러한 듯하다. 또한 서씨가 담뱃대를 끊어버리고 먼저 8백 환(圜)[2]의 거액을 출연한 일이 참으로 사람의 예상 밖에서 나온 하나의 큰 제목이거늘 지금 그 이름이 빠졌으니 대단히 아쉬운 일이다. 그리고 '살펴보건대 국고 예산표에 국채 상환의 이자 합계가 1백 27만 원이 된다면 그 본전은 거의 1천 9백만 환에 이른다'고 하는데 바로 근래 세간에서는 항시 국채가 1천 3백만 환이라고들 이르니 이는 너무도 명확치 않기에 여기서 언급한 것이다.

(9호, 1~3면)

2 1902년까지 대한제국의 화폐 단위는 냥(兩)이었는데 5냥이 1환이었다. 1902년부터는 원으로 대체되었다. 10전(錢)이 1냥이고 100전이 1원이었다.

두 가지를 끊고 한 가지를 좁히자는 논설

지석영

능히 근검한 사람은 성공하고 근검치 못한 자는 패하나니, 이는 천고의 귀감이다. 아! 우리나라가 쇠약해진 현상을 따져보면 실로 근검하지 못하는 데서 말미암은 것이다. 이 때문에 뜻 있는 인사들이 '우리나라가 부강해지려면 인민의 근검과 관계가 있다'고 매번 말한다. 이는 남녀귀천을 막론하고 동일한 의견이다. 다만 그 대강만을 거론하고 조목은 언급하지 않기 때문에 빈말이 되어 효과가 없도다. 지금 개인이 쉽게 행할 수 있는 몇 가지 조목을 들어 근검의 일부분을 설명하니 금연, 단발, 소매 좁은 옷이 그것이다.

우선 흡연 하나로 논하자면 굶주림과 추위에도 관계없고 의식(儀式)에도 무관한 일을 단지 주둥이의 습관에 말미암아 고질을 이루어 재물과 기운, 세월을 소모하는 여러 가지 손해를 멍하니 알지 못하니 어리석음이 또한 심하다. 더구나 인가에서의 실화(失火)를 조사해보면 태반이 흡연으로 인한 것이라 생명과 재산에 대단히 관계되니 어찌 두렵지 않겠는가?

다음으로 단발을 논하자면 시의(時宜)에 따라 변천함은 형세가 진실로 그러한 것이다. 그런데도 한 줌 상투를 고집스럽게 지키면서 하늘을 지탱할 기둥으로 착각하는 것은 생각하지 못함이 심하도다. 이는 한 마디로 증명할 수 있다. 우리의 두발은 본래 상투의 형태를 가지고 태어난 것이 아니다. 점차 머리카락이 생기고 자라 얼굴을 가리고 어깨를 덮어 보고 듣기에 방해가 되기에 사람의 지능으로 땋아서 뒤로 늘어뜨리거나 혹은 묶어서 머리 위에 얹게 되었다. 이밖에 한층 편리한 방법이 또다시 있다면 하필 땋거나 묶기만을 고집하여 변통할 생각을 아니하겠는가? 백회(百會; 배코)를 두고 말하자면 백 년 전에는 정수리 머리카락을 자르는 사람이 전혀 없었는데 지금은 자르지 않는 자가 없다. 그 주위가 머리의 3분의 2를 차지하니 먼저 2푼을 자를 때는 추호도 애석한 마음이 없다가 남은 1푼에 이르러서는 애석한 마음이 갑자기 생긴단 말인가? 정수리의 머리카락을 깎기 시작한 것은 사람의 지혜가 점점 열림에 따라 머리가 어지럽고 눈이 어두워지는 병을 스스로 치료하려는 데서 나왔다. 그런 까닭에 사람들이 자연스럽게 깎은 것이다. 그 2푼만 잘라도 이처럼 상쾌하거늘 3푼을 모두 깎으면 그 경쾌함을 보지 않아도 알 수 있다.

또한 좁은 옷으로 논한다면 옷은 몸을 가리는 것이 가장 중요하고, 의복이 넓고 커서 동작에 방해됨은 천리를 위배하는 일이다. 그러므로 성인(聖人)이 천한 자를 갈관박(褐寬博, 가난한 이들이 입던 품이 넓은 털옷)이라 불렀으니, 옛 성인들이 백성의 산업을 제정할 적에 의복이 신체에 적당하여 걷고 달리기에 편리하게 하였음을 미루어 알 수 있다. 우리나라의 의복 제도는 심히 번잡하더니 근래에 태반을 줄여버렸지만 이는 상의(上衣)만 그러하고 평상시의 바지저고리의 경우에는 여전히 손을 대지 못하였다. 의복 제도를 조금 협소하게 만들자는 의론이 시행되지 못하고 있으니 경세가(經濟家)의 유감이로다.

이상에서 논술한 세 가지는 고원(高遠)하여 실행하기 어려운 일이 아니라 충분히 개인의 지혜로 스스로 행할 수 있는 것이다. 때문에 두 가지를 끊고 한 가지를 좁히는 일을 실행할 수 있다면 부강의 기초가 확연히 성립하리라. 세 가지 이익을 아래에 서술하여 전국의 동포에게 고하노라.

◎ 금연의 이로움

연초(烟草)와 흡연 도구의 비용을 평균으로 통계내면 사람마다 하루에 소비하는 양이 동전 2전을 밑돌지 않으니 1년이면 7원 20전이다. 전국의 인민 가운데 흡연자를 천만 명으로 계산하면 1년간 소모비용은 동전 7천2백만 원이요, 흡연할 때 허송하는 시간은 사람마다 하루에 주야로 각각 반시간을 계산하면 1년에 360시간이다. 저녁에 소비하는 것을 제하고도 180시간이니 바로 한 달이다. 1천만 명이 1년에 허송하는 시간을 종합하면 1천만 개월이니 해로 따지면 83만 3천3백3십3년4개월이 된다. 가령 사람마다 40년씩 분배하면 1백60만 8천8백33명이 쓸 수 있는 것이다.

연초 심는 땅으로 논하자면 한 사람이 매년 좋은 밭 50마지기를 차지하니 1천만 명이면 50만 마지기이다. 이 대신 곡식을 심는다면 매년 소출이 50만 석은 될 것이다.

◎ 단발(斷髮)의 이로움

망건(網巾) 쓰는 시간을 1시간에 10명으로 계산하면 사람마다 한 달에 3시간을 소비한다. 1년으로 통계하면 6일이 되니【상투를 트는 시간은 단발하는 시간에 비겨서 계산치 아니함】 전국 인민 가운데 망건 쓰는 사람을 2백만 명으로 계산하면 1년간 소비 시간은 1천2백만 일이다. 해로 계산하자면 3만 5백55년 6개월 20일이 되니 사람마다 40년씩 분배하면 763명이 쓸 수 있다.

머리 빗기를 5살 이상부터 시작하여 그 시간을 한 시간에 5명으로 계산하고 3일에 한 번씩 한다면 사람마다 한 달에 2시간을 소비한다. 빗을 잡은 사람까지 합하면 1년에 48시간이다. 사람마다 1년에 소비하는 시간이 8일이 되니 전국 인민 가운데 5살 이상의 머리 빗는 사람을 300만 명으로 계산하면 2천4백만 일이다. 해로 따지면 7만 3천55년 6개월 20일이니 사람마다 40년씩 분배하면 1천8백51인이 쓸 수 있다.

◎ 좁은 옷의 이로움

우선 평상시에 입는 바지저고리만 논하여도 사람마다 1년에 겨울옷 1벌 여름옷 1벌을 새로 마련하는데 15세 이상의 남자를 500만 명으로 계산하고 바지저고리의 형태를 조금만 좁게 만들면 1인당 매년 포목 6자를 줄일 수 있다. 합하면 3천만 자니 40자 1필로 계산하면 75만 필이다.

이상으로 논술한 일은 개인별로 대략 따져보면 숫자가 매우 영성(零星)하여 현저한 효능을 보기는 어려우나 합하면 거대한 수가 된다. 1년 안에 이익이 되는 금액이 동전 7천2백만 원이요, 곡식 50만 석이고, 포목은 75만 필이며 의식(衣食)에 어려움 없이 40년간 생산에 작업할 수 있는 인민이 1백61만 1천4백47명이다. 아! 두 가지를 끊고 한 가지를 줄이는 일을 실행할 수 있다면 이상에서 통계 낸 것이 결코 바람이나 그림자를 잡는 헛된 계산이 아니다. 원컨대 전국의 동포는 논술자의 어리석고 망령됨을 용서하여 세심하게 살펴보고 생각하옵소서.

(9호, 5~9면)

자유론

남궁식

시험 삼아 대한과 청국(淸國)의 현재 상황을 논하건대 그 원인은 진실로 오랜 세월 동안 전제정치 아래서 민력(民力)이 부패하여 충성과 애국사상을 전혀 스스로가 담당하지 않았기 때문이다. 대체로 민력이 부패함은 대한과 청국이 동일하지만 정부의 경우에는 대단히 다른 점이 있다. 우리 대한이 예로부터 중국을 숭배하여 책력(冊曆)을 받들고 해마다 조공을 올린 지 이미 수백 년 동안 굴레와 재갈에서 벗어나기를 스스로 도모하지 않았다.

근래에는 일본의 기만적인 계략으로 비록 중국으로부터 다행히 벗어났다고는 하지만 다시금 의뢰할 곳이 없음을 근심하여 국권을 그들에게 양도하여 보호받고 있다. 이는 정부의 부패가 청국보다 더욱 배나 된다. 정부와 인민의 부패가 이미 이와 같아 장차 노예가 되어 희생으로 바쳐진다고 하면 반드시 놀라고 반성하면서 구습을 통렬히 제거하여 정교(政敎)를 일신(日新)한 다음에 분발하고 진흥하리니 독립할 방법을 생각한다면 당연히 어떤 양법(良法)이 마땅하겠는가?

'자유(自由)' 두 글자가 이것이다. 무릇 우리 대한 사람이 유럽 사람들에게 이 말을 들은 지가 불과 수십 년인데 처음에는 사람들이 모두 의심하였고 나 또한 의심했었다. 근래에 각 언론사의 뜻 있는 여러 군자들이 천하의 대세를 통찰하고 시세의 변화를 참고하여 이런 논의를 천신만고 중에 앞장서 주창하여 심혈을 토해내고 뇌수(腦髓)를 다하여 정성을 들여 고하고 거듭하여 계몽하였다. 이러한 다음에야 황천(皇天)이 사람에게 부여한 원리이며 실은 우리 대한 정치의 급선무이자 병을 치료하는 약석(藥石)임을 알게 되었다.

대개 자유는 부강에서 말미암음이 아니고 권귀(權貴)에서 비롯된 것도 아니다. 확실히 이는 특별히 하늘이 애초에 부여함에서 저절로 유래하였고, 활동하고 진작(振作)하도록 만드는 것은 학문과 지식이다. 옛 학문으로 체(體)를 삼고 신지식으로 용(用)을 삼아 이를 준거로 자유롭게 된다면 비록 원수와 적이라도 감히 따지지 못하거늘 하물며 계승한 자가 현명하여 하늘이 반드시 도움에 있어서랴? 이는 선성(先聖)께서 이른 원기(元氣)와 호연지기(浩然之氣)인데 지역이 동서로 나뉘어 제도와 문자가 달라 그 의미는 부합하지만 글자는 다른 것이다. 그러므로 위로는 천자(天子)에서 아래로는 서민에 이르기까지 그 득실과 존망은 오로지 자유가 어느 정도인 지에 달려 있다.

대략 그 경개를 논하자면 탕(湯) 임금은 사방 70리의 땅으로 흥기하시고 문왕(文王)께서는 사방 1백 리의 땅으로 흥기하셨으며, 나폴레옹은 일개 장교로서 프랑스를 얻었고 워싱턴은 일개 농부로서 창성하였으니 이는 모두 천연스러운 자유의 실제적인 힘이다. 전국시대 여섯 나라의 합종(合縱)·연횡(連橫)과 남송(南宋) 왕소가 금(金)나라를 섬긴 것, 폴란드가 러시아에게 속박당하고 베트남이 프랑스의 식민지가 된 일은 모두 자유롭지 못하여 망한 예들이다.

관리의 자유에 대해 논의해 본다면 출신(出身)한 처음에 반드시 군주의 징벽(徵辟)과 빙폐(聘幣)가 이르고 조정에 서게 되면 평생 배운 바를 군주에게 아뢰어서 뜻이 부합하면 머물고 일치하지 않으면 떠난다. 이렇게 한다면 군주 가운데 그 누가 훌륭해지지 않겠으며 의롭지 않을 수 있겠는가? 이것이 이윤(伊尹)과 부열(傅說)이 한 시대에 공을 이뤄 명성이 만대에 전해진 이유이다. 자유롭지 못한 자들은 그 처음에 권세 있고 귀한 이들에게 아부하여 노비의 표정을 지으면서 무릎을 꿇어 더럽고 미천한 온갖 일들을 스스로 달갑고 행운이라 여긴다. 벼슬길에 올라 군주의 측근에 있게 되면 오직 순종과 아부로 임금의 악행을 받들어 자신의 사욕을 챙기고 현인(賢人)들을 방해하며 국가는 병들게 하면서 자신만을 살찌운다. 그러다가 국권이 약해져서 내란이 벌떼처럼 일어나고 백성의 원망이 커져 군주의 견책을 자주 받게 되면 외적을 불러들여 군주를 위협하거나 국권을 타인에게 양도하여 자신의 욕심을 채운다. 이러한 경우를 이루다 거론할 수 없으며 고금으로 패망한 나라의 사례를 살펴보면 모두가 그렇지 않은 적이 없었다.

아! 우리 대한의 관리 가운데 불행하게도 이에 가까운 자가 한 둘이 있으나 오히려 이를 경고할 겨를이 없다. 하물며 재야의 인사가 하나같이 어리숙하여 사물과 형세의 요점은 살필 줄도 모르면서 자신의 학문을 스스로 자랑하고 충군(忠君)・애국하는 의리에는 힘쓰지 않으면서 자신의 도(道)를 강론한다. 그러나 생존경쟁의 시대에 화제가 미치면 바로 상고시대의 무위(無爲)의 정치를 언급하고, 우리 대한의 국권이 능멸되는 사안에 대해 말이 미치면 정부에 허물을 돌리면서 마치 아무런 관계가 없는 듯이 여긴다. 이러한 자들은 등용되더라도 국사를 그르칠 것이 분명하다.

이로써 보자면 인민의 부패가 관리의 경우보다 더욱 심하다. 지금 세계상에 자유열강(自由列强)의 풍조가 미치는 곳에는 비록 탄환이나 검은 사마귀 자국처럼 작은 국가라도 모두가 스스로 경계하며 보호하려고 한다. 하물며 우리 대한 강토의 사람들로서 이처럼 수많은 동포들이 오늘날의 이와 같은 부패에 이르렀으니 어찌 통곡하며 크게 탄식할 일이 아니겠는가?

비록 그렇지만 형질(形質)의 부패는 이미 새롭게 할 수 없을지라도 그 마음은 그렇지 아니하다. 지금 단번에 깨달아서 선각자의 창도함을 한 결같이 따라 불공정하거나 남에게 의지하는 자들을 정도(正道)로 돌아가서 독립하도록 하고, 완고하고 진부하여 몽매한 자들을 신지식에 나아가 스스로 개명하도록 만든다면 마치 마른 웅덩이의 물고기가 물을 얻고 말라가는 새싹이 비를 만난 듯이 마음이 깨어나고 기운이 넘쳐날 것이다. 이로써 스스로를 경계하며 타인을 경계시키고 가까운 곳에서 먼 곳까지 파급되어 우리 동포들이 이 마음을 다 함께 얻도록 한다면 훗날 정부 단체에 서는 사람도 반드시 그러한 사람이요 민간단체에 나가는 사람도 반드시 그 사람이리라. 과연 이렇게 된다면 관민의 자유과 국가의 부강을 어찌 다시 이웃나라에 양보하겠는가?

이것이 바로 천리(天理)를 갖춘 우리 모두가 밤낮으로 간절히 바라는 바이다. 만일 혹시라도 자유의 명의(名義)를 오인하여 자신의 사욕에 따라 신하로서 군주의 권한을 농락하고 국민으로서 국법의 범위를 침범하며, 자식이 되어 부모의 가르침을 따르지 않고 아내로서 지아비의 거느림을 따르지 아니하며, 스승의 훈도를 거스르고 벗들의 충고를 어기면서 "나는 의지하거나 구속됨이 없어 자유롭고 자유롭다"라고 말한다면 이는 우리 4천 년 조국과 2천만 생명을 무하유지향(無何有之鄕)[1]에 실어 보내는 일일 것이다. 염두에 둘지어다. 동포여!

(9호, 9~11면)

1 무하유지향(無何有之鄕) : 아무것도 거리낄 것이 없는 자유스럽고도 광막한 경지를 뜻하는 말로 『장자(莊子)』 「소요유(逍遙遊)」에 그 내용이 보이는데, 여기에서는 존재하지 않는 나라라는 부정적인 의미로 사용되었다.

청국(淸國)의 각성

윤효정

대체로 청국(淸國) 정부는 점차 쇠약해지고 진작시키지 아니하여 외국과 교제를 개방한 이후로 오늘에 이르는 50년 사이에 영국, 프랑스, 일본과 교전하였고, 단비사건(團匪事件; 의화단 운동)에는 각국 연합군을 끌어들였으나 전투마다 어느 나라에게도 승리하지 못하였다. 게다가 패전의 결과로 각종 요구를 제출하는 대로 따르지 않을 수 없었음은 물론이다. 전쟁 이외에도 일종의 교안(敎案)이 있어서 해마다 천재지변이 없을지라도 이 교안은 번번이 지방의 안녕(安寧)을 해쳐서 청국의 내지에 토비(土匪)의 폭동이 거의 하루도 없는 날이 없음도 모두가 교안에서 기인한 것이다. 1차 교안이 있게 된 동시에 각국은 이 기회를 타고서 각종 요구를 주장하면 청국은 매번 '알았다, 알았다' 하면서 감히 복종하지 않을 수 없었다.

교안이라 함은 무엇인가? 세상 사람들 모두가 알고 있는 선교사 문제이다. 원래 청국에서는 각국의 선교사가 복음을 선전한다면서 남경

조약(南京條約; 1842)에 의거하여 중국 내지의 어떠한 오지라도 선교사만은 여행이 자유롭고 교회당의 설립과 학교 및 병원의 설립권을 허가 받았다. 근래 각국의 선교사들이 중국 내지에 앞 다투어 비집고 들어와 지금은 전국을 통틀어 약 2만여 명의 선교사가 가는 곳마다 교회를 건설하고 선교에 종사하고 있다. 그러나 그들의 십중팔구는 본국에서 부랑무식(浮浪無識)한 무리들이 선교사라 칭하면서 속속 들어와 청국의 양민을 속이고 지방관과 다툼을 벌이며 혹은 부랑한 무리들을 모아 지방의 소란을 빚어내는 일들이 거론할 경황조차 없을 정도이다.

남경조약 이후 20년 간, 청국은 내외의 정치와 외교상에서 일종의 구제할 수 없는 교화병(教禍病)【바로 선교사의 해독】에 걸렸다고 해도 거짓말이 아니다. 독일이 산동성(山東省)을 점령한 원인도 선교사 문제요, 의화단(義和團)이 발생한 것 역시 이 때문이며, 작년에도 절강성(浙江省)의 태주(台洲)와 광동성(廣東省)의 연주(連洲), 복건성(福建省)의 창포(漳浦) 및 강서성(江西省)의 남창부(南昌府) 등지에서 교안이 서로 이어졌다. 그 가운데 남창부가 가장 심각하였는데, 같은 지역의 한 현령(縣令)은 선교사의 무리한 조치에 분개하여 자살하기에 이른 결과로 청국 정부는 도리어 20만원의 배상금을 내는데 낙착되었다. 청국에 일방적으로 어떠한 이익이 있는 사건이라도 교안의 상례로 인한 결과는 청국에게 불리하게 귀결되기는 언제나 마찬가지였다.

청국은 이처럼 여러 외국의 경시와 모멸, 굴욕과 박해를 감수하며 근근이 고식적인 평화를 유지하였다. 그러므로 외국에서는 더더욱 청국의 약점을 틈타 이미 그들이 얻은 권리 이외의 이익을 침범하고 약탈하는 경우가 이르지 않는 곳이 없었다. 러일전쟁의 결과로 일본의 승리에 근거하여 청국 사람들의 사상에는 아시아 인종의 앞길에 확연히 큰일을 할 수 있다고 여겨 일본 사람들을 두려워할 만하지 않다고 생각하였다. 그리하여 분발하여 진흥할 기상을 환기하고 일본이 조약을 힘써 실행하였던 역사에 근거하여 자국이 종래에 감수하였던 경시와 모며, 굴욕을 살펴 외국인들에게 권리를 양보함이 불가하다며 이미 주었던 이권도 반드시 자국에 환원시키려 하였다.

이에 '이권 회수 문제'라는 일종의 여론을 출현시켰다. 재작년에는 광동(廣東)과 한구(漢口) 사이의 철도포설권(鐵道佈設權)을 미국인의 수중에서 사들였다. 미국이 중국을 배척하는 문제에 대해서는 청국이 무역에서 미국의 제품을 배척한 행동이 권리문제의 첫 번째 조치였다. 어느 때든지 성공하리라 생각하였기 때문에 청국 사람들은 기염(氣焰)이 더욱 높아졌다. 작년에는 이권을 회수하자는 소리가 곳곳에서 들리자 북경 정부는 표면적으로 이것을 진압하는 모습으로 가장하였지만 사실은 그림자처럼 뒤에서 장려하는 모습을 보였다.

세권 회복과 같은 경우에는 북경 정부가 이권 회수 운동의 주요한 것으로 여겨 열국(列國)이 놀라도록 하고, 영국 정부와의 교섭으로 인해 세무대신(稅務大臣)을 임명하고 세관을 창설한 이후 전권을 위탁하였던 영국인 로바도와도[1]의 사무에 간섭할 단서를 마련하였다. 이 밖에도 외국인의 내지 여행과 수렵을 금지하고, 개항지 이외의 외국 상점을 폐쇄하려는 노력들은 모두 하나의 조약을 실행하는 것이므로 다른 외국도 그 예봉을 피하려는 듯하였다.

본 문제의 반향으로 청국 철도계에 위대한 발전을 이루어 냄은 청나라로서는 기뻐할 만한 현상이다. 나는 중국인의 유치한 권리 사상과 부조리한 권리 회수 논의에 대단히 감복하는 사람은 아니다. 그러나 그 영향으로 나온 장점에 대해서는 매우 찬동하는 사람이다. 철도 문제는 이권 회수론의 발흥으로 인하여 크게 발전하고 있다. 종래 구미의 외국에게 양여한 철도부설권 중에서 매수할 수 있는 것은 착실히 다

1 로버트 하트(Sir Robert Hart; 1835~1911)를 말함. 영국의 외교관으로 청나라 황실 해상세관의 총감독관을 1863년부터 1911년까지 역임했다. 1854년 청나라의 영국영사관 통역직원으로 홍콩에 도착하였다. 승진을 거듭하여 1861년 상해의 부영사관이 되었다. 청나라 황실과 좋은 관계를 유지하여 1863년 청나라 황실 해상세관의 총 감독관에 취임하였다. 공로가 커서 청나라와 서구에 모두 좋은 평판을 유지했다

시 사들이려 하고 아직 권리를 부여하지 않은 경우에는 청국 사람이 스스로 부설을 담당하고자 하고 있다.

앞에서 서술한 광동과 한구(漢口; 현재 武漢에 위치) 구간의 철도 1천 마일을 시작으로 이미 그 권리를 매수한 것도 적지 않고, 또한 이미 부설한 철도를 매수하고 건설하지 않은 곳에 대하여 권리를 매수하려는 것도 적지 않다. 한편으로는 외국인이 아직 차지하지 아니한 곳은 자국인이 부설의 권리를 먼저 얻고자 출원(出願)하면 정부도 진행시켜 장려하는 까닭에 각 성(省) 각지에 계획하고 측량하는 선로가 무수하다. 현재 크고 작은 철도회사 가운데 청국 사람으로 조직된 곳은 양자강 이북에는 22개 회사, 이남에는 23개 회사인데, 대개 재작년 연말부터 작년까지 기획된 것이 가장 많다. 이권의 회수문제는 우연히 청국의 철도 자영 열망을 야기하여 이후 몇 년 동안을 철도 부설 시대라 일컬을 만하다. 이로써 청국 일반 인민의 각성한 일단을 볼 수 있으며 부러워할 만하다.

(10호, 4~7면)

쇄신이 아니면 문명을 이룰 수 없고 문명이 아니면 인류를 보존할 수 없다

남궁식

천지가 개벽한 이후로 중국의 역대 사적을 살펴보니 구습을 혁파하여 일신(日新)하는 변통이 없으면 문명에 도달할 이유가 없음을 자연적으로 알 수 있을 것이다. 그러나 하나같이 자연적인 진화에만 맡기고 인위적인 운동력이 없다면 하늘의 감응력이 거의 사라질 것이다. 어째서 그러한가? 상고시대의 인민들이 풀잎으로 옷을 삼고 나무열매를 먹으며 동굴과 들판에서 거처할 적에는 우매한 상태가 금수와 다르지 않았다. 그러므로 성인(聖人)이 근심하여 통치제도를 만들었으며 경작하고 화식(火食)함과 궁실(宮室)·의복의 예절을 가르쳐서 목전의 급한 일을 도우셨다.

그 후에 사람들이 늘어나 생활의 어려움과 시비의 분쟁이 많아지자 성인이 선박과 수레, 무기와 문자, 의약 등을 만들어 이용후생(利用厚生)의 방도를 도모하였다. 중고(中古) 시대에 이르러 요순과 같은 성군이 나오셔서 교화의 힘으로 한 세상을 감화시켜 백성들이 저마다 생업을 편안히 여겨 천하가 부유해졌으니 이와 같은 지극히 자연스러운 태평성대의 기상은 인민이 생긴 이래로 제일가는 문명을 이루었다.

태평성대를 이룬 순서로 말하자면, 성인들이 대대로 나와 시세(時勢)를 헤아려 만물의 도리를 알아 일을 성취하는 쇄신의 힘으로 여기에 도달하였다. 그 이후로 이 법을 이어나갔다면 무슨 부족함이 있었겠는가? 그러나 풍속이 바뀜에 따라 시세가 변천하여 하(夏)나라에서는 충(忠)을 숭상하고, 은(殷)나라에서는 경(敬)을 숭상하며, 주(周)나라에서는 문(文)을 숭상하여 저마다 인민의 풍속을 정제하였으니 이는 진선진미(盡善盡美)한 정치 중에서도 다시 쇄신의 힘을 만들어내었다. 문왕과 무왕 이후로 전장(典章)과 법도(法度)가 찬란하고 지극히 갖춰짐에 따라 세계에 의례 질서가 점차 번다해져서 옛것을 배우는 자들이 섭렵하기가 대단히 어려워 연구 역량이 박약해졌다. 심지어 공자·맹자와 같은 위대한 성인에 대해서도 당시 사람들은 알지도 못하면서 도리어 반박하였고, 정치에는 참여하지 못하였기에 세상을 경영하는 성현의 계책이 빈말로 돌아가고 말아 당시에 일대 쇄신의 기회를 잃었다.

이후로 왕정(王政)이 진흥되지 못하고 사설(邪說)이 성행해 천명에 응하여 인심을 따르는 공정한 학문이 사라졌다. 진(秦)나라의 새로운 법령은 오로지 사심에서 나온 까닭에 이세(二世; 진나라 2대 황제 호해(胡亥))에 패망을 자초하였고, 한(漢)나라가 옛것을 혁신한 것은 가혹한 정치를 제거한 까닭에 문제(文帝)와 경제(景帝) 때에 이르러서야 천하가 다소 편안하였다.

그 후의 진(晉), 수(隋), 당(唐), 송(宋), 원(元), 명(明) 왕조를 두루 고찰해 보면, 정치를 쇄신했다고 해야 겨우 시급한 일이나 구하는 정도에 불과하였다. 하(夏), 은(殷), 주(周) 삼대(三代) 이전의 쇄신은 성인의 공정한 마음에서 나왔기 때문에 문명의 극치를 이루었으니 이는 세상 사람들이 공공연하게 논하는 것이다. 그러나 삼대 이후의 쇄신은 일시의 영웅호걸이 거칠게 시행함을 벗어나지 못해 그들이 지극한 정치에 도달하였다 하더라도 '황금 속의 쇠'라거나 '쇠 속의 황금'이라는 논평이 있었다. 비록 그렇지만 오늘에 이르도록 민족이 보존됨은 모두 쇄신 정책에 힘입은 것이다.

그런데 근래 학술가들이 현재의 생존경쟁에서 우승열패의 시대를 만나 창칼과 화살이 날리는 전장에서 시흥(詩興)이 도도하고, 화약 연기와 탄알이 빗발치는 아래에서 편안히 말하고 웃으면서 "이적(夷狄)의 정치는 화하(華夏)가 다스려지지 않았던 시절만도 못하니 저들이 나에게 어찌하겠는가?"라고 한다. 그리고서 괴롭힘과 핍박을 받을 때에는 운명에 맡기면서 고슴도치처럼 몸을 움츠리고 추호도 분발함이 없이 스스로 영위할 줄 모른다. 그 가운데 개명하여 일신한다는 자들도 지난날의 속박을 시원스럽게 벗어나지 못하고 용맹하게 나아갈 힘이 적어 그럭저럭 지내면서 금옥(金玉) 같이 귀한 세월을 낭비하는 상태가 많으니 황천(皇天)의 조화가 어디로부터 감응할 것인가?

우리 대한도 예로부터 중국을 숭배하던 습관으로 인하여 전국 인민들의 성질과 행동이 대략 서로 비슷하지만, 현재 타인에게 굴레와 재갈을 받아 노예로 희생됨은 중국보다 몇백 배 이상의 비참한 지경에 빠졌다.

오호라! 애통하도다! 우리 2천만 동포 가운데 어리석고 무식하여 단지 다른 사람의 뒤만 따르고자 하는 자는 고사하고, 학식을 과장하며 고담준론(高談峻論)으로 사리를 강구하여 밝히는 문인(文人)과 달사(達士)들은 조금만 생각해 보라. 지나간 문명시대에도 또한 쇄신해야만 문명을 유지하였거늘, 하물며 지금이 어떤 시대인데 지난 날 문을 닫고 홀로 살던 시절만을 설명하는가? 결승(結繩)의 정치가 어지러운 진(秦)나라의 실마리를 다스릴 수 없고, 간우(干羽)의 춤이 평성(平城)에서의 포위를 풀 수 없었다[1]는 고인들의 논설들을 어찌하여 듣지 못하였단 말인가?

현재 6대륙의 대세가 국민에게 독립과 자유의 사상이 없는 자는 인종을 보존할 수 없다는 전례가 매우 분명하니 저 폴란드, 이집트, 베트남 등의 국가를 볼 것이다. 남을 자신과 같이 사랑하고 국가를 내 집처럼 사랑하는 국민의 의무로써 받은 자유권을 확고히 지켜서 세계에 대적할 수 없는 부강을 이룬 자로는 저 구미열강을 볼 것이다. 그렇다면 멸망도 그 국민이 스스로 취한 것이요, 부강도 그 국민이 스스로 얻은 것이다. 오직 하늘이 백성을 살피셔서 심겨진 것은 배양하고 기울어지는 것은 뒤집어주시니, 사람의 도리를 닦지 않고 하늘의 복만을 원하는 자는 야만의 상태라고 말할 수밖에 없다. 화하(華夏)니 이적(夷狄)이니 하는 옛사람의 말들도 그 국민의 개명과 미개함으로 말한 것이지 동서의 땅으로 구별한 일이 아니다. 지금 우리 대한도 쇄신하여 타인의 속박을 벗어나고 강토를 유지하여 민족을 보존하려면 유럽의 신법(新法) 외에는 다른 도리가 없을 듯하다.

오호라! 동포여! 구습을 통렬히 떨쳐버리고 신사상을 크게 발동시키고 2천만 인민이 한마음으로 단결하여 앞날의 행복을 도모하여 보자. 나는 학식이 천박하여 사리를 알지 못하지만 피부 속의 춘추의리에 뜨거운 피가 끓어올라 이에 어리석은 소견을 드러내 보인다.

(10호, 7～10면)

---

1 결승(結繩)의 …… 없었다 : 결승(結繩)은 태고시대(太古時代)에 줄에 매듭을 만들어 어떤 약속을 표시하던 방법을 말한다. 『사기(史記)』 권93 「한신열전(韓信列傳)」에 한 고조(漢高祖) 유방(劉邦)이 흉노를 치기 위해 출정했다가 평성 부근의 백등산(白登山)에서 7일 동안 흉노의 군대에게 포위를 당한 고사가 나온다. 그리고 『서경』 「대우모(大禹謨)」에는 유묘(有苗)가 귀순하지 않아 순임금이 간우(干羽)를 들고 70일 동안 춤을 추자 귀순하였다고 한다. 이 두 가지 고사를 『후한서』 권52 「최인열전(崔駰列傳)」에서 "간척(干戚)의 춤이 평성의 포위를 풀 수 있겠는가[干戚之舞, 足以解平城之圍]"라고 하여 현실에 맞추어 법을 융통성 있게 적용하지 못하는 일에 빗대었다.

혁심론(革心論)

김최건[1]

사람의 조그만 몸이 천지 사이에 있음은 큰 창고 안의 낱알과 같지만 참여하여 삼재(三才)가 되는 것은 오직 마음 때문이다.[2] 이 때문에 옛적의 성현들이 전수한 것은 '심(心)' 한 글자에 있었으니, 크게는 한없는 것을 포함하고 작게는 형체가 없는 것에까지 들어간다. 잡으면 보존되고 놓으면 없어져서 드나듦에 정해진 때가 없다[3]고 하였다.

하지만 사람들은 저마다의 마음을 지녀 열 사람이면 그 마음이 열

1 김최건은 대한자강회 강서지회 회원으로 당시 강서군 공립소학교의 교원이었다. 그가 『자강회월보』에 투고한 글이다.

2 사람의 …… 때문이다: 범준(范浚)의 「심잠(心箴)」 내용인 "茫茫堪輿, 俯仰無垠. 人於其間, 渺然有身. 是身之微, 太倉稊米. 參爲三才, 曰惟心爾"에서 인용한 것이다.

3 잡으면 …… 없다: 『맹자(孟子)』 「고자(告子) 상」의 "孔子曰: '操則存, 舍則亡. 出入無時, 莫知其鄕.' 惟心之謂與"에서 인용한 것이다. 주자(朱子)는 이 네 구절이 심(心)의 체용(體用)과 종시(終始)를 말하여 모두가 구비되었다 하였다. 그리고 이 '조존(操存)' 등 네 구절을 '유심지위여(惟心之謂與)'로 결론을 내렸으니, 이는 곧바로 심(心)의 체용을 가리킨 말이라고 하였다.

개이고 백 사람이면 그 마음이 백 개가 된다. 그 마음이 억만 개에 이르면 선악이 서로 싸울 때 이곳에서 나와 저곳으로 들어가 험하기로는 아홉 구비 비탈길보다 험하고 원천은 1천 척 연못보다도 깊다. 아홉 구비 비탈길은 노력하면 마침내 지극히 험한 길을 넘을 수 있고, 1천 척 연못은 측량하면 그 바닥에 다다를 수 있다. 그러나 오직 험한 마음만은 노력해서 잡고 올라간다 해도 이를 수 없고, 오직 마음의 깊이만은 훌륭한 솜씨로도 측량하여 도달할 수 없으니 이른바 산보다 어렵고 물보다 어렵다는 것이 이것이다.

만약 평탄하고 맑게 만들고자 한다면 그 방도는 어디에 있는가? 오래되고 더러워진 마음을 혁신하는 일이라 하겠다. 이 시대에 살고 있는 사람이 현재의 형세로 옛날의 풍속을 변화시키는 일이 하루도 없는 날이 없겠지만 이는 단지 겉모습만 바꾸는 것이다. 몸에는 양복을 입고 머리에는 모자를 쓰며 본국의 물색(物色)과 외국의 제도가 단순하지 않아 형형색색으로 눈을 현혹하니 이처럼 겉모습을 바꾸고 형식을 따라하면서 마음속으로는 '이러한 모습으로 벼슬길을 어떻게 뚫을 것인가?', '넉넉한 재산을 어떻게 이룰 것인가?', '의롭지 않은 금전을 어떻게 속여서 얻을 것인가?', '비리의 송사를 어떻게 농락할 것인가?'라고 말한다. 심지어는 사람들의 대표가 되어 외채를 내고 사채를 억지로 주는 경우도 있다. 백 가지 천 가지 일들에 사심이 험악하고 계곡처럼 험준한 욕심으로 모습을 날조하는 사람이니 공정한 마음이 언제 어디에서 나오겠는가?

사람의 마음속에 얽힌 지저분한 습관을 큰 강물로 씻어버리고 사욕으로 맺힌 욕심은 단칼에 끊어버려서, 신선한 공기가 들어오는 구멍을 날마다 열어 놓고 공정한 신사상으로 공익을 미루어 생각하며 바른 마음으로 정도를 확충해야 한다. 그리하여 다시는 구태에 찌든 옛사람이 되거나 옛 마음을 갖지 말고 새 사람 새 마음으로 국가와 사회에 한마음으로 단결하여 순수하여 잡스럽지 않다면 무슨 일인들 못하겠는가?

씨알 같은 작은 몸으로 삼재에 참여할 수 있으리니 그 효과가 옛 마음을 개혁하는 것에서 연유하지 않았다고 할 수 있겠는가? 나는 이 때문에 "먼저 마음을 혁신하는 것이 현재 사람에게 긴급한 것이다"라고 말하는 것이다.

(10호, 10~11면)

과거의 상황

장지연

무릇 지구상의 만물의 이치는 활동하고 움직여 한 번 가면 한 번 돌아오고 한 번 흥하면 한 번 쇠락하여 그 변화를 측량할 수 없고 그 조화는 무궁하다. 옛날 장주(莊周)는 "삶이 있으면 반드시 죽음이 있고 성공이 있으면 반드시 망함이 있다"[1]라고 하였으니, 무릇 삶과 죽음, 성공과 멸망은 천지자연의 정해진 이치인지라 사물 가운데 그 누가 이 운수를 벗어나겠는가? 그러므로 『주역(周易)』에 "군자는 이로써 시대를 보고서 변화를 관찰한다"[2]고 하였으니, 이미 지난 자취를 참고하고 현재의 상

1 원문은 "有生必有死오 有成必有毀라"인데 『장자(莊子)·외편』 「경상초(庚桑楚)」에 "有乎生, 有乎死"란 구절이 있고, 『장자·내편』 「제물론」에 "有成與虧乎哉"라 하여 유사한 구절이 나온다.

2 군자는 …… 관찰한다: 월보에는 "君子ㅣ以하야 觀時察變이라"라고 하였으나 『주역(周易)』에는 동일한 내용이 보이지 않아 장지연의 기억상의 오류로 보인다. 다만 「賁卦 第二十二」에 "문명에 그치니 인문이요, 천문을 관찰하여 사시의 변화를 살피며 인문을 관찰하여 천하를 교화하여 이룬다[文明以止, 人文也. 觀乎天文, 以察時變, 觀乎人文, 以化成天下]"는 유사한 내용이 있어 이를 두고 말한 것이 아닌가 한다.

황을 고찰하면 또한 충분히 미래의 결과를 추측할 수 있다. 어찌 망원경으로 측량할 뿐이겠는가?

시험 삼아 지난 자취로 징험해보자면 대체로 우리나라의 개항과 통상은 30년 전부터 시작되었으나 실제로는 백여 년 전에 서교(西教)의 학술이 일대 변혁의 효시가 되었다. 정조(正祖)와 순조(純祖) 이후로 금령(禁令)이 지엄하여 여러 번 탄압하였다가 지금으로부터 40년쯤 전에 이르러 사학(邪學)에 대한 금지가 우레가 울리고 가을서리가 만물을 죽이듯 하여 마침내 프랑스와 미국의 포화를 격발시켰으니 강화도의 신미·병인양요가 이것이다. 광성진(廣城津)에서의 전투가 실로 훗날 영종도(永宗島) 포성의 도화선이 되었다.

이후에 비로소 통상수호(通常修好) 등의 조약을 정해 부산항과 원산항이 차례로 개장하였다. 그리고 몇 년이 지나 프랑스 선교사들의 간섭이 연이어 일어나 조선 자주의 문제가 갑자기 일본과 청국의 사이에서 거듭 생겨나니 또한 중일전쟁의 발단이 되었다. 임오년에 이르러 6월의 변고가 갑자기 발생해 한일 간의 조약이 연속하여 체결되었고, 한국과 미국의 수교가 처음으로 시작되었으며, 제물포가 개항하자 각국의 통상(通商)이 시작되었다. 통리교섭통상(統理交涉通商)과 군국기무(軍國機務) 등의 아문(衙門)이 설치되고 기기국(機器局), 전환국(典圜局), 박문국(博文局), 금광국(金鑛局), 농상국(農桑局), 직조국(織造局), 자전국(瓷甎局), 목축국(牧畜局), 지차국(紙茶局) 등이 차례로 개설되었다.

이에 개혁사상이 조금씩 면모를 드러내었지만 그 실제를 연구해보면 가장하여 겉을 꾸며 국가의 재정을 소비하는데 불과하다. 개명(開明)하여 전진함에 무슨 추호의 효과가 있겠는가? 급기야 1884년 겨울의 갑신정변에 이르러 개혁파 가운데 급격하게 유신하려는 자들이 드디어 큰 분쟁을 일으켜 일본과 청국의 갈등이 한층 더 긴장되자 한국에 있는 일본인 세력이 이에 이르러 점차 확장되었다. 이로부터 혁신파는 모두 자취와 그림자를 감추어 꺾이고 말라버려서 감히 떨쳐 일어나지 못하니 지난번 약간 실시되었던 일들이 대부분 수포로 돌아갔다.

오호라! 그때 여러 사람들의 사상은 비록 개명하고 진보하여 혁신하자는 생각에서 나온 것이지 오로지 권력만을 쟁탈하려함은 아니었다. 그런데 조급하고 경솔하게 나서고 움직이다 지나치게 급격하여 결국 목숨을 버리고 외세가 득세하여 오늘날의 비참한 지경에 이르렀으니 이는 그 당시 사람들의 죄이다. 오늘날의 입장에 본다면 여러 사람들이 어찌 그 책임을 피할 수 있겠는가?

『춘추전(春秋傳)』에 "나라가 망하려고 하면 반드시 재앙의 조짐이 있다"[3]라고 하였으니, 예컨대 청국의 권비(拳匪; 의화단)와 우리나라의 동학(東學)은 모두 나라에 화를 부른 재앙의 조짐이다. 그런데 권비는 외세의 배격을 주장하고 동학은 내부의 혁신을 주장하였으니 이것이 다른 방법이다. 당국자가 범처럼 사납고 세력이 뛰어난 자들이 사자후를 외칠 때 들판과 협곡의 어리석은 백성들은 장대를 들고 깃발을 세울 수 있으며 호미자루와 칼자루를 들고서 전국을 소란케 하고 일세를 요동시켜서 청일 전쟁을 야기하고 열강의 이목을 놀라게 하니 이 어찌 시운에 관계된 일이 아니겠는가? 지나가 분열된 재앙은 실은 여기에서 기인하였으며, 우리 대한의 흥망의 기틀 또한 여기서 판가름이 되었다.

갑오경장에서부터 모든 정치와 법도를 쇄신하고 바꾸고자 뜻을 지닌 유신파가 점점 등용되었다. 그러나 이 또한 음모에 빠져 급격하게 진행하려다 실수하여 마침내 일을 그르치고 말아 조금씩 일본과 러시아의 간섭을 빚어내었다. 다시 러일전쟁이 기인하여 그들이 말한 독립의 부식(扶植)이 바로 오늘날의 귀감이 되었으니, 어찌 헛된 명성을 뒤집어쓰고 실질적인 재앙을 자처한 것이 아니겠는가?

무릇 국민의 애국사상은 독립협회에서 처음 발표하자 지난날 두어 명의 혁신파가 주창하고 고무시켰다 지금에 이르러 약간의 인민들이

3 나라가 …… 있다 : 『춘추전(春秋傳)』이 아니라 『중용』의 "國家將興, 必有禎祥; 國家將亡, 必有妖孽"에서 인용한 것으로 보인다.

비로소 독립이 귀중하고 권리가 자신에게서 말미암음을 알고서 급히 정치를 쇄신하며 주권을 신장하여 독립의 기초를 공고하게 만들고자 하니, 조수가 솟구치고 비가 퍼붓는 형세와도 같아 거의 막아내기 어려운 상황이었다. 이에 월미(月尾)의 조차지를 찾아 환수하며[4] 재정 고문을 돌려보내니, 각국의 주차공사(駐箚公使)가 모두 눈이 휘둥그레지고 입이 벌어져 한국이 거의 국가의 천명을 유신하고 민권을 확보하였다고들 여겼다. 그러나 지난번 몽둥이와 창을 잡은 흉도들이 갑자기 일어나 포효하며 모든 것을 밟아 엎고 때려 부수니 혁신의 싹과 증진하던 행보가 이에 이르러 소탕되고 실패하였다.[5] 자립하고자 한들 어찌 가능하겠는가? 그런데도 급격하게 진행하려다 실패하여 재앙의 싹을 배태하였으니 하늘의 명인가 싶으며 또다시 어찌하겠는가?

이후로 오륙 년 동안은 '독립' 두 글자를 꺼리게 되어 국민의 사상이 날로 부패하고 쇠약한 지경으로 나아가다가 일본과 러시아의 담판이 결렬되기에 이르자 우리 한국이 중심의 기축(機軸)이 되어 허다한 응대가 날로 번잡해져서 결국에는 국권이 땅에 떨어지고 말았다. 오호라! 이것은 모두 스스로가 주고 스스로가 잃은 것이지 다른 사람이 강탈한 것이 아니다. 대개 우리나라 사람들에게 뿌리박힌 의뢰의 습성이 전쟁이 시작되는 시기를 만나자 다른 나라 사람들이 우리의 독립을 도와주리라 소망하며 추호도 자립하여 스스로 나아갈 사상이 없었다. 그러다가 결국에는 소망이 어그러져서 밀치고 넘어지면 지난날 남에게 소망하던 일이 어리석은 짓이었음을 크게 깨달아 이때부터는 의뢰할 만한

4 월미(月尾)의 …… 환수하며 : 독립협회가 개최한 만민공동회의 영향으로 1898년 일본은 월미도의 석탄고기지를 한국정부에 반환하였다.

5 지난번 …… 실패하였다 : 독립협회는 만민공동회를 개최하여 러시아와 일본에게 조차지의 반환 및 재정고문, 군사교관의 철수 등 여러 공적을 세웠다. 그러나 고종과 근왕파들은 독립협회의 정치적 영향력이 커지자 이를 견제하기 위해 보부상을 중심으로 한 황국협회를 조직해 1898년 독립협회를 습격하게 만들었다. 이로 인해 독립협회는 1899년 11월 해산되었다.

곳이 없어지고 만다. 수모가 날로 심하고 쌓인 감정이 날로 많아지면 이리저리 자주 부딪치다가 비로소 분발하여 만회하려는 마음을 갖는다. 이것이 공자께서 이른바 "분하게 여기지 않거나 말해보려고 애쓰지 아니하면 자진해서 꺼내줄 수 없다"[6]라는 것이요, 한유(韓愈)의 이른바 "사물이 그 평안함을 잃으면 운다"[7]라는 것이다.

오호라! 30년 동안의 지난 자취를 두루 거슬러 올라가 보건대 여러 차례 바뀌어 오늘에 이르렀다. 영종도에서의 포화가 첫 번째 변화를 맞아 드디어 몇천 년 쇄국했던 자물쇠를 열었고, 갑신정변에 이르러 두 번째 변화를 이뤄 일본과 청국의 갈등을 야기하였으며, 동학도들의 소란에 이르러 세 번째로 변화하여 동양 모든 나라들의 결렬을 빚어내었다. 독립협회의 실패에 이르러 네 번째로 변화하여 국민들의 살아갈 마음을 막아버렸으며, 다시 러일전쟁이 마무리되자 다섯 번째 변화를 맞아 마침내 오늘날의 비참한 지경을 이루었으니 장래에는 어떠한 일이 다가올지 알 수가 없다. 현재의 상황으로 미루어보자면 오늘날의 변화는 바로 궁극에 이른 변화인가, 아니면 장차 좋은 방향으로 변화하여 반드시 형통할 운수에 이를 것인가?

(11호, 1~4면)

6 분하게 …… 없다 : 『논어(論語)』 「술이(述而)」의 "不憤不啓, 不悱不發, 擧一隅, 不以三隅反, 則不復也"에서 인용한 것이다.

7 사물이 …… 운다 : 한유(韓愈)의 「송맹동야서(送孟東野序)」에서 "大凡物不得其平則鳴, 草木之無聲, 風撓之鳴 水之無聲, 風蕩之鳴" 부분을 인용한 것이다.

현재의 정형(情形)

장지연

무릇 천하의 일은 반드시 지난 일에서 다가올 것을 미루어 알며 앞선 일을 참고하여 뒷일을 증명할 수 있다. 그런 까닭에 과거의 상황은 이미 앞에서 서술하였거니와 이는 역사상에 드러난 자취이므로 모두 우리들이 귀로 듣고 목격한 것이다. 첫 번째, 두 번째, 세 번째 변화의 시대에서는 변화된 자가 술에 취해 꿈꾸던 사람을 흔들어 깨운듯하여 눈에 몽롱한 안개가 끼고 정신이 황홀한지라 어떤 도화선이 어디에 숨어 있는 줄을 몰랐다. 변화시킨 자도 뱃속에 가득한 포부가 비록 기러기를 쏘고 토끼를 잡는 데 있더라도 반드시 오늘의 결과가 있으리라고는 스스로 헤아리지 못하였다. 네 번째, 다섯 번째의 변화에[1] 이르러서는 변화시킨 자가 뜻밖의 기쁜 마음에 방침을 크게 바꾸었다.

하지만 변화된 자는 여전히 꿈인 줄도 모르고 훨훨 나는 나비처럼

1 여기서 말한 다섯 번 변화의 구체적 내용은 앞글인 「과거의 상황」에 구체적으로 서술되어 있다.

유유자적하다가 칼날이나 검과도 같은 산과 물이 안방을 감싸고, 요란한 번개와 맹렬한 바람이 마루와 기둥을 흔들어 몰아친 다음에야 혼백을 잃어버리고 마음과 담력이 놀라 흩어져서 정신없이 넘어질 적에야 요란스럽게 낭패를 보았다. 이로 말미암아 본다면 여섯 번째의 변화를 정차 어떻게 추측할 것인가?

지금은 여섯 번째로 변화할 시대이다. 저 변화시키는 자는 기왕의 궤도를 따라 차례대로 순서를 밟아 가면 탄탄대로에 의당 별이 운행하고 번개가 치듯이 구애되거나 방해받는 바가 없다지만 진실로 이런 견해를 가지고 임한다면 어찌 거꾸러질 잘못이나 실패할 걱정이 없겠는가? 변화되는 자도 멍에를 지고 몰아대는 대로 채찍을 맞으며 머리를 숙이고 손이 묶여서 스스로를 해치고 자멸하기나 기다리는 이런 이치는 결코 없을 것이다. 이는 현재 강구하지 않을 수 없는 실정과 현상이다.

시험 삼아 오늘의 상황을 보건대 수년 전과는 큰 차이가 있다. 예컨대 교육계, 실업계와 기타 각종 사회의 면모가 어지럽게 변화하여 활발하게 날로 진보하는 상태이니 이 모두는 반발력의 충격에서 유래한 것이다.

대체로 우리나라 사람들의 성질이 예로부터 인선(仁善)과 관유(寬柔; 관대하고 부드러움)란 네 글자의 품평으로 지나의 역사와 서구의 논평자들에게 지목 받은 것은 일일이 헤아리기 어렵다. 조선왕조 5백여 년 동안 문화와 유교의 가르침 안에서 배양하고 함양하여 그 말류의 폐단이 쇠태하고 유약한 습관이 없지는 않지만, 중등 이상은 우선 물론하고 비록 하등 사회라도 개인의 두뇌에 굳은 뿌리가 되고 깊은 받침이 된 일단의 어질고 선한 품성이 있다. 이 어질고 선한 품성이 유약한 원소를 이루게 만들었지만 만일 건드려서 부딪히고 격발해 일어난다면 감정의 유발이 강경하고 사나운 사람보다 열 배나 되어 살신성인과 사명취의(捨命取義)에 있어 옛적의 입지(立志) 한 군자들에게도 과히 뒤지지 않을 지로다.

하물며 지금 문명의 새로운 공기가 흘러넘쳐 일렁이어 전 지구에 두루 퍼져 지혜로운 눈과 귀, 신령스러운 지성이 날마다 발달하고 확장되어 힘으로 눌러 가둘 수 없다. 무럭무럭 자라나는 풀과 싹들을 어찌 갈아버리고 꺾어버릴 수 있겠는가? 무릇 억압하는 힘이 많을수록 반동이 더욱 거세지고 압제가 강할수록 항의도 더욱 사나워진다. 기만하고 능멸하며 때리고 차는 방법은 다만 급격하여 성난 파도를 만들 뿐이다.

현재 우리 국가 안에서 한 가지 놀라고 기뻐할 만한 일은 바로 국채보상 의연금의 소식이다. 시골과 벽지 산골과 들판을 막론하고 남녀노소와 병들고 구걸하는 사람이라도 모두 한 목소리로 호응하며 금전을 추렴하여 분분하게 조수가 용솟음치고 비가 쏟아 붓는 상태가 되었다. 이 한 가지 일에서 우리 국민의 혈성(血性)을 증명할 수 있는 것이다. 그 누가 대한의 백성이 애국의 정성에 무감각하다고 하였는가?

저 시골구석에서 자칭 독서하며 옛날을 사모하는 선비라거나 사족이네 양반입네 하는 무리들은 때 묻은 관을 이마가 드러나게 쓰고 담뱃대를 길게 물고서 고담준론할 적에 신학문을 배척하여 신학문을 사학(邪學)과 이단(異端)으로 지목하고, 학교를 황무지나 오락장처럼 여겨 얼굴을 가리고 달려 지나가며, 상투를 자른 사람을 보면 형체를 훼손하여 바꾼 오랑캐의 무리라고 여겨 꾸짖고 비웃는 데 힘을 다하였다.

이런 무리들이 근래에는 조금씩 자금을 모집하여 학교를 설립할 생각을 하고 게다가 자제를 보내기까지 하여 도리어 전날에 배척했던 사학과 이단을 배우는 자가 있으며, 혹은 그 자제들이 머리 위의 상투를 잘라 모습을 바꾼 오랑캐를 배우고 있다. 이는 옛것을 바꾸어 새것으로 향하는 마음과 국가와 사회에 대한 사상이 점점 싹트는 것이다. 저와 같은 절벽과 굳건한 관문에서 이러한 싹들이 어떻게 돋아났는지 모르겠다. 이는 충격을 주어 반발하는 힘이 느끼고 깨닫게 만든 것이 아니겠는가?

얼마 전의 또 한 가지 기이하고 놀라운 일은 바로 정계의 풍조이다. 태산(泰山)의 반석으로 알고 금성탕지(金城湯池)의 철옹성으로 믿었던 옛

정부가 갑자기 전복되어 와해되고 무너져 한바탕 새로운 면목이 환상처럼 나왔으니 이 또한 하나의 동기가 되겠다.[2] 우리들이 주목하며 헤아려 볼 일은 몇 배로 번다하고 바빠져서 횃불처럼 눈을 뜨고 화살처럼 손가락을 꼽으면서 앞날의 변화의 기미가 어떠한 결과일지를 기다리는 것이다. 아니 이것은 여섯 번째 변화의 효시인가? 우리들은 마음이 근질거리고 생각이 마르는 것을 견딜 수가 없다.

비록 그렇지만 변화의 좋고 나쁨은 고사하고 변화시키는 당사자를 의심할 만 하도다. 국가가 이러한 어려움을 만난 것은 모두가 정부가 고식에 빠진 잘못이다. 종전의 뿌리박힌 고질병 가운데 나약하고 유약함, 그리고 그럭저럭 구차히 지내는 일을 음식과 의복처럼 정상으로 여기며 전혀 떨쳐 일어나 분발할 정신이 없었던 것이 바로 우리 정부의 지금까지의 습관이었다. 이로 인하여 국권을 무너뜨렸고, 이 때문에 국가의 위엄을 손상시켰으며, 이로써 국가의 굴욕을 가속화하였고, 이 때문에 국력이 소진되었으며, 이 때문에 국민의 원기를 막아버리고 이로 인해 국민의 생기를 꺾어버려 오늘날에 이르게 만들었다. 만약 원인에 원인을 더하며 인습하여 변하지 않는다면 이 때문에 반드시 인종이 모두 사라진 뒤에야 그칠 것이다. 이 어찌 국민들에게 대단히 긴요하고 관건이 되는 일이 아니겠는가?

지금에는 이미 변화하였다. 만약 변화하고 다시 이어간다면 어찌 변화하지 않겠는가? 지금은 우리 인민과 국가의 흥망과 관계된 때이다. 그 존망이 단지 이 한 국면의 판가름에 달렸도다. 오호라! 두렵고도 두렵지 아니한가? 앞길을 자세히 헤아려보니 그 위험한 정황이 자못 생각하기 어려운 것이 있다. 이처럼 점차 싹이 트는 시절에 요직에 있는 사람이 관개(灌漑)하고 재배하여 새싹과 새잎들이 날로 성장을 더한다

2 이 글이 실린 1907년 6월은 일세의 식민통치가 강화된 한일신협약과 고종의 퇴위를 목전에 눈 시점이다. 1907년의 정국은 이 글의 희망과 전혀 어긋난 것이다. 이와 같은 판단착오가 장지연의 1908년 2월 블라디보스토크 망명에 대한 배경일 수도 있다.

면 여섯 번째 변화의 미래에 훌륭한 결과물을 수확하겠지만, 만약 그렇지 않아 사나운 바람과 폭우, 우박과 서리의 재앙이 내린다면 어찌 땅의 신령이 몰래 해치는 일이 없을 것이며 어찌 도끼를 들고 성토하는 자가 없겠는가?

이에 떨어지는 태양을 만회하거나 넘어가는 가옥을 유지하여 물과 불의 재앙에서 생령을 건져내고 종족과 국가를 기익(箕翼)[3]과 같은 수를 누리도록 하는 일도 그 기회가 단지 한 번 전이하는 사이에 달려 있고, 동포를 노예의 참혹함으로 몰아가고 조국을 하찮은 이익에 팔아 권세를 탐하며 뻔뻔하게 나라를 망하게 하는 일도 단지 한 번 손바닥을 뒤집는 사이에 있음을 알아야 한다. 오호라, 그 기회가 어찌 그지없이 어렵지 않겠는가?

현재의 정황이 진실로 이러하다. 이처럼 위태롭게 계란을 쌓은 듯한 날에 이르러서는 한 줄기 생기가 오로지 교육을 발달시키고 산업을 흥기하는 데 달려 있을 뿐인데, 당국자가 과연 이러한 사업을 헤아려 처리하며 과연 자유로운 직권을 가지고 저해 받지 않을 수 있겠는가? 반드시 크나큰 징벌과 경장(更張)할 능력과 수단을 갖추고, 반드시 조국과 동족을 사랑할 정신과 사상을 지닌 다음에야 비로소 이러한 사업을 말할 수 있으리니, 저 어리석고 시원찮은 비루한 자들이야 굳이 말할 것이 있겠는가?

세상 사람들이 재주의 현우(賢愚)와 지위의 고하(高下)를 막론하고 정권의 당국자를 사모하지 않는 사람이 없음은 어째서인가? 그 뜻이 단지 높은 관직과 후한 녹봉에 있어 일신과 일가의 생계로 삼으려는 것인가? 이는 비루하고도 천한 장부이다. 그렇다면 그 뜻이 권세와 영리(榮利)에 있어 공공의 기물을 자신의 당파와 아첨꾼에게 남용하여 세력을 세우려는 것인가? 이 또한 우매한 소인이다. 그렇다면 그 뜻이 대신(大臣)과

---

3 기익(箕翼) : 기(箕)는 28수(宿)의 제 7절인 하지절(夏至節)의 별이며, 익(翼)은 제 27절인 경칩절(驚蟄節)의 별이다.

협판(協辦)의 지위가 존귀하고 영화로워 득의양양하게 한 고을에 우쭐거리며 시장 아이들의 부러움을 사서 일시의 부귀를 누리려고 하는 것인가? 이는 더욱 열등하여 비천한 품성이니 어찌 논할 것이 있겠는가?

그렇다면 그 뜻이 국가 사무의 책임을 담당하여 잘못된 폐단을 개량하고 부패를 쇄신하여 정치의 면목을 바꿔 국력이 발전하고 국권이 신장하여 공명이 역사에 빛나며 명예가 만국에 빛을 발해 우리 인민들이 자유의 행복을 향유하도록 하여 온 세상 모두가 "아무개는 세계 제일의 인걸이다"라고 일컫게 된다면, 이것이 참으로 대장부가 세상에 태어나 자신의 천직(天職)을 저버리지 않는 것이니 어찌 상쾌하지 아니하랴?

이것이야말로 지사(志士)들이 공명을 사모하며 그 지위를 얻어 즐거이 정권을 잡으려는 이유이다. 만일 한갓 자신의 세력과 이익만을 탐하여 치욕은 돌아보지도 않고 구차하게 지위만을 지키는 일만 위주로 삼아 비록 나라를 팔고 군주를 욕되게 하는 행위도 달가운 마음으로 즐기고 행하는 자는 몸이 천하 사람들에게 죽임을 당하고 나라가 타인의 소유가 되어 모든 사람들이 침을 뱉고 욕하며 신인(神人)의 공분(共憤)을 받을 것이다. 이러한 사람은 참으로 어떤 마음을 가진 자인가? 대단한 천치나 바보가 아니라면 결단코 이런 일을 하지는 않으리라.

시험 삼아 현재의 정황을 보자면 사회의 정도가 조금씩 진보되고 국민의 사상이 점점 변화하며 외국인의 이주(移住)가 나날이 증가하여 접촉하는 감각이 점차 자라나 자연스러운 가운데 한 번 전변하는 기본이 되었다. 그러하니 권세를 쥐고 칼자루를 잡은 자들이 기관을 이용하여 맹아를 배양한다면 복권할 기미가 진실로 여기에 있어 동양의 평화를 회복할 수 있으며 솥발처럼 대치한 형세를 공고히 할 수 있으리니 어찌 황인종의 행복이 아니겠는가! 진실로 바라건대 안팎으로 협력하여 야심을 버리고 한 마음임을 공표하여 온전한 성국을 보존하기를 구구하고도 간절하게 축원한다.

(12호, 1~5면)

진정한 사업가

윤효정

국가의 사업에 정치가와 사업가가 서로를 필요로 함이 배와 자동차를 운행하는 기수(技手)와 기관(機關)이 서로를 필요로 하는 것과 같아서 잠시도 떨어져서는 안 된다. 우리들은 국가의 제반 사업에 종사하여 완전하게 문명을 진화시키려는 자이니 각종 사무에 복무하지 않아서는 안 된다. 그렇다면 모두가 진정한 사업가가 되기를 희망하며 나의 소견을 진술하겠다.

지금 만일 정치가에게 "그대는 명예에 대한 욕망이 있는가?"라고 묻는다면 반드시 "있다"고 할 것이다. "그렇다면 그대는 다만 명예만을 욕망하는가?"라고 한다면 진실로 진정한 정치가는 "결코 여기에 그치지 않는다"고 말할 것이다. 정치가도 명예에 대한 욕망이 없는 자가 아니지만 그의 큰 목적은 국가를 경영하고 백성을 구제하는 데 있으므로 국가를 경영하고 백성을 구제하는 업무를 완수하면 명예가 절로 따르리니, 명예는 바로 이른바 부산물(副産物)이다. 저들의 덕택이 인민에게 널리 퍼지는 결과로 저들의 이름이 자연히 찬란한 광휘로 발할 것이다. 사업가도 이와 같아서 저들도 부(富)를 원하지 않는 사람은 아니지만 그 큰 목적은 이용후생(利用厚生)에 있다. 그러므로 이용후생의 실질을 성취하면 부도 따라오고, 혹여 부유함이 따르지 않더라도 시원스러워 유감은 없을 것이다.

이 때문에 진정한 사업가는 그의 안중에 다만 자신이 실행할 직분만을 알 뿐이다. 그러므로 어떠한 회사나 어떤 은행에 있어서도 그 사장이나 은행장에 대하여 공포와 두려움도 모르며 그 사동(使童)에 대하여 업신여기지도 않고, 저들은 다만 이용후생의 실리만을 취하고자 하니 저들의 안중에 직업은 모두가 평등하다. 고용원이라는 명칭은 낮고 서기(書記)라는 명칭은 높으며, 대복장(大福帳; 일본어로 상점에서 쓰는 장부)이라고 하면 가소롭고 원체장(元締帳; 元締는 일본어로 경리나 두목)이라고 하면 마땅하게 생각하는 경박한 부류가 아니다.

저들의 안중에는 우아함과 속됨도 관계없고 먼지가 가득한 속에서나 사람들의 소리가 시끌벅적할 때에도 한 조각 침중하고 정숙한 마음이다. 부기장(簿記帳)을 마주하면 완연하게 식물학자가 심산유곡에 들어가 기화요초를 모으고 천문학자가 한밤중에 사람들이 잠든 다음 은하수를 우러러보고 별들의 항로를 따라서 걷는 듯하여 수고로움이 그 안에 있지만 즐거움도 그 속에 있다. 저들은 다만 규칙을 바르게 하고 순서를 세워서 자신의 직분을 수행할 뿐이어서 이와 같이 부를 획득할 수 있다면 기뻐하여 취할 것이며 이렇게 하여 부를 얻을 수 없더라도 반드시 실망하지는 않으니 어째서인가? 저들의 목적은 그 직분을 실행하여 이용후생의 방도를 얻고자 하고, 그 부를 얻고 못 얻음은 원래 두 번째 목적에 불과한 것이다. 저들이 어찌 이 때문에 슬퍼하는 마음이 조금이라도 들겠는가?

대개 사업가의 큰 적은 단지 부만을 얻으려는 데 있다. 다만 부를 얻고자 한다면 이에 모험도 하며 투기도 하고, 혹은 사기도 치며 기만도

하여서 이르지 않을 곳이 없다. 혹 부를 얻으면 쌓아두고 베풀 줄을 모르며 사치하여 검소함을 모르고, 육체의 욕망을 자행하여 절제할 줄 모를 것이다. 이러한 무리는 저 세네카가 말한 에비숀[1]처럼 그 유산의 대부분을 한갓 낭비하여 25만 방(磅; 파운드)이 여전히 남았는데도 굶주림과 추위로 죽게 될 것을 두려워하여 마침내 자살하는 참상을 드러낼 것이다. 만약 혹시라도 부유해지려는 욕망을 이루지 못했을 때에는 현세의 가난한 귀신으로 자처한다. 저들은 타인의 부유함을 부러워하여 반드시 그 입가에 침이 흐를 것이니 졸렬하고 험악함이 이에 막심하다. 만약 그 마음씨를 논한다면 강도가 칼부림하는 것과 그 비열한 정도가 무엇이 다르겠는가?

그러므로 부를 얻고자 하는 것은 사업가의 첫 번째 큰 적임을 알 수 있다. 부를 얻으면 교만하고 사치하며 인색하고 비루해지고, 얻지 못하면 누추하고 비열함에 그칠 뿐이다. 그리고 그 직업에 귀천의 계급과 아속(雅俗)의 명칭이 따로 있다고 믿는 자는 가장 어리석은 것이니, 저들은 어떠한 것을 귀하다 하고 어떠한 것을 천하다고 하며 어찌하면 앙앙불락(怏怏不樂)하며 어떻게 하면 느긋하고 상쾌할 것인가? 저들은 모자를 머리에 쓰는 물건이라고 해서 모자 제조업자는 고귀한 인격으로 인식하고 신발을 발에 신는 것이라 하여 신발 판매자는 비천한 장사치로 생각하며, 화초는 사람의 눈을 즐겁게 하므로 화훼가(花卉家)를 매우 아치(雅致)가 있는 줄로 여기고 탁주는 아랫것들이 마시는 것이라 해서 탁주 가게는 극히 천대할 것으로 생각하겠는가? 이 어찌 큰 오류가 아니겠는가?

옛사람이 말하기를 "명교(名教) 가운데 낙토가 저절로 있다"[2]라고 하

---

1 세네카가 말한 에비숀: 세네카는 「자살론」을 남겨 자살의 권리를 옹호한 바 있으며 본인도 네로 황제의 명을 따라 자살했다. 에비숀은 세네카의 저술에 나오는 인물로 보이나 미상이다.

2 명교(名教) …… 있다: 진(晉)나라 때 왕징(王澄), 호무보지(胡毋輔之) 등이 방달(放達)하기로 유명해서 옷을 다 벗고 알몸으로 지내는 경우도 있었는데, 이를 본 악광(樂廣)이

였으니, 성실하고 친절하게 자신의 직분을 다할 마음으로 그 직업에 종사하면 그 직업이 어찌 모두 고귀한 것이 아니겠는가? 미국 대통령 존슨(Andrew Johnson; 17대) 씨가 마을의 장로가 되었을 때 모임에서 어떤 일을 논변하다가 사람을 꾸짖으며 "너는 재봉가의 자식이 아니냐?"라고 하니, 그가 응대하기를 "그렇다. 그러나 나의 집안은 가장 충실한 재봉가라 오늘날까지 애호하는 단골에게 의리 이외의 일을 행하지 아니하였노라"라고 하니, 만일 이러하다면 어떠한 직업을 막론하고 하늘과 땅을 바라보아도 부끄러움이 없을 것이다.

대저 부에 대한 욕망은 사람의 상정(常情)인데, 특히 사업가는 직접적으로 부를 경쟁하는 전장에 선 사람이다. 공격을 두루 받음이 당연하다. 그러나 사람이 부를 얻고 못 얻음은 인력으로 어쩌지 못하는 경우가 없지 않다. 지혜로운 사람이 반드시 부유한 것이 아니요 어리석은 자가 때로는 부유하며, 현명한 자가 반드시 부유하지만은 않고 불초한 자가 때로는 부유한 경우도 있나. 이것은 아마도 그 운명과 처지와 재난으로 말미암아 부유하고자 해도 부유해지지 못하고 죽어버리는 자가 도처에 있다. 그러나 가난과 부유함 두 가지가 실로 세계를 경위(經緯)하는 것이다.

저 솔로몬의 말에 "부자와 가난한 이는 서로 함께 지내고 주님은 모두 저들의 조물주이다"[3]라고 하였으며, 사회에서는 큰 부자도 있고 작은 부자도 있으며, 가난한 자도 있고 매우 가난한 자도 있어서 서로 섞여서 비로소 하나의 사회를 이룬다. 가령 우리 한국이 대부분 부자라면 사회에 재물의 주인만 있고 노역자는 없을 것이니 이러한 경우에는 장차 어찌할 것인가?

웃으면서 "명교 안에 절로 낙도가 있거늘 어찌하여 이렇게까지 한단 말인가(名教中自有樂地 何爲乃爾也)"라고 말했다 한다.

3 부자와 …… 조물주이나 : 이는 『성경』「잠언」 22장 2절에 나오는 말로 "서로 마주치는 부자와 가난한 이 이들을 모두 지으신 분은 주님이시다"라고 되어있다.

이로 말미암아 생각하면 부자가 사회에 필요한 것처럼 가난한 자도 사회에 필요하며, 재물의 주인이 사회에 필요한 것같이 노역자 또한 사회에 필요함을 알 수 있다. 인력거를 타보아라. 끄는 자가 타는 사람을 귀한 손님으로 대우하면 타는 사람 또한 끄는 사람을 귀한 손님으로 대우하지 않을 수 없다. 이렇게 본다면 하필 몇 푼의 임금을 자잘하게 다투겠는가? 마땅한 방도로는 얻어도 가하고 얻지 못해도 불가함이 없으니, 사업의 요점은 다만 성실하게 자기의 직분을 다함으로써 이용후생의 방도를 여는 데 있다.

젊고 건장한 사업가가 명심하지 않을 수 없는 두 가지 법칙이 있다. 하나는 사업가가 사무를 장악함은 그 직분을 다하는데 달려 있고 부는 그 노작(勞作)의 결과로 찾아오는 일이며, 두 번째는 모든 직업은 평등하므로 그 직업에 귀천과 상하의 구별이 없이 다만 성실함과 열성으로 근면하여 하고자 하는 일에 종사하는 것을 귀중한 사업가로서 알아야 할 일이다.

(12호, 5~9면)

‘자(自)’자를 논하다

이종준

하늘이 부여하고 내가 받아서 날 때부터 지녀 고유한 것은 자아의 권능이다. 사람이 자(自)라는 글자 상에서 살필 수 있다면 무수한 학문이 ‘자’ 자에 있고 무수한 화복(禍福)과 존망의 기틀이 ‘자’에서 나오나니 ‘자(自)’와 ‘부자(不自)’ 사이에서 만사가 정해질 것이다. 비록 그렇지만 그 기틀이 높게는 공허한 곳에 있지 아니하고 멀게는 아득한 곳에 있지 않아 단지 6척 자신의 몸에 있으며 사방 한 마디 정도의 마음에 있을 뿐이다. 이것이 참여하여 삼재(三才)가 되고 만물을 포괄하거늘 어찌하여 각자가 스스로 지닌 지극한 묘리를 갖추었으면서도 스스로 지닌 권능을 확충하지 못하는가?

무릇 나에게 속한 것을 사람들 모두가 스스로 지녔음을 알고서 ‘자심(自心)’, ‘자신(自身)’, ‘자가(自家)’, ‘자국(自國)’이라 말하지만 유독 ‘자유(自由)’만은 하지 못하는가? 무릇 마음이 스스로 바르지 않으면 마음은 반드시 죽고, 몸을 스스로 수양하지 않으면 몸이 반드시 죽으며, 집안을 스스로 가지런하게 만들지 못하면 집안이 반드시 무너지고, 국가를 스스로 다스리지 않으면 국가는 반드시 망하고 마니 그 이치는 한결같다. 무릇 이미 '자아의 물건'이라 말하였다면 다만 마땅히 스스로가 할 뿐이요, 이미 '자아의 일'인 줄 안다면 또다시 어찌 외부에 기대하겠는가? 실행하여 얻지 못하면 스스로에게서 구할 뿐이며 스스로에게 돌이켜볼 것이니, 하늘을 원망하고 남을 탓하는 자들은 자유의 뜻을 모르는 것이다.

대개 기대함이 있다는 것은 모두 믿을만한 일이 없다는 것이니, 기대한다는 것은 단지 정해지지 않았기 때문이다. 배우는 참군(參軍)이 되었다가도 연극이 끝나면 그만이요, 도깨비가 그림자에 의지하더라도 그림자가 사라지면 그만이다. 혹은 빙산에 의지하다가 얼음이 녹으면 어쩔 것이며 혹은 사슴 꿈을 믿다가[1] 꿈이 깨면 어찌할 것인가? 그러므로 "조맹(趙孟)이 귀하게 한 것을 조맹이 천하게 한다"[2]라고 하였으니, 그 누가 천작(天爵)이 스스로에게 있다는 것을 모르겠는가?

오직 자유(自由)인즉 그렇지 아니하다. 자유는 자강(自强)에서 말미암고 자강은 자신(自信)에서 시작되며 자신은 자수(自修; 스스로 닦음)에서 비롯되니 자수의 실질은 자유의 기반이다. 자수하면 자신하는 힘이 생기고 자신하면 자강의 힘이 생기고 자강하면 자유의 권능을 얻는다. 중심에 서서 의지하지 아니하며 백번 꺾여도 흔들리지 않아 장량(張良)과 진평(陳平)이 그 지혜를 쓸 곳이 없고 장의(張儀)와 소진(蘇秦)이 달변을 사용할 곳이 없으며 맹분(孟賁)과 하육(夏育)이 그 용력을 쓸 곳이 없으

---

1 사슴 꿈을 믿다가 : 『열자(列子)』 「주목왕(周穆王)」에 어떤 나무꾼이 우연히 사슴을 잡아 구덩이에 숨겨놓았다가 그 장소를 금방 잃어버리고는 집으로 돌아가는 길에 그것이 꿈이었던가 라고 중얼거리자 이를 들은 어떤 사람이 구덩이를 찾아내어 사슴을 가져갔고, 그날 밤 나무꾼이 꿈에서 사슴을 숨겨둔 곳과 그것을 훔쳐간 사람을 알게 되어 사슴을 되찾으려고 하다가 소송을 벌였다는 내용이 있다.

2 조맹(趙孟)이 …… 한다 : 『맹자(孟子)』, 「고자 상(告子上)」의 "趙孟之貴之, 趙孟, 能賤之"를 인용한 것이다. 조맹은 춘추시대 진(晉)나라의 경으로 권력을 휘둘러 사람들을 능히 귀하게도 만들고 천하게도 만들었다 한다

리니 천하에 그 누가 감히 견주겠는가?

오호라! 이 고유한 권능으로써 실행할 줄을 모르다가 이러한 경쟁시대를 만나 이 극렬한 마당 안에 앉아서 뜻하지 않던 비참한 지경에 빠졌는데도 스스로 슬퍼할 줄 모르니 단연코 자유를 포기한 결과이다. 어찌 다시 다른 원인을 찾으면서 아직도 하늘을 원망하고 남을 탓하는가? 맹자는 "사람은 반드시 스스로 업신여긴 뒤에 남이 그를 업신여기며 나라는 반드시 스스로 해친 뒤에 남이 공격하는 것이다"라 하였고, 이런 까닭에 "복과 재앙은 자기가 구하는 것이다"[3]라고 하였으니 그 말이 시초점괘와 거북 점괘와도 같아서 백세(百世) 이후에도 의혹될 것이 없다. 사람들이 이 말을 외우지만 살피지 않음은 또한 유독 무엇 때문인가?

시험 삼아 논하자면 식욕과 색욕도 살아가는 사람의 고유한 것이기에 비록 담장을 넘거나 굴을 뚫어서 처자를 끌어오고 형의 팔뚝을 비틀어 음식을 빼앗는 일도[4] 진실로 평소에 예의와 양보를 강론한 자가 아니면 때로는 저지르기도 한다. 절로 처자를 얻게 되고 절로 음식을 준다면 예의와 양보를 고집하며 끝까지 물리칠 사람이 얼마나 많을지 모르겠다.

예로부터 지금까지 유약(柔弱)하면 겸병(兼倂)하고 우매하면 공격하는[5] 욕심이 식욕과 색욕에 비해 과연 어떠하기에 여전히 겸병하고 공격하는 자들의 욕심이 적어지기를 바라겠는가? 비록 겸병하지 않으려 하나 유약함을 어찌할 것이며, 비록 공격하지 않으려 하나 우매함을 어찌할 것인가? 오직 유약한 자가 스스로 강해져 유약함에서 면하려 하며,

---

3 맹자는 …… 것이다: 『맹자(孟子)』 「이루(離婁) 상」의 "人必自侮而後人侮之 …… 國必自伐而後人伐之"와 『맹자(孟子)』 「공손추(公孫丑) 상」의 "禍福無不自己求之者"에서 인용한 것이다.

4 비록 …… 빼앗더라도: 『맹자(孟子)』 「고자(告子) 하」의 "踰東家墻而摟其處子"와 "紾兄之臂而奪之食"에서 인용한 것이다.

5 유약(柔弱)하면 겸병하고 …… 혼암(昏暗)하면 공격하는: 『서경(書經)』 「중훼지고(仲虺之誥)」의 "佑賢輔德, 顯忠遂良, 兼弱攻昧, 取亂侮亡"에서 인용한 것이다.

우매한 자가 스스로 명석해져서 우매함을 벗어나기를 구할 뿐이다.

내가 일찍이 신문을 받아 읽을 적에 눈에 들어오는 것마다 마음이 썩고 간장이 끓는 구절뿐이었다. 중대한 경우를 들어보자면 차라리 몰랐으면 싶기에 우선 작은 일로 대략 한두 가지를 말하겠다. 우리 인민이 이웃 나라에 모욕을 받아 유린당하는 일들이 연이어졌다. 한 우체부가 벌상(伐喪)[6]하다가 인명을 해쳤는데도 우리에게는 평등하게 외국인을 다스릴 권한이 없기 때문에 저들에게 가서 하소연하였더니 저들 관헌(官憲)이 다시금 신경도 쓰지 않고 석방하여 징계하지 않았다. 그 밖에 겁간(刧姦)하고 술주정을 부리거나 총을 쏘고 칼을 휘둘러 제멋대로 행동하면서 거리낌이 없건만 우리 백성들은 눈이 휘둥그레져 넋을 잃고서 허수아비처럼 따지지도 못하고 있다.

오호라! 저들이 머리가 셋이거나 팔뚝이 여섯인 것도 아니요 우리 인민들과 다름이 없거늘 어찌하여 모욕을 이렇게 심하게 받으면서도 소리를 죽이고 눈물을 머금으면서 고소할 곳이 없단 말인가? 시험 삼아 한국과 일본에서 함께 유통되는 적백동화(赤白銅貨)를 보자면 그 무게와 제조방법이 조금도 서로 다름이 없지만 그 가치는 몇 배나 되니 이것이 어찌 우리 한국과 일본 백성들의 초상이 아니겠는가? 아득하고 아득한 하늘이여! 어찌하여 우리들을 이 지경에 이르도록 만들었는가? 진실로 사람으로서의 마음이 있는 자라면 누군들 피눈물을 주르륵 흘리면서 함께 실성통곡하지 않겠는가?

비록 그렇지만 시험 삼아 논하자면 우리를 이 지경에 이르도록 그 누가 그렇게 만들었겠는가? 하늘인가? 사람인가? 분명하게 알 수 있으니 위로는 감히 하늘을 원망하지 않고 아래로는 남을 탓하지 못할 것이다. 오직 '창랑(滄浪)의 물을 스스로가 취할 뿐이다'라고 말하겠다.[7] 세

---

6 벌상(伐喪) : 남의 땅에 몰래 장례를 치른 사람을 두들겨 쫓아내는 일을 말한다.

7 오직 …… 말하겠다 : 창랑(滄浪)의 물이 맑으면 갓끈을 씻고 창랑의 물이 탁하면 발을 씻는다는 말을 원용하여 주어진 환경을 탓하지 말고 주어진 상황에 따라 처신하겠다는 말이다.

도가가 싸울 적에는 그들의 사나운 노비도 사람의 배를 칼로 찌를 수 있으니 멋대로 행동하는 이웃나라 사람들도 세도가의 사나운 노예와 같다. 어찌 말할 것이 있겠는가? 어찌 족히 말할 것이 있겠는가? 현재 우리의 경우가 자신을 돌이켜보느니만 못할 뿐이다.

스스로 수행하지 못했으므로 자유로울 수 없으며 자유롭지 못하기에 다인이 굴레와 재갈을 물리니 우리 한국의 고질병이 바로 여기에 관련된 것이다. 어떻게 하면 치료할 수 있겠는가? 또한 삼켰다 뱉으면서 차마 소리 내어 말할 수 없는 일이 한 가지 있다. 이토 통감이 우리 한국의 관인(官人)을 대할 때마다 반드시 거듭하여 깨우친 적이 여러 번이다. 그의 뜻은 대체로 "너희들이 스스로 잘 수행한다면 너희의 자유를 돌려주어 너희의 자주(自主)에 맡기겠다"는 것이니 그 말이 어찌 진실로 그렇지 않겠는가?

다만 우리 한국의 오늘을 가지고 따져본다면 서강(西江; 한강)의 물이 이르지도 않았는데 나를 선어물 가게에서 찾아야하는 것은 아닐까 걱정되니 어찌 아프지 않겠는가? 가령 금일 우리에게 자유를 돌려주어 우리의 자주에 맡기더라도 스스로 수행한 실질로 자유의 권한을 행사하여 당당한 자주 독립국을 만들고 열강들과 어깨를 나란히 할 수 있겠는가? 나는 불가능함을 알 수 있다. 어떻게 그렇게 될 줄을 아는가? 지난번 갑오경장 이래로 과연 정신을 가다듬고 분발해 내치와 외교를 모두 유신(維新)하여 십여 년 사이에 점차 나아갈 수 있었다면 어찌 오늘날의 비참한 지경에 이르렀겠는가? 마침내 다시 술 취해 꿈꾸는 지경에서 출몰하며 아첨하고 재물을 모으는 무리들이 공공의 기물을 농락함에 생령(生靈)을 어육으로 만들어 엿을 바른 끈끈한 실을 엮은 자가 잠자리 뒤에 숨어 있음을 모르는 것이니, 슬프구나!

그렇다면 지금이 시대가 갑오년과 어찌 다른 시대이며, 현재의 사람들이 갑오년과 어찌 다른 사람이겠는가? 아직도 길고 긴 밤의 시절이며 여전히 모두가 혼미하게 코를 골며 자는 사람들이다. 이러한 시절과 이러한 사람으로는 비록 가을바람에 잘 익은 과일이 저절로 입에 떨어진다고 해도 삼키지 못할까 두렵다. 그러므로 나는 "설사 나에게 자유를 돌려주더라도 그 자유의 권리를 찾아 돌아오게 할 수 없다"라고 말하는 것이다.

그렇다면 어찌하면 옳겠는가? 끝내 자멸할 뿐인가? 어찌 그렇게 하겠는가? 양을 잃고 우리를 고친다고 해도 아직은 늦지 않다고 말하고, 평지에 한 삼태기의 흙을 덮는다 해도 나아갈 수 있으니 어찌 스스로 한계를 만들어 망하기를 기다리겠는가? 지금의 형세가 삼년 병치레에 7년 묵은 쑥을 찾는 것처럼 비록 약을 한 차례 복용한다고 치료할 수는 없으나 또한 세 번은 팔뚝을 부러트려야 알 수 있는 양의(良醫)가 되기[8]를 기약할 수는 있다.

우리 2천만 동포가 모두 진흙 인형과 나무 인형이라면 그만이지만 또한 모두가 사지와 오관(五官)을 지녔으니 어찌 발끈하고 스스로 힘써서 용맹하게 앞으로 나아갈 기대와 바람이 없다고 이르겠는가? 하지 않을지언정 할 수 없는 것이 아니니,[9] 그 방도는 또한 다른 것이 없다. 첫째도 자수(自修)요 둘째도 자수일 뿐이니 『시경』에서는 "길이 천명에 짝함이 스스로 많은 복을 구하는 길이다" 하였으며, 『주역』에서 "망하지나 않을까 망하지나 않을까 하고 노심초사하는 생각이 있어야 무더기로 난 뽕나무에 매어놓은 것처럼 안정될 것이다"[10]라고 말한 것이다.

무릇 자수라는 것은 군신상하가 사사건건 자수하지 않음이 없는 다음에야 가능한 것이다. 진실로 군신상하가 사사건건 자수하지 않음이 없다면 이것이 자유요, 자유를 이루면 이에 당당한 자주 독립국이 되어

---

8 세 번 …… 되기 : 『춘추좌씨전(春秋左氏傳)』 정공(定公) 13년 조의 "팔뚝을 세 차례쯤 부러뜨린 다음에야 명의가 되는 것으로 알고 있다[三折肱知爲良醫]"는 말을 인용한 것이다.

9 하지 …… 아니니 : 『맹자(孟子)』 「양혜왕(梁惠王) 상」의 "不爲也, 非不能也"를 인용한 것이다.

10 『시경』에서는 …… 것이다 : 『시경(詩經)』 「문왕(文王)」 편과 『주역(周易)』 비괘(否卦)에서 인용한 것이다.

열강들과 어깨를 나란히 할 수 있을 것이다. 나는 진실로 '자(自)'와 '부자(不自)'의 사이에서 만사가 정해진다고 말하노라.

혹자는 이웃 강국에게 업신여기고 짓밟히면서 허물을 쇠잔하고 박약하다는 데로 돌린다고 말하지만 지혜롭지 못함이 무엇이 이보다 크겠는가? 대저 생존경쟁에서 우열에 따라 승패가 나뉨은 이른바 자연 진화의 공연한 사례이다. 다시 누구를 원망하고 누구를 탓하겠는가? 나는 참으로 스스로가 비탄에 빠지는 것이 우리 일에는 도움이 되지 않고, 스스로 애달프게 통곡하여 피눈물을 흘릴지라도 또한 우리의 일에는 도움이 되지 않음을 안다. 자수의 실질이 있으면 거의 자유권의 기반을 마련할 수 있으므로 이미 이로써 스스로 경계하고 또한 우리 동포에게 두루 알려서 각기 스스로 힘쓰는 자들에게 자수에 머물게 하고자 한다.

우시자(憂時子)는 다음과 같이 평한다.

"난시 '자(自)' 자 한 글자만으로 처음부터 끝까지 끊이지 않다가 중간에 약간 시사(時事)가 들어갔으니, 실로 이것이 그 소감과 주장이다. 그러나 바로 서술한 내용에서 머금었다 뱉기를 끊임없이 하였다. 그리고 '하늘을 원망하지 아니하고 남을 탓하지 않는다' 말하고 '자수(自修)'라는 글자로 자유의 기반을 삼았다. 그 말은 참으로 무묵한 속이 있으며 뜻은 실로 가파르고 높으며 문장은 어수선한 것 같으면서도 글자마다 상심하고 아파하는 소리를 담고 있는 듯하다."

(13호, 5~9면)

자조설(自助說)

원영의

서구 사람들에게는 하늘이 돕는다는 말이 있는데, 대개 스스로 돕는 자는 하늘이 반드시 도와준다는 말이다. 대개 어리석은 사람들은 신령을 받들면 신령이 돕고 사람을 따르면 사람이 돕는다고 말하곤 하니 이는 대단히 무식한 것이다. 내게는 스스로 나의 몸이 있어 내가 그것을 자유롭게 하는데 어찌 타인이 하는 것과 관계가 있겠는가? 비록 천만 명이 꺾고 억압하며 방해하고 놀리더라도 내가 나의 몸을 부지하며 내가 나의 뜻을 행해야 한다. 그리하여 부유해지고 싶다면 반드시 부유함에 이르는 기술을 연구하고, 귀해지고 싶다면 반드시 귀함에 이르는 방도를 닦아, 실효를 본 다음에 그만두고자 기약하기를 와트가 이치를 연구하고 제임스[1]가 학문에 힘쓰듯이 하는 것이 옳다.

그렇게 하지 않으면서 신령의 도움을 바라거나 남의 도움을 소망하

1 윌리엄 제임스(William James; 1842~1910)로 추정된다. 그는 미국의 철학자이자 심리학자이다. 프래그머티즘의 창시자로 불린다. 소설가 헨리 제임스의 형이다.

여 스스로 몸이 있음을 잊고 아울러 마음도 잃는다면 바로 속이 텅 빈 고깃덩이인 것이다. 항상 하류에 처하여 헛되이 하늘이 낳아준 이치를 저버리는 일이니 어찌 슬프지 않겠는가? 이와 같은 사람이 혹여 한때의 요행을 만나 우연히 부귀해지더라도 오랫동안 누리기는 어려울 것이다. 얻자마자 바로 잃어버려 끝내 빈천(貧賤)과 짝하며 단지 스스로 열중하리니 비유하자면 농부가 자신의 밭을 갈지 않고서 오로지 다른 사람이 농사를 지어줄 것으로만 믿다가 추수할 시기에 이르러 남에게 가서 구걸한다면 쉽게 얻을 수 있겠는가?

옛적에 합중국이 북미의 넓은 토지를 가지고도 영국의 속국이 되어 오랫동안 속박을 받다가 그 괴로움을 견디지 못해 각자가 분발하여 "어찌 하늘의 이치를 균등하게 부여받은 인류로서 충성스럽게 타인에게 매여 지휘를 받을 것인가?"라고 말하며 이에 모두 13개의 주를 모아 한마음으로 협력하여 강한 영국에 저항함이 전국시대에 추(鄒)나라와 초나라가 싸우는 것[2] 정도가 아니었나. 더구나 흉년이 들어 나무껍질을 벗겨 먹으면서도 백 번 꺾어도 굽히지 않는 의지를 가지고 종과 북의 두드림이 급할수록 울려나는 소리가 더욱 크고 하천의 흐름이 심하게 부딪칠수록 격류의 기세가 더욱 맹렬해지듯이 세월이 쌓여 끝내 공훈을 세워 어엿하게 독립하여 지금 세계 문명국 가운데 거벽이 되었다. 이것은 스스로 도움에 달린 일이지 남의 도움이 아니었다.

인도는 토지가 광대하고 물산이 풍요로워 세계상의 부유한 창고로 일컬어졌지만 스스로 돕지를 못하여 끝내 바다 끝 작은 섬인 영국의 식민지가 되었으니 누구의 잘못인가? 비유하자면 사람이 비록 체구가 크더라도 뱃속에 전혀 지식이 없는 것과 같아서 자포자기를 편히 여기는 자는 항상 남에게 부림을 당하고, 비록 체구는 작지만 지식이 남보다 뛰어나서 자신의 신체를 스스로 돕는 자는 남을 부릴 수 있는 것이다.

2 전국시대에 …… 싸우는 것 : 『맹자(孟子)』 「양혜왕 상」에서 맹자가 소국인 추나라가 대국인 초나라에 대항하는 일은 중과부적(衆寡不敵)이라는 의미로 비유한 내용을 인용하였다.

인도가 영국령이 된 일이 어찌 이와 다르겠는가?

만일 자조(自助)하고자 한다면 반드시 먼저 자신의 뜻을 세워야 한다. 뜻이라는 것은 마음이 가는 것이다. 이미 마음이 갈 곳을 정하고서 실력을 닦아서 자강불식(自强不息)한 연후에 안으로 쌓여 밖으로 발현되어 써도 다함이 없고 행해도 남음이 있게 된다. 만약 실질이 없다면 마치 빈 주머니를 사람들이 지키지 않아 결국 끌고 다니거나 버려두며 혹은 옹기 항아리 사이에 끼워서 붙여놓고, 또는 나무와 돌 아래 고여 두어 짓누르는 것과 같아서 비록 넓게 비어있는 지역이 많더라도 몸 둘 곳이 없을 것이다. 만약 미곡과 보화를 주머니에 채워둔다면 주머니가 불룩하여 스스로 서거나 반드시 앉을 곳이 있어서 사람들이 모두 자리를 피하며 방해가 될까 두려워하고 반드시 편안한 곳에 두어서 기울어 넘어질까 염려하는 것은 실질적인 쓰임이 있기 때문이다. 사람에게 자조의 실질이 있다면 하늘이 반드시 돕기를 또한 이렇게 할 것이다.

전(傳)에서 이르지 않았는가? 천도는 심어진 것을 배양하고 넘어지는 것을 엎어버린다[3] 하였으니, 만일 혹시라도 스스로 넘어지고서 하늘이 엎어버리지 않기를 바라며 심지도 않았으면서 하늘이 배양해 주기를 기원한다면 또한 대단히 어리석은 일이 아니겠는가? 그렇다면 하늘이 돕는 바는 반드시 자조에 달려있고 자조의 실질은 궁리역학(窮理力學)과 자강불식(自强不息)에서 벗어나지 않는다. 어찌 다른 사람의 도움을 바라는 옛 관념을 버리고서 새로워지지 아니하겠는가?

(13호, 9~11면)

3 천도는 …… 엎어버린다 : 『예기(禮記)』와 『중용(中庸)』 17장에 나오는 "栽者培之, 傾者覆之"를 인용한 것이다.

권력의 평균[1]

권력이라는 것은 권리의 세력이요, 평균이라는 것은 평등한 균세(均勢)이다. 나라가 나라답게 되는 것은 사람이 사람답게 되는 것과 같아서 그 대소와 강약의 세력은 비록 자연스럽게 다르지만 하늘이 부여한 자유의 권리는 같다. 세력이 균형을 얻지 못하면 권리도 그에 따라 평등하지 않다. 그런 까닭에 유럽 여러 나라들이 권력은 평균하다는 공법(公法)을 특별히 세워 서로 침탈하지 않으며 각자 보존하여 지키고 있다. 비록 소국이 두셋의 대국 사이에 끼어 있어도 세 개의 솥발이 대치해 서고 수레 가장자리에 덧댄 덧방나무와 수레가 서로 의지하듯이 감히 먼저 움직이지 않는다.

만약 소국이 대국에게 침략을 받아 이웃나라의 세력을 배가시키면 자국의 형세가 순망치한(脣亡齒寒)의 근심이 없지 않으므로 반드시 분발

1 앞의 글에 이어 저자명이 없이 소제목으로 붙어있으나 내용으로 보아 원영의의 글로 여겨진다.

해 일어나 탄핵하고 다툰다. 이는 참으로 나라를 지키는 훌륭한 법도이다. 만약 이러한 법이 없다면 대국이 소국을 약육강식으로 대해 일거에 병탄할 수도 있겠지만 평균의 법이 있음을 의지해 대국과 소국이 서로 유지하며 감히 어기지 않는다.

덴마크는 유럽의 자잘한 소국이다. 여러 대국 사이에서 가적아(加的牙) 해협[2]을 끼고서 여러 대국의 운항세(運航稅)를 걷어 들이는데 러시아 같은 강국도 어찌할 수 없었다. 만국공법(萬國公法)에 관계치 않는 중립하는 자가 있으며 또한 공격과 수비를 동맹한 자가 있으니 그 뜻도 평균의 범위에서 벗어나지 않는다.

대국은 자동적이요 소국은 타동적이다. 그런데 프러시아와 프랑스의 두 대국 사이에 소국인 벨기에가 또한 자립하여 타동적이지 않아 권력을 지킬 수 있었다고 하겠다. 프러시아와 프랑스가 일찍이 불화하여 틈이 한 번 벌어지자 한 번씩 이기고 지는 두 차례의 참혹한 전쟁 상황은 역사상 처음 있는 일이었다. 이후에 각자가 불만을 품어 한 번 싸워서 보복할 생각을 할 때마다 경로가 벨기에를 거치게 되어 실로 빌리기 어려운 까닭에 성세(聲勢)가 적막하고 강역(彊域)이 조용하였다. 벨기에의 도성은 앤트워프이다. 앤트워프의 인민들이 죽기로 성을 지켜서 다른 나라에 길을 빌려주지 않기로 약속하여 그들이 강경하다는 소문이 사방에 전파되니 이웃나라 사람들이 서로 경계하기를 "애국에 있어서는 당연히 앤트워프 사람을 본받아야 한다"라고 하였다. 이는 두 대국 사이에서도 스스로 독립하여 대국들이 감히 강제로 길을 빌리지 못하였던 이유이니 독립이 어찌 나라의 크기에 달려있겠는가?

인도는 덴마크보다 크지만 영국의 식민지가 되었고 베트남은 벨기에보다 크지만 프랑스의 식민지가 되었던 것은 어찌 권력이 평균하다는 법이 행해지지 않아서이겠는가? 이는 애국하는 성심으로 자신의 나

---

2 가적아(加的牙) 해협 : 덴마크는 당시 아이슬란드와 그린란드의 영토를 가지고 여러 해협을 소유하였기에 이 중의 어느 해협을 이르는 것으로 보인다.

라를 돕지 아니하며 자신의 나라를 스스로 강하게 만들어 권력을 평균적으로 하는데 스스로 힘쓰지 않았기 때문이다. 국민 된 자들은 마땅히 이것을 살펴야 할 것이다.

(13호, 11~12면)

3부 연설부

본회에 대한 국민의 의문점 및 오해를 변론함 | 한국 삼대 병원 중 한 병원 | 관촌민비의 폐해 | 조혼의 이해 | 외국인의 오해 | 한 가지 소감 | 금일 국민의 감념이 어떠한가 | 국민의 의무 | 생존의 경쟁 | 본회의 장래 | 인내의 효력 | 정치가의 마음가짐

본회에 대한 국민의 의문점 및 오해를 변론함

윤치호

본회의 목적과 취지를 다른 회원들이 이미 진술하였으니 내가 장황히 다시 말할 필요는 없기로, 간단히 두세 가지만 설명하여 세상 사람들의 의문점을 풀겠소.

첫째, 세상 사람들의 본회에 대한 태도나 감정.

이름을 자강이라고 하니 혹자는 비평하거나 비웃고 혹자는 동감을 표하고 찬성하는, 두 가지 태도 중 한 쪽을 택함을 다 아는 바이오. 비유하자면 내가 일곱 살 때 선생님을 따라 백련암(白蓮庵; 아산시)이라고 하는 암자에 가서 공부할 때, 엄동에도 이른 아침에 냉수로 세수하면서 산신께 장성하면 충청감사와 전라감사가 되게 해달라고 기도를 했소. 삼십여 년 전 형편으로 보면 세력도 문벌도 없는 일개 시골 미을 아이가 삼남의 도백(道伯)을 스스로 기약함은 가히 하늘에서 별 따기였소. 내 말을 듣고 지나가던 사람은 시골 아이의 헛된 말이라고 비웃었으나, 나의 조

모와 부모님은 더욱 극진히 애지중지하셨소. 이와 같이 오늘날 한국 사람이 자강 운운하는 말을 외국인이 들으면 비웃어 말할 것이오.

"너희 대한 사람들은 천 년 동안 얻지 못한 십 년 기회를 악용하여 상인의 몽둥이, 경찰의 검을 휘둘러 충신을 흩어버리고 군상(君上)을 속이며, 백성의 고혈을 짜내 매관매직하고 일시의 편안함을 꾀하였다. 그러다 러일전쟁을 야기해서 국가의 독립을 없애버렸으니, 개돼지만도 못한 인종이 자강이 무엇이냐."

이러고서 침 뱉으며 욕한다면 우리는 입이 열이라도 대답을 못할 것이니, 이는 곧 외국인의 태도이오. 그러나 우리 대한 동포들이라면 오늘날의 형편을 당하여 머리를 숙이고 상심하지 않을 자가 없으리니, 자강 두 글자로 목적을 삼아 국민사상을 지도하여 국가의 앞날을 희망하는 이는 우리의 간절한 마음을 보고 누가 동정을 표하지 않으며 누가 권장하지 않으리오. 아니라면 그는 우리 동포의 심장이라 할 수가 없소.

둘째, 여러 회(會)가 무용하다는 설명.

세상 사람이 모두 말하기를 자강회가 쓸데없다 하니 이에 대해 한 마디 설명하리다. 연전에 독립협회 창설할 때 모 대관이 서재필 씨를 보고 협회가 쓸 데 없으니 파하자 하였다. 서재필 씨 대답하되, "쓸데없다고 없앨 터이면 댁은 어디 쓸 것이오. 무용하기는 마찬가지니 댁부터 없앱시다" 하였으니, 과연 옳은 말씀이오. 말끝마다 어떤 회(會)는 무용하고, 어떤 일도 무용하다 하니 우리는 어디에 유용하오.

무용한 회들이 있는 뒤에야 유용한 회가 될 터이니, 무용하다고 수수방관하면 유용한 사업도 할 수 없소. 교외의 동산과 들판에 복숭아꽃, 오얏꽃이 난만하여 봄 빛이 아름다운데 그 억만 송이 꽃들을 보고 "너희 꽃송이마다 결실 하지 못할 터이니 쓸데없이 피지마라"고 할 살

풍경한 사람이 누구요.

오늘날 서구에 조화(造化)를 다한 공예가 화학 중에서 나오지 않음이 없으나, 화학의 근원은 '알케미(alchemy)'라는 영어로, 연금술[1]이라. 몇백 년 전부터 서구의 한 무리 학자들이 구리, 납, 철, 주석 등 열등한 금속을 단련하여 황금을 만든다고 잘못 믿어서 유용한 세월과 심력(心力)을 무효한 연금술에 허비하여 지금까지 철과 납을 금으로 만들지 못하였소. 하지만, 그 사이에 화학의 기초를 수립하여 오늘날의 진보에 도달함은 연금술의 큰 공인 것이오. 지금 이 회, 저 회가 다 쓸데없으나 나중에 쓸 데 있는 단체를 주조할 기초가 될 것은 분명하니, 본회를 쓸데없다고 배척하지 마시오.

셋째, 본회 범위의 오해.

자강이라 칭한 즉 그 범위와 능력을 오해하는 폐가 없지 않아 일전에 어떤 사람이 나에게 말하기를, "자강회가 되었으니 남산(南山; 통감부)을 찾겠다"고 하니, 남산을 찾을 능력이 있으면 자강회는 해서 무엇 하겠소. 한국이 오늘날 모욕의 바다에서 부침하는 것은 개인들이 의뢰심이 많고 독립주의가 없기 때문이오. 내일 독립이 되든지 백 년 후에 되든지 필경은 개인의 독립사상과 독립주의를 발달시켜야 국가의 독립을 기약할 터이니, 자강회의 목적은 개인의 독립사상을 지도하고 권장하고 발달시키기로 자임한 것인즉 하루아침에 효과가 있기를 희망하지는 마시오.

(1호, 35~37면)

1 원문에는 "金化學"이라 되어 있다.

한국 삼대 병원(病源) 중 한 병원

오가키 다케오

나는 일본의 한 조대(措大; 뜻을 이루지 못한 가난한 선비)니 지금 백의(白衣)의 군자국에 와서 고금의 일을 생각하니 감회를 이기지 못하겠다. 옛날 우리 일본에 경서를 전수해주고, 박사를 보내 현묘하고 심오한 학문의 이치와 종교를 전수했으며, 또 여공을 보내 베 짜고 바느질하는 일까지도 전수하여, 우리 일본의 문명을 보조했던 먼저 깨우친 군자국이 바로 조선이었다. 그러므로 나는 우리 조상이 여러분의 조상에게 가르침 받은 생각을 가슴에 품고 이에 여러분에게 감사한 뜻을 표한다.

또 상고에 우리 일본의 이즈모[出雲; 시마네 현] 및 큐슈[九州], 시코쿠[四國] 지방에 이주한 조선인은 그 수가 몇 천 명인지 모르는데, 그 자손이 점차 번성하여 각지에 산재하여 지금은 기백만 명에 이르렀는지도 모른다. 나는 동양의 영원한 평화를 위하여 귀국의 문명부강을 꾀하려는 자로되, 귀국의 일에 생각이 미치면 거의 우리나라의 일을 당함과 같은 마음의 작용이 뇌리에 일어나 일종의 감상이 용솟음친다. 혹 여러분과 그 조상이 동일하기 때문인가 의심본 적도 있었다. 그러므로 나의 이와 같은 신념과 관계되기에, 지금 기탄없이 외국인들이 소리 높여 말하는 귀국의 삼대 병을 지적할 것이다. 여러분은 나를 타인으로 보지 말고 친애한 동포의 한 사람으로 인정하여 그 무례한 말을 탓하지 말고 함께 병원(病源)의 치료법을 강구하기 바란다.

첫 번째, 외구(畏懼)병.

우선 국민에 대해 논할진대 예부터 권위 아래에서 압박을 받아 인심이 날로 두려워 움츠러들어서 일종의 외구(外懼)병에 걸려 그 인습이 오래 되어 습성을 이루니, 하늘이 내린 원래 품성이 어땠는지 모르게 되었다. 무릇 이치는 하늘의 법도요, 법(法)은 나라의 규칙이므로, 이치와 법의 간격과 원근으로써 그 국가의 문명과 야만을 구별할 수 있다. 문명국이라 함은 천리(天理)에 가까운 법칙으로써 국가를 지배함이고 미개국은 이와 상반됨을 이른다.

그러므로 사람들이 아무리 문명국이라 칭해도, 만약 천리에 먼 법칙으로써 국가를 지배하여 인민의 생명과 재산이 안전하지 못한 국가라면 나는 이를 미개국이라 칭할 것이다. 또 사람들은 설혹 미개국이라 칭해도 천리에 가까운 법칙으로써 그 국가를 지배하여 인민이 기쁘게 복종하고 상하가 친목하여 생명과 재산이 안전하면, 나는 이를 문명국이라 칭할 것이다.

또 한유가 말하기를, "공자께서 『춘추』를 지으실 때는 제후들이 오랑캐의 예를 사용하면 오랑캐로 여기고 오랑캐도 중국에 나아오면 중국으로 여겼다"라고 하였으니,[1] 이는 예법이 바른지 아닌지의 이유로 중화의 나라도 오랑캐가 되고 오랑캐도 중화가 됨을 말함이다. 나도 또한 이 뜻으로써 문명과 야만을 구별하는 바이다. 대개 자유의 이로

1 원문은 "孔子之作春秋, 諸候用夷禮則夷之, 進中國則中國之"로 한유(韓愈)의 『원도(原道)』의 한 구절이다.

운 영역을 권리라 하며 법리상 하지 않을 수 없음을 의무라 하여, 문명국 사람들은 상호 권리와 의무를 존중하여 침범하지 않기를 힘쓰니, 공자께서 "자기가 하고자 하지 않는 바를 남에게 하지 말라"[2]고 하셨고, 서구 철학자도 "내가 하고자 하는 바로 미루어 남에게 하라"고 하였다.

그러나 한국에 있어서는 타인의 권리를 압박하고 타인의 자유를 유린함을 심상하게 보고, 세력이 있으면 거의 당연한 행위로 인정하는 모양이다. 또 압박을 받으며 유린을 당하는 자 또한 별로 분노하지 않고 방어하는 기술도 강구하지 않으며 권위와 세력 가진 자의 상례나 전생의 묵은 인연처럼 생각하여 그 압박을 감수하는 모양이다.

그러므로 마침내 인심이 위축되어 일종의 외구병에 걸려 인민들이 거의 노예의 비참한 지경에 빠져 있으나, 오히려 "인민은 나라의 근본이요, 근본이 튼튼해야 나라가 편안하다"고들 하니, 포복절도함을 이기지 못하는 바이다. 과연 인민이 나라의 근본 됨을 알면 무슨 이유로 인민의 권리를 유린하며 무슨 이유로 인민의 이익을 박해하는가. 만약 노예의 정신이 있는 국민이 서로 모여 국가 사회를 이룬다면 그 국가도 또한 타국의 노예 됨을 면하지 못할 것이요, 옛사람의 말에도 "백성이 부유하면 나라가 부유하고 백성이 강성하면 나라가 강성하다"고 했으니[3] 국민을 노예로 하고 그 국가의 부강을 구함은 연목구어(緣木求魚)보다 훨씬 어려운 것이다.

지금 외구병이 전국에 만연하고 관리도 또한 외구병에 걸려 권문세가에 대하여 전전긍긍한 상황은 세계에서는 보지 못하는 바이다. 또 대신들과 재상은 절대적 위력을 두려워 할 뿐 아니라 자국민도 두려워하여 외국 관헌의 호위를 받으니 갓과 신발을 거꾸로 신은 셈이다. 오늘은 제가 병이 있고 또 시간이 없는 고로 이하 두 가지 병은 훗날로 미루고 이 연설을 중지하오니 양해해 주시기를 바란다.

(2호, 39~41면)

---

2 원문은 "己所不欲, 勿施於人"으로 『논어(論語)』 「안연(顔淵)」에 나온다.

3 『관자(管子)』 「치국(治國)」에 유사한 구절이 있다.

관존민비의 폐해

정운복

본 문제는 한 달 전 본회 통상회에 게재하였다가 시간이 어긋나게 되어 연기한 것이 지금이 되었으니, 본 회원은 스스로 연구할 겨를이 있었지만 여러분은 혹 불만이 없으실지 모르겠습니다.

식산과 교육 두 가지는 우리 회의 큰 목적인데 관존민비의 폐단이 이 목적에 중대한 관계가 있기 때문에, 함부로 주제넘음을 피하지 않고 어리석은 생각을 감히 펴고자 하니 바라건대 여러분은 경청해 주십시오. 무릇 국가와 사회의 조직된 원리를 알고자 한다면 천도를 미루어 살필 것입니다.

황천이 아득하게 위에 계시어 만물이 각자 제자리를 얻고 저마다 즐거움을 얻게 하시니, 초목과 금수와 곤충과 어류가 모두 골고루 미치는 섭리 중에서 살아 숨 쉬는 사물입니다. 누가 감히 높다 하겠으며 누가 감히 귀하다 하겠습니까. 국가 사회의 조직이 또한 그러하여 성천자(聖天子)께서 위에 계시고 조정의 백관 및 사농공상 사민(四民)이 모두 덕의 교화 속에서 함양되는 것이니, 누가 감히 높다 하겠으며 누가 감히 귀하다 하겠습니까.

그렇다면 소위 관인이 본래 별다른 인물이 아니요, 일반 국민 중에서 재덕을 겸비한 자를 선발하여 위로는 임금의 지혜를 보필하며 아래로는 인민의 삶을 보호하게 함이니【우리나라 현재의 관인은 빼고 말이오】, 조정에 서면 관리가 되었다가 물러나 재야에 있으면 다시 인민이 되는 것이라, 그 구별이 원래 없으니 차이가 어찌 있겠습니까.

다만 공사의 구별이 있으니 즉 관직과 관인의 경계가 그것입니다. 관직은 국가의 공공의 그릇이요, 국법을 집행하는 기관입니다. 일반 국민은 그 공공의 그릇과 기관을 존경하며 복종하는 것이지 그 사람을 존경하고 복종함이 아닌 줄을 알고 있거늘, 직무를 처리할 때에 국민이 복종함을 보고 직무 이외에 있어서도 그 권위를 남용하니 진실로 오해함이 심한 것입니다. 문명국에서는 이런 공사의 구별이 엄격하게 서 있어 대신(大臣)이라도 사석에서는 그 언동이 평민과 다르지 않아 화합의 기운이 자연히 피어오릅니다. 비유컨대 우리 회장이 회의 자리에서는 일반 회원을 지휘하고 감독하며 일반 회원도 역시 복종하는 의무가 있으되, 조금 뒤 회의 자리를 떠나서는 우리와 마찬가지니 피차에 어찌 지휘하고 복종하는 이치가 있겠습니까.

비록 그렇지만 우리나라에는 관직과 관인에 대한 분별이 전혀 없고 관민의 존비가 현격함에 이르렀으니 탄식을 이길 수 있겠습니까. 지금 그 유래를 대략 설명하겠습니다.

무릇 한 개인이 합하여 사회를 이루고 사회가 합하여 국가를 이룸은 여러 군자의 익히 아시는 바이니 본 회원이 설명할 필요가 없지만, 동서고금을 물론하고 국가의 성립이 완전한 곳은 사회의 명목(名目)이 많고 성합니다. 그 하나는 종교가이니, 도덕의 종지로 인민을 이끌어 사회의 기강과 질서를 유지하고 붙드는 자입니다. 둘째는 교육가이니, 영재를 교육하여 국가의 기초와 동량을 만드는 자입니다. 셋째는 학술가이니, 사물의 원리를 강구하여 세도와 인심을 도와 이롭게 할 서적을 저술하고 국리와 민복을 증진하게 할 기계도 발명하는 자입니다. 넷째는 실업가이니, 농상공업과 기타 제반 실업에 성실하고 근면하게 하여 인민을 성하게 하고 나라를 부유케 하는 자입니다. 다섯째는 정치가이니, 내정·외교·경제·사법·교육·군사·농상공·통신 등 제반 정치에 대하여 각기 그 개량방침을 연구하며, 그 쇄신할 제도를 설립하여 안으로 인민의 힘을 충족하고 선양시키는 자입니다.

이상 여러 전문가들이 각각 단체를 결성하고 사회를 이루어 상호 경쟁하고 문명의 영역에 나아가니, 그 명예와 영광이 모두 똑같거늘 어찌 어느 것이 높고 어느 것이 낮은 구별이 있겠습니까. 지금 문명한 각국인의 아름다운 행적을 간략히 개진하겠습니다.

영국 황태자가 착용하신 왕관에 금 글씨로 "Ich diene"이라고 새겼으니 이것은 독일 문자로 영문으로는 "I serve"라 하는 말이요, 우리나라 말로 번역하면 "나는 복종한다"는 뜻이니, 즉 "국가와 인민에게 복종하노라" 하는 말입니다. 지극히 존귀한 황실에서도 국가와 인민을 중히 여기는 바가 이와 같거든 하물며 그 조정의 신료들에 있어서는 어떻겠습니까.

미국의 워싱턴은 미국 창조에 많은 공과 위대함이 있으나 첫 대통령으로 선출되어 임기 4년을 지낸 뒤 국민이 대통령을 재선할 때 워싱턴이 재선되었습니다. 대중의 기대를 저버리기 어려워 억지로 그 자리를 지켰는데, 임기 4년이 또 지난 후 국민들이 세 번째로 대통령 선거를 하여 다시 그가 선출되었습니다. 워싱턴이 이에 고사하고 취임하지 않고서 일개 국민 워싱턴으로 재야에서 교육과 식산 등의 사업을 권장하다가 일생을 마쳤습니다. 이것이 마침내 미국의 헌법이 되어 그 후에는 비록 중망(衆望)이 있는 사람일지라도 재선까지 밖에는 할 수 없게 되었으니 어찌 위인의 아름다운 자취가 아니겠습니까.

영국의 명재상 글래드스톤 씨는 수상의 자리에 있었던 것이 거의 육십 년인데 그 공훈과 사업이 일세에 혁혁하였기에 빅토리아 여왕폐하께서 작위【공후백자남(公侯伯子男)】를 봉하심이 세 번이었으나, 사양하여 다만 일개 글래드스톤 씨로 삶을 마쳤습니다. 이런 사람과 이런 마음에 어찌 터럭 하나 만큼이라도 관존민비의 마음이 있었겠습니까. 모두 백세에 모범이 된다 하겠습니다.

우리나라에 이르러는 소위 종교가라 칭하는 이들은 겉으로는 군자이나 안으로는 소인이 아닌 자가 없어서, 속으로는 명예나 바라며 홀로 자기 한 몸만 잘 되고자 하는 학자님뿐입니다. 소위 교육가라 칭하는 이들은 천자문, 동몽선습, 사략, 통감을 가르치는 시골 훈장뿐입니다. 소위 학술가라 칭하는 이들은 문장을 뒤지고 구절을 따오며 음풍농월하는 무리뿐입니다. 소위 실업가라 칭하는 이들은 옛 법을 묵수(墨守)하는 시골의 농민과 보부상 등일 뿐입니다.

소위 정치가라 칭하는 이들은 무슨 약속이든 그대로 따르며 아무 것도 경영하지 않고 시간만 보내는 자가 그 첫째입니다. 벼슬자리를 탐해 구차한 녹봉만 바라고 사람들을 따라 나아갔다 물러갔다 하여, 우리 속담에 "바람 부는 대로, 물결치는 대로" 살면서, 위세가 몰리는 곳을 살펴 아첨하고 뇌물을 바치며 제 한 몸과 처자식을 보전하는 자가 그 둘째입니다. 아침에는 남촌으로 저녁에는 북촌으로 다니며 간혹 와전된 소문을 만들어 내고 간혹 음모와 비책을 얻어내어 남을 해치고 자기를 이롭게 하거나 공무를 빙자하여 사익을 도모함으로 능사를 삼는 자가 그 셋째입니다. 불법으로 탐욕스런 욕심을 부리고 가렴주구를 물리도록 하여 인민을 어육으로 만들고, 인재등용이란 명분으로 몰래 관작을 사고파는 저 거간꾼이 그 넷째입니다. 말해보자면 말이 너무 길어질 것입니다. 그러니 위에서 열거한 영미(英美)의 사회와 같은 것은 절대로 없다 해도 망언이 아니지요.

그러나 다만 놀라고 탄식할 만한 하나의 사회가 있으니, 그 크기는 삼천리가 약간 못 되고 그 깊이는 끝없는 바닥과 같고 그 힘은 능히 2

천만 사람을 몰아서 여기에 빠뜨리게 할 수 있으니, 이는 어떤 사회입니까. 곧 벼슬 사회가 이것입니다. 어떠한 책략과 수단을 쓰든지 이 사회에만 들어가면, 고대광실에 편안히 살고 아름다운 비단옷을 몸에 걸치며 순한 종과 예쁜 첩이 마음을 기쁘게 하고, 금은보화가 눈을 즐겁게 하며 질탕한 풍류와 속된 노래가 귀를 간질이고 산해진미가 입에 달게 들어옵니다. 문을 나서면 종자 수십 명이【지금은 외국 헌병 순사까지】앞에서 호령하고 뒤에서 옹위하며, 집에 들어가면 손님 천백 명이 왼쪽에서 종종걸음치고 오른쪽에서는 허리를 굽혀 영감님, 대감님 하면서 덕망을 다투어 칭송합니다. 그 공명이【국가와 인민에 한 터럭의 공이 없어도 훈상을 받고】일세에 혁혁하고 인민을 압제함에 하지 못하는 바가 없으니, 인생 세상살이에 어떠한 쾌락과 어떠한 영광이 이에서 더할 것이 있겠습니까.

여기 한 우스운 이야기가 있으니 옛날에 공덕리(孔德里; 현재 마포구)에 사는 한 평민이 벼슬을 구하는 계책으로 그 누이를 서울의 모 관인 양반에게 시집보냈습니다. 마침 엄동설한이 되어 그 누이 집을 찾아갔는데 추운 날 가난한 집에 누이가 혼자 앉아 손만 호호 불며 저녁 식사도 대접을 못하니, 그 참상을 보고는 마음속에 맹세하기를, "다시 벼슬하는 양반과 혼인하는 놈은 쇠 아들이다" 하였답니다. 그런데 이윽고 매부 양반이 들어오시더니 그 처남을 대하여 안부 인사를 마치고 말하기를, "이제는 살게 되었네. 원을 하나 얻어 하였네" 하였습니다. 잠시 뒤 경저리가 쌀과 돈, 포목과 각색 종류의 물건을 바치는데 갑자기 부잣집이 되었답니다. 그래서 그 사람이 심중에 또 맹세하기를, "벼슬하는 양반과 혼인 안 하는 놈도 쇠 아들이다" 하였다 하니, 이 한 가지 이야기에서 관인의 지위와 존귀함을 알 수 있겠습니다.

이런 까닭에 이 나라에 태어나는 자는 지혜롭고 어리석고 현명하고 불초하고를 떠나서 어린아이 시절부터 누가 무엇이 되고 싶으냐고 물으면 크게는 정승, 판서요, 그 다음은 수령, 방백이요, 그 다음은 협판,

국장이요, 그 다음은 주사, 참봉, 차함(借銜) 등의 각종 벼슬이 큰 목적이 되었습니다. 이 큰 목적에만 도달한다면 조상 대대로의 땅을 다 팔아 남는 것이 없다 해도 돌아보지 않을 것이요, 우리 황상폐하의 어린 아들을 그물과 덫과 함정 속으로 몰아넣는다 해도 돌아보지 않을 것입니다. 부모형제에게 욕을 끼친다 하여도 돌아보지 않을 것이요, 친척이나 벗들 간의 우의를 끊는다 해도 돌아보지 않을 것입니다.

노비의 얼굴로 종처럼 기어가 권문세가에 아부하라 해도 싫어하지 않을 것이요, 수십 수백만의 돈을 들여 집안이 기울고 재산을 탕진해도 싫어하지 않을 것입니다. 귀하게 여기고 하고 싶어 하는 것은 오직 탕건 하나뿐이다가 마침내 그 탕건을 얻은 후에는 또 옥관자를 얻고 싶어 하고, 옥관자를 얻은 후에는 또 금관자를 얻고 싶어 하여 큰 골짜기 같은 욕심이 그 바닥을 알 수 없으니 이것은 무슨 이유 때문입니까. 나아가 관직을 얻으면 그 위치가 높고 물러나 인민이 되면 그 위치가 낮은 까닭입니다.

그 가운데 또 세계 각국에 없는 괴이한 일이 있으니 곧 직함을 세습하여 쓰는 것입니다. 한 번 벼슬길에 오른 자는 말할 것도 없고, 차함(借銜) 같이 이름만 빌리는 명예직을 사서 오늘 조보(朝報)에 이름이 실렸다가 내일 해직되는 관리라도, 교제하는 곳에서는 진사, 영감, 대감의 존칭들이 있어 그 존귀한 직함이 죽을 때까지 떠나지 않고 대대로 이어집니다. 또 그 사는 곳을 "누구 댁", "누구 댁"이라고 직함 앞에 쓰면 이웃 마을이 모두 그 영광을 부러워하고 인민들이 존귀하게 외경합니다. 더욱 이 직함과 택호(宅號)를 가진 자는 시골 마을을 무단으로 다스리고 인민에게 잔학하게 대해도 조금도 거리낌이 없으되 감히 누구도 어찌할 수 없으니 그 존대(尊大)함과 영귀함이 과연 어떠합니까.

그러므로 항간에 체명(替名)【이름을 간다】, 체택호(替宅號)【택호를 간다】라는 말이 있어서, 직함이 그 사람과 집안을 존칭하는 대명사로 쓰이니 어찌 외국인들의 조소가 없겠습니까. 내가 예전에 한 시골 마을에 "초시(初試)댁"과 "초시 할 뻔한 댁"이라는 칭호가 있다는 말을 듣고 밥알을 뿜을 뻔했는데, 지금 생각하면 외국인들이 직함과 택호를 세습하여 쓴다는 말을 들으면 내가 들었던 "할 뻔한 댁"과 무엇이 다르겠습니까. 외국인이야 조소를 하든지 비방을 하든지 우리나라에서는 부귀영화와 권위성명을 겸비하여 모든 인민의 위에 거하는 자는 오직 관인뿐입니다.

국가와 인민으로 하여금 오늘의 지경에 빠지게 한 것이 그 원인이 어디에 있는가 하면 곧 관존민비의 폐해, 이것이라 하겠습니다. 그 이유는 어디에 있습니까. 삼천리 내에 2천만 사람 중에 종교가나 교육가나 학술가가 되는 것은 꿈에도 생각이 미치지 못할 것입니다. 혹 농상공업에 종사하는 자가 있으면 사람들이 반드시 비천하게 여길 뿐더러 여간한 곡식 꾸러미와 돈냥을 쌓아놓고 모아도 탐관오리가 불효, 우애하지 않음, 음행 등의 허무맹랑한 죄명을 씌워 강제로 빼앗습니다. 또 화적과 의병이 끊이지 않고 계속 와서 재산을 빼앗을 뿐만 아니라 생명을 살해하는 변까지 종종 있으니, 이러한 비천하고 위험한 일을 누가 기꺼이 하겠습니까.

부득이하게 전답을 팔아 서울에 올라가 벼슬을 구하며 권문세가의 식객이 되어 일생을 허송하니 불쌍한 인생입니다. 천신만고를 다 겪은 끝에 겨우 주사나 참봉 같은 차함 직을 한 자리 얻으면 스스로 영광으로 여겨 금의환향하지만 가난은 매우 심합니다. 소위 사대부가 자제는 부형의 직책을 빙자하여 따뜻한 옷에 배불리 먹으며 태평하게 지내고 아무것도 배우지 않고서 평소에 연구하는 것은 "누구는 노론 모 정승의 몇 대손이요, 누구는 소론 모 판서의 몇 대손이라" 하는 족보 연구뿐이니, 세속에 소위 행세하는 자들이 보학(譜學)에 밝은 것은 서구의 통계학자들보다 훨씬 나을 것입니다.

이렇게 지내다가 권세를 잃어도 사치하는 습관이 여전하고 재물을 구하는 방법은 전혀 없어, 필시 얼어 죽거나 굶어죽을 것을 면하기 어려울지니 국세의 쇠약과 민생의 곤란이 진실로 이 때문입니다. 오늘날을 당하여 만약 이 폐단을 떨쳐버리지 않으면 우리나라를 보전하지 못할 것이며 우리 민족을 보전하지 못할 것이니, 아아! 제군은 깊이 생각하십시오.

(2호, 41~48면)

조혼(早婚)의 이해(利害)

윤치호

금일 동양에 조혼하는 풍속이 심한 나라는 인도, 지나, 조선이다. 공교롭게도 이 세 나라가 미약하고 떨치지 못하여 인도와 청나라 양국의 뜻있는 자와 교육가가 조혼을 모두 반대하니 이것만 보아도 조혼이 인민과 나라에 유해무익함을 가히 알 수 있다.

우리나라 현재 형편으로 조혼의 이익과 폐해를 잠시 논하자면, 소위 조혼의 이익은 첫째, 자손을 일찍 얻어 번성케 함이다. 십오 세에 아들을 낳아 삼십 세에 손주를 보고 사십오 세에 증손 보고 회갑에 고손을 보아 칠십오륙 세에는 오대 자손이 집안에 가득함이 우리나라 사람들의 큰 희망이다. 둘째, 혼인 선택의 필요이다. 만약 때를 놓치면 신랑신부를 구해도 얻지 못하니, 일찍 정한 자가 좋은 신랑신부를 먼저 얻는다. 셋째, 며느리의 노동력이다. 종들은 학대해도 언젠가는 속량의 날이 있지만 며느리는 낡은 옷을 입어도 추위를 생각지 않고 거친 밥을 먹으면서도 주림을 돌보지 않으며 일만 더욱 열심히 하게 하니 전 세계에서 노예 중의 노예는 우리나라 며느리이다. 넷째, 어린 신랑신부의 앙증한 재미이다. 다섯째는 노인의 기쁨이다. 조혼의 재미가 이러하니 우리나라 사람들이 조상들의 남긴 말씀과 후세의 대계를 돌아보지 않고 조혼을 숭상함은 진실로 까닭이 있다.

그러나 그 해로움을 말하자면 우선 음양이 일찍 통함이니 이는 곧 싹을 일찍 뽑아버리는 것이다. 비록 자손을 일찍 얻었어도 반 넘게 요절하니 자손을 얻어도 잃어버림을 막을 수 없는 것이 첫째 폐해이다. 두뇌를 속박함이 지나 여성의 전족보다 더 야만 풍속이니 둘째 폐해이다. 관례를 하는 날에 남녀의 운동을 저절로 금지하게 되어 신체 발달을 막으니 세 번째 폐해이다. 술 담배의 나쁜 습관을 일찍 배워 피와 뼈의 건강을 해치게 됨이 네 번째 폐해이다. 이는 체육(體育)상의 큰 폐해이다.

뇌수가 채워지고 자라는 것을 막아 상상력을 바닥나게 하며, 스승과 벗의 관리를 벗어나 공부에 무심해지고, 여자아이는 시집살이에 골몰하고 남자아이는 어른 노릇에 정신이 쏠려 학문할 겨를이 없다. 그러니 이 세 가지는 지육(智育)상의 큰 폐해이다.

일찍 죽고 일찍 과부되는 비극, 금슬이 맞지 않는 폐단, 여인을 천대하는 풍습, 가정이 문란해지는 풍속이 모두 조혼에 그 원인이 있는 경우가 십중팔구이다. 그러니 이는 덕육(德育)상의 큰 폐해이다.

문명국 사람들은 자기 처자를 보호하고 기를 수 있어야 아내를 얻을 수 있으므로 사람마다 독립을 한다. 그러나 우리나라는 자기 몸도 못 돌보는 어린 아이가 아내와 자식이 있어 천 근의 무게를 지고 있으니, 용감하게 나아가는 마음이 여기서 꺾어지고 그 순간만 면하고 싶은 마음이 여기서 생기며 의존적인 습관이 여기서 이루어진다. 한 사람이 생계 활동을 하면 열 사람이 먹고 사는 풍습이 이에서 번성한 것이니, 경제상 큰 폐해이다.

이로써 보자면 조혼의 이익은 개인의 사정(私情)이 아님이 없고 그 폐해는 국민적 공공의 폐해가 아님이 없다. 누군가 말하길, "늦게 결혼하면 자손이 번성치 못한다" 하나 십팔 세에 득남하여 삼십육 세에 손자 보고 오십사 세에 증손 보고 칠십이삼 세에 고손 보면 크게 늦었다고 할 수 없을 것이다. 또 혼처를 택하기 어렵다고 하지만 늦게 결혼하는 것이 풍속을 이룬다면 늦게 혼처를 구하는 것이 어찌 어려울 것인가. 누군가 "노인이 자손을 일찍 결혼시키는 재미가 사라지니 가석하다"고도 하지만, 자녀의 육칠십 년 앞날과 국민의 천만 세 장래의 큰 계획을 노인들의 십 년, 이십 년 즐거움을 위해 희생하는 것은 이치에 맞지 않는다. 하물며 세상이 때에 따라 변하여 일이 년 사이에도 금세 어제의 잘못을 깨달을 일이 이루 다 꼽을 수 없다.

조혼이 예전에는 필요하다고들 하였으나 오늘날에는 맞지 않으므로, 자강회에서 경전의 큰 가르침과 세상의 통상적 법규와 우리나라 형편을 자세히 살펴 조혼금지를 정부에 건의하였다. 그러나 이 논의가 반드시 시행되지 않고 말 것임은 내가 확신하고 있다. 가령 내일 건의하면 정부의 제공(諸公)들은 분명히 본회의 공익상 열심을 치하할 터이요, 한 달 후 다시 물으면 분명히 "일이 법률상 처리 중이니 법부에 맡기라"고 할 뿐일 터이다. 그러나 또 한 달 후 다시 물으면 법부의 고명하신 법률학자들이 화난 목소리로 소리 높여 말하기를, "『소학(小學)』에 '서른에 아내를 맞는다'[1]고 하였으니 십팔 세 정혼하는 법은 쓸데없는 말일 뿐 아니라 십이 년이 부족하니 실시할 수 없다"고 할 것이 불 보듯 뻔하다.

어떤 일이든 막론하고 세상에서 법이 행해지지 않으면 법이 풍속을 이루지 못한다. 바라건대 여러분은 정부의 소학론(小學論)을 기다리지 마시고, 한 사람 한 집안의 사적인 재미를 버리고 자녀와 국민의 장래 큰 계획을 생각하여, 개인 개인이 조혼을 금지하여 타락한 인종을 개량하고 쇠락한 국세(國勢)를 다시 떨치게 하시오.

(2호, 57~59면)

1 원문은 "三十而有室"로 『소학』 「입교(立教)」에 나오는 구절이다.

외국인의 오해

오가키 다케오

외국인이 한국 국민을 비평하는 말을 들어보니 모두 "한국 국민은 무기력하고 게으르고 또 시기심이 많아 지금 부패, 타락의 극단에 이르렀으니 문명을 개화, 진보시킴은 결국 바랄 수 없다" 한다. 그러나 내 생각에는 한국 국민이 이러한 비평을 받음에 이른 것은 약간의 사실이 있기 때문이지만 그 무기력과 게으름과 시기심은 결코 인종적 고유성이 아니요, 온전히 경우에 따라 생긴 것이다. 무릇 인종적 고유성을 변하게 하는 것은 지극히 어려운 일이지만, 경우에 따라 생긴 습관성을 고침은 작고 쉬운 일에 속한다.

역사를 살펴보면, 한국에는 오래 전 부강문명의 시대가 있었으며 인구의 다수가 일본 민족과 같은 뿌리이다. 옛날 기자가 조선에 왕으로 봉해졌다가 한나라 무제에게 정복되었으나 그 후 지나와 분리하여 한 나라를 이루었으며, 수나라 양제는 조선을 치려다가 승리하지 못하고 이로 인하여 도리어 난리가 일어나 왕실이 멸망하였고, 당 태종의 영명한 무예로도 쉽게 조선을 평정하지 못했다. 그러니 조선이 무기력하고 비겁하지 않음은 수나라와 당나라에 대한 저항력으로 증명할 수 있다.

일본 진구황후[神功皇后][1]의 원정 이후에 한국인이 문예, 미술, 공업, 종교 등을 일본에 소개하여 전수한 사적은, 지나 대륙의 문명을 받아 스스로 실천하여 나아가고 닦아 일본의 몇 배나 뛰어났음이니 이는 사적에 분명히 보이는 바이다. 이것으로 옛날에 한국이 일본의 선진국이었으며, 문명의 시대였음을 증명할 수 있다.

또한 일본 민족과 한민족이 친근한 흔적이 있음은 『일본서기(日本書紀)』[2] 제1권 「신대(神代)」 중의 한 권에 스사노오 오미코토[素盞鳴尊][3]가 한국에 이르러 소시모리【강원도 우두산(牛頭山)을 말한다】[4]에 거하다가 다시 이즈모[出雲]의 히카와(簸川; 시마네 현) 상류로 돌아왔다고 한다. 또 다른 한 책에는 스사노오가 숲의 나무를 한국에 옮겨 심었다고 기록되어 있고, 그 아들 이소타케루[五十猛命], 누이인 오야츠히메[大屋津姫命], 츠마츠히메[抓津姫命][5]의 세 신(神)도 나무의 종자를 산포하였다고 한다. 그 후, 이 세 신은 키이(紀伊; 와카야마 현)에 건너가고, 스사노오는 결국 근국(根國)【근국은 한국이다】에 들어갔다 하였으니, 일본과 한국 양국이 한 나라의 상태를 이룸이 이집트와 페니키아 등의 민족이 지중해 홍해의 양쪽

---

1 진구황후는 카이카[開化]천황의 증손, 츄아이[仲哀]천황의 황후, 오우진[應神]천황의 어머니로 201년~269년간 섭정했다고 전한다. 『일본서기』에 의하면 진구황후는 200년 임신한 상태로 신라를 정벌했다고 하며 이 때 신라는 일본군이 도착하자 스스로 결박하고 항복하였다고 한다. 『일본서기』의 대표적인 한국 관계사 조작설 중 하나인 일본의 삼한 정벌설의 중심인물로, 2차대전 이후 일본에서는 그 실재성이 부인되고 있다.

2 『일본서기(日本書紀)』(720)는 전 30권으로 된 일본 최초의 편년체 역사서이다. 신대(神代)부터 지토우[持統] 천황시대 말년(697)까지를, 조정 관련 기록만이 아니라 조선의 옛 기록, 절이나 개인, 또는 씨족의 기록 등을 사용해서 순수 한문으로 기술하고 있다. 한국사 관계부분의 신빙성이 떨어진다는 주장이 많다.

3 스사노오 오미코토는 일본 신화의 영웅으로 천상세계에서 쫓겨났다가 이즈모[出雲] 지방의 이무기를 퇴치하였다고 한다.

4 『일본서기』에 나오는 소시모리가 한국에 있는 우두산이라는 설이 있다.

5 이 세 사람은 스사노오가 낳은 세 남매이다. 이소타케루가 하늘로부터 가지고 온 나무들을 한반도 땅에는 심지 않고 일본 땅에 심어서 일본이 산의 땅이 되었다고 전해진다.

을 왕래함과 같음을 살펴보아 알 수 있다.

그 후 일본과 한국의 교통이 빈번한 시대에 제반 학예와 문물을 일본에 수입하니 언어가 편리하여 통역을 쓴 모양이 없고, 왕인(王仁)[6]이 『천자문』, 『논어』를 마련하여 일본 황태자에게 가르칠 때 한국어로 한문을 통역한 모양이니, 고대에 일한 양국 말이 거의 서로 같았음은 현대의 프랑스, 이탈리아, 스페인의 여러 나라 말이 유사함과 같은 듯하다.

그러니 한국인은 고대 문명이 고도에 달했던 적이 있고, 또 한국에 부강의 시대가 있었으며, 또 그 동남쪽 가장자리 주민들은 일본의 서쪽 변두리 주민들과 같은 뿌리였던 증거가 역사상에 명기된 바이다. 이렇게 같은 뿌리의 두 민족에게 그 성질이 전혀 상반됨은 원래의 선천적 본성이 아니요, 고금의 변천과 형세의 추이와 경우의 사정이 같은 뿌리의 민족을 이렇게 완전히 다른 인종처럼 만들었도다.

생각건대 일본인은 섬나라에서 번성하여 남의 간섭을 받지 않았던 결과로 남에게 매이지 않는 독립적 민족이 되었고, 천연의 지리 조건상 남에게 침범도 받지 않는 자신감 있는 인종이 되었다. 한국인은 반도국에 살면서 지나의 중심에 변혁이 있을 때마다 그 영향을 받아, 한(漢)나라 무제에 정복되며 수당(隋唐)에 피습되며 원명(元明)의 압박과 지배를 받아, 바다를 사이에 둔 일본보다 여러 차례 침략을 당했다. 또 일본과 지나 양국의 세력이 충돌할 때에는 한국인이 강자의 선봉에 서서 그 국토가 양자가 경쟁하는 전장이 되었다. 이처럼 편소(褊小)하여 자립의 힘이 결핍되었으므로 늘 양자의 한쪽을 섬겨 잠시의 구차한 안녕을 보존하는 것밖에 없었으니, 이러한 형세와 경우가 한국의 정부와 인민에게 사대(事大)의 습관성을 양성한 것이다.

6 왕인은 고대 일본에서 활동한 백제의 학자이다. 『일본서기』에는 오우진천황 때 아직기(阿直岐)가 경전을 잘 읽었으므로 태자의 스승으로 삼았는데 그의 추천을 받아 왕인을 불렀다고 한다. 왕인은 『논어(論語)』 10권과 『천자문(千字文)』 1권 등 모두 11권을 가져와 왕과 신하들에게 유교 경전과 역사를 가르쳤다고 한다.

옛날의 문명과 부강을 역사에 남겼던 한국인의 개발을 누가 희망하지 않겠는가. 무기력은 인종적 고유성이 아니요 경우에 따라 생긴 습관성이니, 향상하고 개진하게 함에 무슨 곤란이 있겠는가. 하물며 나는 지금 한국의 선비, 군자와 친분을 맺어 밤낮으로 국사를 논의할 때 심중에 적이 감동함이 있으니, 혹 청나라보다 문명개화의 영역에 조선이 앞서 갈지도 모르겠다고 생각한다. 그러니 외국인이 한국을 오해하여 한국인을 무시하는 오류에 빠졌다고 단언할 수 있다.

(2호, 59~62면)

한 가지 소감

오가키 다케오

우리 회원 여러분 및 방청하시는 여러분은 오늘날 국권이 땅에 떨어지고 외국인의 발호가 매일 커짐을 탄식하고 있지만, 나는 여러분의 앞날에 광명이 있음을 발견하고 가난과 괴로움을 잊어서 용기가 예전보다 몇 갑절이 되었다. 나는 올해 2월 19일 갑자기 입경(入京)하여 황성신문사장 장지연 군을 방문하였다. 그 당시 친척도 친구도 없는 만 리의 나그네로 다만 동양의 영원한 평화라고 하는 하나의 사상을 가슴에 품고 경성에 이주했다. 내가 그 때 생각했던 것은 '내 말이 과연 한국의 여러 군자들에게 용인될까. 또 혹 한국에 몇 사람의 우국지사가 있을까' 하는 것이었다. 그때의 처연한 심정을 오늘날에 돌이켜 생각해보면, 나의 오늘날 환희가 그때로부터 비롯된 것이다.

소위 광명이라 함은 무엇인가. 세계에서 정의의 나라라고 칭하는 미국이 필리핀군도, 하와이, 쿠바 등에서 행동한 바[1]를 보면 소위 제국주의를 실행하는 흔적이 있었다. 그런데 이때 민주당의 영수(領袖)이자 세계 제일의 웅변가이며 차기 대통령 후보자인 브라이언 씨의 정책 연설 12항 첫머리에 쿠바의 통치가 어려웠음을 거울삼아 필리핀 군도의 자치에 대한 허락을 절규함이 첫 번째 광명이다. 이토 히로부미 통감이 한국의 사정을 깊이 헤아려 평양에서는 필요한 토지 이외의 땅을 환부하고, 대구에서는 거하고 있던 관사를 반환하여 일본 관리들의 불법 행위를 확실히 알면 즉시 명을 내려 교정하게 한 것이 두 번째 광명이다. 한국에 대해 모두 미개국이라고 말하지만 나는 세상의 소위 미개국이라 하는 나라들과 크게 다름이 있음을 발견한 것이 세 번째 광명이다. 그 첫째, 둘째는 사람들이 모두 보고 듣는 것이지만, 세 번째에 있어서는 설명할 필요가 있다고 여겨진다.

무릇 세계의 나라들을 문명국, 미개국, 야만국의 세 종류로 구별하기 때문에 문명국이 아니면 미개국이라고 범칭 할 수 있다. 그러나 지구상에 산재한 소위 미개국들은 나라를 다스리는 큰 도리가 서지 않고 도덕의 기초가 정해지지 않아 안으로는 공명(公明)의 이치와 뜻을 쌓지 않은 곳이 많다. 그런데 한국의 경우는 크게 달라서 수천 년래로 성현의 도리를 존중하여 나라 다스리는 본래 뜻은 선비들의 머릿속에 각인되었고 도덕의 기초가 상하에 확립되었다. 가령 물질적 문명의 제도와 사물들이 구비되지는 못하였지만 안으로 공명(公明)의 이치와 뜻을 쌓아 시비곡직을 판단하는 밝음이 있음은 원래 문명국인들에게 양보할 바가 없으니 이것이 다른 미개국과 크게 다른 바이다. 그래서 내가 밖에서 첫째, 둘째의 광명을 가만히 보았고 안에서는 세 번째의 사실을 발견하였으니, 환희하며 용기를 몇 배로 내는 것이 이 때문이다.

그 다음은 본회의 행동에 관한 것이다. 본회의 취지와 목적은 규칙

1 1898년 12월, 미국은 스페인과의 전쟁에서 승리하여 파리강화조약을 맺고 스페인에게 쿠바와 필리핀을 할양받았다. 쿠바에 대해서는 1902년까지 미국이 직접 군정을 실시했으나, 필리핀에서는 저항이 거세 1899년에서 1902년까지 미국은 필리핀인들을 상대로 전쟁을 했다.

제2조에 명기되었으니, "교육을 장려하고 산업을 발달하여 훗날 국가의 독립을 도모한다"고 했고, 그 방법과 수단은 규칙 제4조에 명기되었으니, "국법의 범위를 벗어나지 않고 문명의 궤도를 따라 국민을 지도하며 정부에 건의한다"고 하였다. 이 취지서의 주요 뜻인 '한국 정신'을 고취함에 대해서는 본회의 골수라고 부를 만한 것이니, 이 정신이 있어야만 비로소 국가의 원기를 발양하고 교육과 산업도 발달할 것이다. 그러니 만약 이 '한국 정신'이라고 칭하는 국가의 의기, 원기, 호연지기라 부를 만한 국민적 정신을 잃어버린다면 교육, 산업이 발달되지 못할 뿐 아니라 국토 산하가 있더라도 사람들은 다만 지푸라기 인형에 불과하여 국가가 멸망하지 않으려 해도 어찌 면할 수가 있겠는가.

올해 4월 본회가 성립할 때 나는 속으로, '제1기 6개월은 본회의 취지, 목적을 국내외에 선언하고 세상 사람들의 오해가 없도록 힘써 본회의 기초를 확립하는 것이 필요하다. 제2기 6개월은 전국 각 도의 동지들을 모집하며 우국 인사들을 단결하여 인민의 여론을 하나로 모으는 것이 필요하다. 제3기 6개월은 본회 활동의 시기이니 민의를 대표하여 국정을 개선함을 필요로 한다.' 라고 생각했다. 지금 그 1기를 지내고 2기에 들어가 임원을 다시 선출한 후에 비로소 공개 연설을 개최하니, 내가 제2기의 사업에 대한 소견을 말하여 여러분이 참고하시라 제공하고자 한다.

대체로 국무를 처리하는 각부 대신의 자격은 임금의 총애, 인민의 신망, 자기 재능이라는 세 가지를 구비하는 것이 필요하다. 소위 임금의 총애라 함은 사적인 총애가 아니라 공적인 총애이니, 공적인 총애라 함은 국사를 위임할 만한 인민의 신망과 그의 재능을 믿고 인정한 것이다. 그러므로 인민의 신망이 위정자가 될 자격에서 가장 높은 것이니, 대개 문명국에서는 각 정당이 자기들의 주의와 정책을 공의와 여론에 호소하며 민심의 향배에 의거하여 진보와 퇴보, 성장과 감소가 있다. 그러나 한국 같은 국가 상황에서는 어떤 사람이 과연 인민의 신망을 책임질지 이를 판단하여 알 수 있는 방법과 형식이 없다.

그래서 혹 문벌 좋은 사람, 혹 ○○○○○○○○○○○○○○○○○○○○○[2] 하려 하면 민심이 서로 위반되고 국사가 날로 잘못될 뿐이다. 이러한 구제의 기술은 다름이 아니라 가장 선량한 취지와 목적으로 단체를 이루어 전국 각 도의 민심을 하나로 모으며, 평화적 수단과 방법에 의지하여 정권을 주고받으며, 그 정부는 전국의 민심으로 후원을 삼아 임금의 명을 받들어 국사를 처리함이니, 이렇게 하면 천하에 무슨 일을 이루지 못하겠는가.

지금 본회는 제2기에 속하는데 지방으로 확장할 때 크게 주의할 것은 국사를 논의할 자격이 없는 무지한 잡배를 끌어들여서는 안 되니 왜 그런가. 전국 각 도의 유식한 자들을 단결해야 민의를 대표할 수 있고 또 민심을 지도할 만하기 때문이다. 대개 전국의 인구를 2천만 명으로 가정한다면 그 중 천이백만 명은 부녀자일 것이니, 그러므로 남자는 팔백만 명에 불과하다. 그 팔백만 중에서도 늙거나 어려 국사에 관계없는 자들이 각국의 평균으로 추정해 사분의 삼이라 하면 어른은 이백만 명에 불과하다. 이백만 중에서도 농공상업이나 노동에 종사하는 무학, 무지한 무리와 승려, 병자, 불구자 등 국사에 관계가 없는 자들이 있다.

그렇다면 각국 평균으로 추정하고 다시 한국 사정에 비추어 글을 읽을 수 있고 이치를 아는 사람이 그 이십분의 일【즉 십만 명】에 불과하고, 그 십만 명 중에서도 ○○○○○○○○○○○○○[3] 다른 주의를 가진 인물이 있고, 정성된 뜻으로 나라를 걱정하는 인사는 소수에 불과하겠지만, 항심(恒心)이 있는 사람, 염치가 있는 사람 그리고 사물의 이치를 아는 사람도 또한 적지 않을 것이다. 생각하건대 본회의 취지와 목적을 듣지 못했더라도 그 뜻이 같은 사람도 있을 것이고 또 이를 듣고 비로소 떨쳐 일어난 사람도 있을 것이다. 그러니 요컨대 그 십만 명 중에 5, 6만 명을 단결하면 한국의 민의를 대표할 만하므로 각 도의 민심

---

2 원문에 '○' 표시가 21개 되어 있다. 검열로 추정된다.

3 원문에 '○' 표시가 13개 되어 있다. 검열로 추정된다.

을 지도할 수 있을 것이다. 다시 말하면 본회는 상하의 신망을 짊어지고 국가의 지주가 되어 독립의 기초를 세움에 유의해야 한다.

이상에 말한 것은 다만 제2기의 사업을 약술한 것뿐이다. 바라건대 우리 회원들은 언행을 삼가 타인의 본받을 모범이 되고, 회원 아닌 여러분은 이참에 국가를 위하여 끊임없이 입회하여 제3기의 활동을 조성하기를 간절히 바라 마지않는다.

(5호, 44~49면)

금일 국민의 감념(感念)이 어떠한가

윤효정

옛말에 "뜻이 있는 자는 반드시 일을 이룬다"라고 하니, 무릇 사람들이 그 감념(感念)이 어떠한지에 따라 그 성취의 결과를 보게 되기 때문이다. 그러므로 그 한 사례를 논하자면 제기(祭器)를 갖고 놀며 생긴 감념으로 인해 맹자가 성인이 되었고,[1] 등에 새긴 문신의 감념으로 인해 악비의 충성이 만들어진 것[2]이다. 한 고조의 통일 대업은 대장부가 마땅히 이래야 한다는 감념이 만든 것이요, 당 태종의 정관(貞觀)의 치(治)는 천하를 공평히 다스린다는 감념이 만든 것이니, 이는 동양의 인사들이 모두 명백히 알고 있던 바이다.

비단 개인만이 그러한 것이 아니라 국가도 또한 그러하여, 각자 그

1 맹자가 어렸을 때 묘지 근처에 살 때는 장례 지내는 것을 흉내냈고, 시장 가까이 살 때는 장사하는 것을 흉내냈고, 학교 가까이에 살 때는 제기 진열하는 것을 흉내냈다. 맹모삼천(孟母三遷)에 관계된 고사이다.

2 악비(岳飛; 1103~1141)는 등에 '정충보국(精忠報國)'이라는 문구를 새기고 있었다. 주전론을 펴면서 금나라와 싸울 것을 주장하다 재상인 진회(秦檜)의 참소로 죽었다.

다수 인민의 감념의 여하에 따라 그 나라의 성과가 만들어진다. 미국의 독립이라는 성과는 미국인들에게 독립에 대한 감념이 있었기 때문이요, 일본이 유신하고 청나라는 수구함 또한 각자 그에 대한 감념으로 인해 그 결과가 만들어진 것이다.

어떻게 다수 인민의 감념이 그 나라에 결과를 만드는가. 대개 사람에게 선악이 없을 수 없지만, 선함이 많고 악이 적은 자가 선인이요, 악함이 많고 선이 적은 자가 악인이다. 저 여러 나라의 인민들도 순수하게 독립, 자유, 유신, 완고의 생각만을 가진 자들은 없을 것이다. 그 국민의 전체 가운데 6, 7할 이상이 국가에 대한 감념이 있다고 한다면 저마다가 국가의 성과를 이루리니, 국민의 감념이 국가의 행복과 불행에 연관됨이 진실로 크다. 그러니 비록 나의 학문과 언변이 노둔하지만, 지금 만장하신 여러분께 오늘날 국민의 감념이 어떠한지에 대하여 논하고자 하니, 경청하여 주시는 영광을 받게 해주신다면 매우 다행이겠다.

오늘날 국민의 감념이 어떠한지를 논하고자 한즉 먼저 예전 국민의 감념은 과연 어떠했겠는지 살펴보아야 한다. 예전 국민의 감념은 단순히 의존하였다고 말해도 좋을 것이다. 국내의 풍속으로 말하자면 사농공상과 상하귀천과 경향(京鄕), 남녀, 공사(公私), 노소(老小)가 밤낮으로 애쓰고 힘쓴 것이 세력가와 사사로운 정에 의존하는 일뿐이었다. 선비들은 스스로 일하지 않으면서 백일장의 어린 시절부터 공경대신이 된 다음까지도 혹 누구의 자손이라거나, 혹은 누구의 인척이라거나, 혹 선대부터 내려온 우의라거나, 혹은 친분에 의존한다. 젊어서는 과거급제로 관직을 얻고 노성해서 고위 관작을 얻기까지 이것들에 의존하여 못하는 일이 없다.

농민은 스스로 자기 힘을 다하지 않고 천연의 숙성에 의존하고, 장인은 자기 기술을 정련하지 않고 사기와 조작에 의존하며, 상인은 스스로 적법한 이익을 도모하지 않고 청탁에 의존한다. 하층은 상층을 의존하고 상층은 더 최상층을 의존하며, 천한 자는 귀한 자를 의존하고 귀한 자는 지극히 귀한 자를 의존하며, 시골은 서울을 의존하고 여자는 남자를 의존하며 사(私)는 공(公)을 의존하고 젊은이는 늙은이를 의존한다. 심지어 의존할 바가 없는 자를 도리어 치욕스럽게 여기고 모욕한다.

외교로 말하자면 소위 몇백 년의 사대주의가 곧 의존의 다른 이름인데, 중국 땅의 산하를 우러러 "옥경(玉京) 십이루(十二樓)"[3]라고 하며 역대 황제를 "상국(上國)의 성천자(聖天子)"로 받들어 조회를 게을리하지 않고 교명(敎命)을 그대로 따랐다. 그러다가 무릇 세계에 파란이 일어나 한번 변하니, 일본이 강하면 일본에 의지하고 러시아가 닥쳐오면 러시아에 붙으며 방향이 없이 달리기를 연잎 위의 이슬방울같이 하였다. 털끝만큼도 자주 독립하겠다는 사상이 없이 노예의 비굴한 지위를 달게 여긴다. 이는 비단 상층에 있는 이들의 감념일 뿐 아니라 또한 국민들도 동일한 감념이니, 그러므로 오늘날의 국세에 이르게 된 결과는 곧 모든 지위의 사람들이 그 사정을 자세히 알고 있는 바로서 많은 말이 필요하지 않다.

그러나 오늘날 세계의 대세가 우리나라에 유입됨이 바람과 파도를 막기 어려움과 같다. 전날에 비해 완전히 반대가 되어, 소위 누구의 자손, 누구의 친척, 선대의 우의나 친분도 모두 쓸데없고, 상하귀천, 남녀노소, 공사(公私), 경향(京鄕)이 각자 서로 의존하는 것도 모두 쓸데없고, 음양가의 점치는 통과 남녀 무당의 금방울과 매관자의의 은덩어리도 모두 쓸데없게 되었다.

지금 정부 여러분들은 뜻을 날카롭게 하고 새로이 혁신하여 사람을 쓰되 반드시 인물을 잘 살펴보고 살펴볼 때는 공정하게 하여 일세의 호걸과 현명한 이들을 망라하여 조정에 등용한다. 그리하여 은나라 부열(傅說)이 숨어있던 바위[4]와 수나라 강태공(姜太公)이 낚시하던 위수(渭

3 황제(黃帝) 때 곤륜산에 열두 옥루(玉樓)를 짓고 신선을 기다렸다는 고사가 있다. 천자나 신선의 거처를 상징한다.

4 부열(傅說)은 부암(傅岩)에서 노역에 종사하다가 무정(武丁), 즉 훗날의 은(殷)나라 고종

水)[5]에는 달그림자와 안개 흔적만 남아 있는 것이다. 관리를 뽑는 새로운 풍조와 도문의 지는 해[6]에 슬픈 노래로 비분강개하는 이들은 단지 글재주가 없어서 버려진 것만은 아니라 하니, 그것이 과연 그러한가. 과연 그렇다면 이 어찌 의존으로 생계를 도모하던 시대이겠는가.

이미 다시는 의존할 수 없다는 것을 알았다면 일반 사람들의 인정(人情)은 거의 구름을 헤치고 해를 본 듯하고 큰 우렛소리에 꿈을 깬 것 같을 것이다. 새로운 감념으로써 바꾸지 않는다면 절대 옳지 않으니, 마땅히 어떻게 바꾸어야 하는가.

생명은 스스로 지키고 재산은 스스로 늘리며, 재예(才藝)는 스스로 닦고 사업은 자립하며, 인민은 자치하고 국가는 자강해야만 할 따름이다. 사람들이 각자 자치의 감념을 지녔으면서도 국가가 자강할 수 없었던 경우는 없었으며, 국가가 자강할 수 있는데 독립할 수 없었던 경우도 없었다. 그러나 자치는 지식이 없으면 불가능하고, 지식은 학문이 아니면 얻을 수 없고, 학문이 국민에게 보급되는 것은 의무교육이 아니면 이룰 수 없으니, 오늘날 본회가 의무교육으로써 정부에 건의한 것은 국권을 회복하려는 유일무이한 굳은 희망이다.

이것이 곧 본회의 감념이라고 말할 수 있다. 그 실행의 더디고 빠름은 오직 정부와 국민의 감념에 달려 있을 뿐이다. 그러나 만약 인민들이 스스로 자포자기를 달게 여기고 문명과 행복을 오로지 정부에서 조치해 주기만을 바라며, 국가가 스스로 비굴함을 자처하면서 보호와 독립에서 오로지 남들의 지도만을 바란다면, 이는 매일 무고한 자를 죽이며 천당에 가기를 바라는 자와 다름이 없을 것이다. 그러니 이 같은 감

(高宗)에게 등용되어 재상이 되었다.

5 훗날 주(周) 문왕(文王)이 되는 서백(西伯)은 위수(渭水)에서 낚시하는 강태공을 보고 그가 범상치 않은 인물임을 알아보고 재상에 등용했다.

6 원문은 도문낙일(屠門落日)인데, 푸줏간을 지나며 입맛만 다신다는 도문대작(屠門大嚼)과 비슷한 의미로 추정된다. 뜻은 있으나 이루지 못하고 조바심만 내는 모양이다. 벼슬에 뜻이 있으나 등용되지 못하는 상황이다.

념을 어리석게 여기는 자가 지금 동포 중에 몇 명이나 되겠는가. 만약 그런 이들이 있다면 나는 그들과 손을 맞잡고 통곡하고자 하니, 감념에 달렸을 뿐이도다, 만장하신 여러분이여!

(5호, 49~52면)

국민의 의무

남궁훈

만장한 제군들이 대한자강회의 취지와 목적을 애호하여 통상적으로 회의를 개최하면 이처럼 분망한 시대에도 만사를 제쳐두고 인산인해를 이루며 방청한다. 이에 회의장이 항상 모두를 수용할 수 없으니 자강회의 영광이 지극하다. 강물을 쏟아놓듯이 혀를 한 번 휘둘러 제군들의 거룩한 뜻을 환영하는 것이 마음에 쾌활하겠지만, 가장 아쉬운 점은 단지 나의 얕은 식견이 우물 안 개구리를 면치 못하고 어눌한 말솜씨가 항상 등봉(鄧鳳)을 두둔하는 것 같아서[1] 오늘 방청하는 제군들의 환심을 사기에는 어렵다. 그러나 달변이 아닌 자의 어리석음은 달변가의 영광이니 나의 달변 아닌 어리석음으로 다른 달변가의 훌륭함을 만

1 등봉(鄧鳳)을 두둔하는 것 같아서 : 후한(後漢) 안제(安帝)의 어머니인 등태후(鄧太后)가 수렴청정하다 죽자 그 일족에게 참소가 닥쳤다. 이로 인해 태후의 오빠인 등즐(鄧騭)과 그의 아들 등봉(鄧鳳)이 억울하게 죽었다. 여기서는 참소에 저항했으나 결국 등봉은 죽었기 때문에 소용없다는 의미로 인용한 것으로 보인다.

들고자 한다. 이미 국민의 의무라는 문제가 있었고 또한 본 회의 선출을 받았으니 비록 달변은 아니지만 감히 연설하겠으니 오직 바라건대 만장하신 신사들은 박수로 들어주시는 영광을 혹여 잠시라도 주신다면 마음에 만족스럽겠다.

나의 금일 연설 주제는 국민의 의무이니 국가와 백성의 어떠한 것을 먼저 말할 것인가? 대개 국민이라 일컫는 것은 구획한 한 지역에 인민이 단체로 모여 주거함을 말한다. 다만 지역만 있고 거주하는 인민이 없다면 국가라든가 백성이라고 일컬을 이유가 있겠는가? 단지 토지만 있고 거주하는 인민이 없다면 이는 곧 이른바 광막한 황야와 불모지이므로 국가라고 명명할 수 없다. 이 때문에 백성이 없으면 바로 국가가 없는 것이다.

만일 인민이 조성한 체재를 국가라 일컫지 않고 단지 토지의 소유만으로 국가라고 말한다면, 예를 들어 토지의 광대함이 동아시아 대륙과 구미 전 지역을 함께 소유하며 남쪽은 빙해(冰海)를 경계로 삼고 북쪽은 북극을 한계로 삼더라도 민생이 없다면 이를 국가라고 말할 수 있겠는가? 지구라고 말할 수는 있겠지만 국가라고 말할 수는 없다. 그렇다면 국가의 탄생을 기념하는 것은 곧 백성이 아니면 무엇이겠는가? 그러므로 옛말에 "왕은 백성을 하늘로 삼는다"[2]라고 하였으니, 천도가 세워지지 않으면 사계절의 질서가 없고 만물이 반드시 모두 죽고 말 것이다. 국가가 백성과의 관계의 중대함이 과연 어떠한가?

이미 국민이 어떠한지를 말하였으니 다음으로 의무가 무엇인지를 논변하겠다. 무릇 의무라는 것은 마땅한 일에 힘쓰고 실행하며, 담당하여 책임지지 않을 수 없음을 일컫는다. 천만 가지 사물 중에 형질과 명칭이 있으면 의무가 없을 수 없기에 일일이 거론할 수는 없고 그 대략만을 들어 설명하겠다. 만물의 소장(消長)과 흥쇠(興衰)는 천지조화의

2 『사기(史記)』「역이기전(酈食其傳)」에 나오는 말이다.

현묘한 의무요, 만물이 자생하고 생식함은 광대한 토지가 포용하는 의무요, 낮이 밝고 밤이 어두운 것은 음양이 변하고 바뀌는 의무이다. 봄철의 꽃과 여름의 비, 그리고 가을 서리와 겨울철 눈은 사계절이 생성하는 의무요, 따뜻하다가 서늘해지고 더웠다가 추워지는 것은 공기가 유통하는 의무이며, 청산의 외진 동굴에서 깊이 지내며 간혹 나와 그 재앙을 염려하는 것은 들짐승들의 의무요, 하늘에서 비가 내리지 않을 때 뽕나무 뿌리로 둥지의 입구를 삼다가 떠내려가거나 흔들릴까 염려하는 것은 날짐승들의 의무이며, 멍에를 매고 짐을 싣고 사람을 위해 달리거나 부림을 받는 것은 힘으로 먹고 사는 마소의 의무요, 이상한 사람을 보면 짖어서 불의의 일을 방비하는 것은 주인을 지키는 개의 의무요, 건물과 누각을 지을 때 돌덩이가 아니면 기초와 계단을 만들 수 없고 목재가 아니면 들보와 서까래를 만들 수 없으니 이것은 나무와 돌의 의무이다. 형형색색의 사물이 모두 의무가 있거늘 사람으로서 사물보다 못할 수 있겠는가?

그렇다면 나라 안에 갖춰져 있는 허다한 물건들이 모두 의무가 있거늘, 어찌하여 유독 국민의 의무를 말하는가? 사람은 그 가운데 만물의 영수(領袖)가 되어 가장 신령하고 가장 지혜로우며 가장 강하다. 다른 사물은 가장 우준(愚蠢; 어리석고 느림)하고 가장 약하여 체제를 조성하여 의무를 이행함이 인류처럼 할 수 없다. 이 어찌 인류가 약육강식 속에 생존경쟁 할 의무가 아니겠는가?

이에 우리 인간이 득의한 시기에 나라를 세우고 백성을 이루어 군장(君長)을 추대하여 두뇌로 삼아 만기(萬機)를 총괄할 수 있었고 정부가 다시 만들어지게 되었다. 다만 정부의 행정에 대한 의무만 있고 서민의 생업을 마련해야하는 의무가 없다면 임금과 관리가 실행해야 할 일들에 쓰일 수많은 비용을 어떻게 마련하겠는가?

이에 인민이 실업을 만들어 국고에 납세하는 것이다. 우리나라로 논할지라도 국고의 1년 세입 금액 일천삼백십팔만 구천여 환이 모두 우리 국민이 의무적으로 납부한 조세이다. 조세는 바로 재정의 원소요 재정은 국가의 혈맥이다. 국가의 부강도 이 조세에 있고 빈약도 조세에 있다. 우리 국민이 이미 의무를 행하여 국가의 안위를 정부에 위임하였으니 국가 흥망의 책임이 어찌 우리 국민에게 우선적으로 있지 않겠는가? 책임이 국민에게 먼저 있으니 정부 행정의 잘잘못을 우리 국민의 의무로 보호하고 감독할 권리가 자연히 있을 수밖에 없다. 법률의 불공정과 재정의 문란, 군사 행정의 부진과 경찰의 정밀치 못함, 실업의 좌절, 인재 등용의 불공정을 강 너머 불구경하듯 볼 수만은 없으니 전해 내려온 잘못된 정치를 진흥시키고자 힘써 도모하는 일이 오직 우리 2천만 국민의 의무라 하겠다.

(10호, 46~48면)

생존의 경쟁

윤효정

천지가 나뉘고 문자가 처음 만들어진 이래로 삼분(三墳), 오전(五典), 구구(九丘), 팔색(八索)[1] 가운데 일찍이 듣거나 목도한 바가 없거늘 한 구절의 놀랍고 두려워할 만한 문자가 출현하였다. 오늘날 20세기에 이르러 개인과 국가를 불문하고 이 한 구절의 참된 진리를 아는 자는 생존의 안락을 얻고 모르는 자는 멸망의 참상을 드러낸다. 이 세상에서 생존을 도모하는 자는 이 한 구절의 문자를 결코 모를 수 없으니, 이른바 한 구절의 문자란 '생존의 경쟁'이다.

생존경쟁의 열기가 현세에 이르러 이처럼 극렬한데 고대에는 무슨 이유로 이러한 열기가 숨어서 드러나지 않았으며 중고(中古) 시대에는

1 삼분(三墳), 오전(五典), 구구(九丘), 팔색(八索) : 옛 서책을 이르는 말로 공안국(孔安國)의 설명에 따르면 삼분(三墳)은 복희(伏羲), 신농(神農), 황제(黃帝)의 글로 대도(大道)를 언급하였고, 오전(五典)은 소호(少昊), 전욱(顓頊), 고신(高辛), 당(唐), 우(虞) 등 오제(五帝)의 글로 상도(常道)를 말하였다고 하며. 구구(九丘)는 구주(九州)에 대한 기록으로 토지와 풍기(風氣) 등을 기록하였고, 팔색(八索)은 팔괘(八卦)에 대해 설명하였다고 한다.

어떤 까닭으로 이 열기가 비로소 발생하였고, 근세에는 무슨 이유로 이 열기가 점차 넓고 커졌으며 현세에는 무슨 까닭으로 이처럼 극렬한가의 요지를 우리들이 한 번 고찰하지 않을 수 없다.

한(漢)나라 광무제(光武帝)는 "사람은 참으로 만족할 줄을 몰라서 이미 농(隴) 땅을 평정하고서 다시 촉(蜀) 땅을 바라본다"[2]라고 하였으니, 이는 절세 영웅이 만고의 인정세태를 꿰뚫어 본 격언이다. 대체로 사람이 만족할 줄 모르는 상정(常情)은 현우(賢愚)를 막론하고 저마다의 뇌리에 존재한다. 이것은 진실로 하늘이 부여한데서 나온 것이기에 쉽사리 제거하기 어렵다. 그리고 이러한 마음은 바로 천하만사가 진보하고 발달하는 원소가 되는 것이다. 다만 도덕과 법률의 범위를 벗어나면 그 폐해가 혹여 백승(百乘)의 집안으로서 천승(千乘)의 임금을 시해하며, 천승의 국가에서 만승의 임금을 시해하기에 이르기도 한다.[3] 이를 두려워하여 성인께서는 멈출 수 없는 욕심을 경계하셨다. 만약 도덕과 법률 안에서 이러한 마음을 유리하게 인도한다면 현재 구미 각국의 유리세계와 황금생활[4] 역시 모두 득롱망촉(得隴望蜀)하는 평범한 마음에서 흘러나온 결과이다. 개인이든지 국가든지 소위 생존경쟁의 기인은 실로 이러한 마음에서부터 발생한 것이다.

일찍이 듣자하니 요(堯)임금이 천하를 허유(許由)에게 선양(禪讓)하셨는데 허유가 받지 않고 부끄러워 도망쳐 숨었다고 한다. 천자의 존귀함과 사해의 부(富)는 사람마다 원하는 바이다. 삼대 이후로 세상에 없던 호걸이 시기를 틈타 연이어 일어나 몇만 명의 생령들을 전쟁터에서 유린하고 혈육과 지친이 한 집에서 서로를 해쳤음은 그 이유를 미루어 고찰해보건대 부귀를 찬탈하지 않은 경우가 없었다. 그런데 선양하였

2 한(漢)나라 …… 바라본다 : 후한(後漢)의 광무제가 일찍이 잠팽(岑彭)에게 내린 글을 인용한 것으로 '득롱망촉(得隴望蜀)'이라는 성어의 유래로 사람의 탐욕이란 끝이 없음을 비유한 말이다

3 백승(百乘)의 …… 한다 : 『孟子』「양혜왕(梁惠王) 상」에서 인용한 것이다.

4 유리세계와 황금생활은 구미열강의 발전된 문명을 비유한 것으로 보인다.

는데도 받지 않고 부끄러워 도망쳐 은둔하는 지경이었으니 어쩌면 옛 사람들의 성품은 더할 수 없이 선하고 지금 사람들의 성품은 더할 수 없이 악하였기 때문인가? 어쩌면 득롱망촉의 마음이 고대에는 절대 없었고 중고(中古) 시대부터 처음 싹튼 것인가? 아니다. 고대의 사람도 하늘이 부여한 이 마음이 전혀 없을 수 없지만 단지 시대의 상황으로 인하여 이 마음이 숨어서 드러나지 않았을 뿐이다.

대체로 상고(上古) 시대에는 광막한 들판에서 희소한 인류가 밭을 갈아 먹고 우물을 파서 마시며 바라는 바는 주리면 먹고 목마르면 마시는데 불과하였다. 그 군상(君上)의 거처가 흙 계단과 초가라도 스스로 편안하게 여겼으니 그 의식(衣食)의 정도 역시 추측할 수 있다. 그러므로 그 백성의 생활은 순박하여 다투지 않으며, 그 군주의 정치 교화는 무위(無爲)로써 읍하거나 양보하였다. 이는 경쟁의 열기가 천연적으로 싹트지 아니한 시대라 이를 수 있다.

중고 시대 이래로 유한한 토지에 무한한 인구가 점차 번식하여 남은 이익이 적고, 빈부와 귀천이 천지마냥 현격해져서 사람들이 부귀를 부러워하고 빈천을 싫어하는 상정(常情)으로 의식과 금전을 저축하려는 마음과 합병하려는 욕심 때문에 점점 생활의 곤란을 느끼게 되었다. 이는 경쟁의 열기가 비로소 발생하게 된 시대라 이를 수 있다.

근고(近古) 시대에는 국가 교류의 진보로 인하여 동서 지구(地球)의 우의를 서로 맺고 황인종과 백인종이 무역을 소통하는 대세가 저절로 일어났다. 대개 지구는 인류가 공동으로 생활하는 기초가 되는 까닭에 국제 법규가 허락한 한계와 각국 법률이 정한 범위 내에서 이주, 생활, 경제의 발전을 어떤 사람이라도 시도할 수 있음은 하늘이 가리켜 명령함에서 나온 것으로 인정하여 각국이 서로 실행하였다. 이는 나라와 나라 사이에 경쟁 열기가 점차 넓고 커진 시대라 말할 수 있다.

위에서는 인정의 자연스러움과 시세의 필요성으로 생존경쟁의 멈출 수 없는 두 가지 원칙을 들어 논의하였다. 그렇다면 금일의 생존경쟁은 도저히 면하고자 하여도 면하지 못할 것이니 개인이든지 국가든지 내가 남을 제압하여 이기기 어려운 때에는 반드시 그의 영향에 굴복하여 종종 멸망에 이름을 각오하지 않을 수 없다. 대체로 타인의 영향에 굴복하여 마침내 멸망에 이름은 누구라도 싫어하여 피하지 않을 사람이 없을 것이다. 이는 경쟁의 열기가 극렬한 정도에 다다른 현 시대를 형성한 배경이다.

우리나라도 근년에 세계의 풍조가 유입되어 4천 년 이래로 폐쇄하였던 항만이 한 번 열리자 외국인의 침입이 날로 달로 증가하므로 생존경쟁의 극렬함을 이로부터 느낄 수 있을 것이다. 농업가는 경운(耕耘)과 종자 선별, 기계의 개량을 도모하여 가을 수확의 증익을 이루며, 상업가는 기민함과 지혜를 운용하여 무역에 많은 이익을 구하고, 공예가는 세인의 기호를 분명하게 살펴서 물품의 제작을 정밀하게 한다. 사인(士人)은 학술을 연구하여 실제에 응용하되 정치의 개량과 국민의 지도를 자임하여 개인의 생존경쟁뿐만이 아니라 국가의 생존경쟁을 계획하고 도모하지 않을 수 없다. 대체로 우열의 승패는 일상적인 일이며 약육강식은 현세(現世)의 상례이다. 그러하거늘 우리나라의 형편을 조감(照鑑)해 보면 한 층 깊은 감상을 견딜 수 없는 것이 있으니 농상공사(農商工士)의 사업이 능히 지역 밖으로 나아가 타국의 이권을 경쟁하는 일은 말할 것도 없고 자국의 이권도 대부분 타인에게 양보한 듯하다. 그러하고도 이와 같은 극렬한 시대를 안전하게 지나갈 수 있는 자가 어찌 있겠는가?

국가는 물을 거슬러 운행하는 배와도 같아서 만일 삿대와 키를 움직이지 않고 돛대를 방임한다면 다른 배는 시각을 헤아리며 상류로 나아가고 나만 홀로 하류에 흘러내려가는 상황을 면하기 어렵다. 사람이 백 보를 나아가면 나는 배십 보를 나가려는 결심이 있어야 치욕을 면할 수 있을 터인데, 우리나라 상업의 주위를 관찰하고 동포의 생활수준을 깊이 생각해 본다면 누가 맹렬히 살피고 분발하여 나아가는 감개의 눈물을 감히 아끼리오. 이것은 과연 어떠한 세계인가? 생존경쟁을 모르면 개인이 노예의 치욕을 요행으로 면할 자가 없으며, 생존경쟁을 모르면 국가가 판도(版圖)의 색깔을 바꿀 수밖에 없는 시대다. 금일 20세기에 생존하는 모든 우리 동포는 생존경쟁의 요의(要義)를 정신을 다하여 연구해야 할 것이다.

(11호, 4~7면)

본회의 장래

오가키 다케오

이 문제는 긴요한 문제인 까닭에 회장 윤치호 각하가 연설할 것으로 신문지상에도 광고하였는데, 불행히 그 대부인께서 어젯밤에 영면하여 회장 각하가 출연할 수 없는 까닭에 내가 금일 갑자기 대변하게 되었다. 준비한 것이 없어 심히 곤란하지만 제군들에게 실언할 수는 없기에 단지 나의 이상(理想)으로 대한자강회에서 희망하는 장래의 행동에 대하여 연설하고자 한다.

오늘은 일진회(一進會)와 자강회(自强會)가 서로 협약한 바와 같이 동일한 시간에 정담연설회(政談演說會)를 열었다.[1] 해당 일진회와 본 자강회의 취지, 목적은 그 지나온 행보가 다름을 제군들이 익히 아는 바이다. 한국에서 양대 정당이 상호 대치하는 모양이 있으나 피차 시비가

1 일진회와 자강회를 연합하려는 움직임은 식민정책을 강화하려는 일제의 정략으로 필자 오가키 다케오는 이를 위해 노력한 것으로 보인다.

없고 상호 논쟁이 없으며 각자 자신의 본령을 주장하고 지탱해 가부를 공론이 귀의하는 데 맡기려는 것이 이른바 군자의 싸움이요 공당(公黨)으로서의 당연한 본색이다. 이와 같이 한국의 당파가 공공연히 정견을 발표하여 국가의 이해와 인민의 득실을 강구함이 참으로 상하의 행복이니 문명의 수준을 진보시킨 것이라 말할 수 있다.

고래로 한국의 당파는 공적으로 다투지 아니하고 사적으로 다투었으며, 국가의 이익을 도모하지 않고 개인의 이익을 영위하였다. 서로 빠뜨리고 구제하기만을 일삼으며 살육을 남행(濫行)하여 그 지극한 폐단의 심함이 다른 나라에서 그 사례를 볼 수 없고 끝내 국가를 금일의 비참한 지경에 빠뜨린 것이 일대 한스러운 일이로다.

역사를 살펴보건대 조선의 풍속이 자고로 유학을 숭상하고 특히 고려 말엽 이후에는 송대(宋代)의 성리학을 전래해서 명유(名儒)의 사후에는 제자들이 서로 상의하여 그 유적에 나아가 제사를 올렸는데, 그 문도 가운데 명망이 있는 자를 뽑아서 그 일을 주관하게 하고 여가에 모여 경전을 강습하는 일이 교사(校舍)와 동일하였다. 중종(中宗) 때 백운동서원(白雲洞書院)을 창설하고 명종(明宗) 5년에 편액을 하사하여 서적을 반사(頒賜)하고 소수서원(紹修書院)이라 사액한 것이 서원의 시작이다. 숙종(肅宗) 재위 46년 동안에 150여 서원을 창립하여 경상도에만 70여 개소가 생기는 데 이르렀다. 이에 역대에 누차 그 거듭 설치함을 금하여 영조 17년에는 사당과 서원 3백여 개소를 훼철하였으나 한 시대의 풍조를 인력으로 막을 수 없었던 까닭에 더더욱 융성하여 화양서원(華陽書院)과 미수(眉叟) 허목(許穆)을 배향한 미강서원(湄江書院)은 가장 유명한 곳이다. 각 도의 주현(州縣)마다 대개 하나의 서원이 있어서 서원의 서생들이 조정의 정치를 의논하며 시무(時務)를 논하는 풍조가 크게 일어나 명사의 말이 한 번 나오면 각 주현에 전파되어 종종 조정의 뜻을 움직이는 경우도 있었다. 당시에 청의(淸議)라 일컬어 조정에 있는 종실과 외척, 재상들까지도 꺼려 재야인사의 풍조에 자못 권세있는 사람이 있었다.

그런 까닭에 나는 서원시대(書院時代)를 당파의 효시라고 하는 것이다. 그런데 청의가 변하여 붕당(朋黨)을 이루어 외척과 문벌이 있는 집안의 알력과 인과 관계가 착종(錯綜)되어 결국 불치의 고질병을 이루는데 이르렀다. 선조(宣祖) 때에 이준경(李浚慶)이 임종 시에 붕당사건(朋黨事件)을 통렬히 말한 적이 있었는데, 그 후 얼마 안 되어 동인(東人)과 서인(西人)의 당론이 생겨 심의겸(沈義謙)이 정릉동(貞陵洞; 서울 성북구)에 있어 그 당을 서인이라 부르며 김효원(金孝元)이 건천동(乾川洞; 서울 중구)에 있었으므로 그 당을 동인이라고 하였다.

그 후에 동인이 나뉘어 남인과 북인이 되고, 북인이 다시 나뉘어 대북(大北)과 소북(小北)이 되어 정인홍(鄭仁弘)과 유영경(柳永慶)이 서로 권력을 다투었고, 광해군 시절에 이이첨(李爾瞻)이 대북의 우두머리로서 국권을 잡아 소북인 박승종(朴承宗), 유희분(柳希奮) 등과 서로 다투었다. 대북이 다시 나뉘어 중북(中北), 육북(肉北), 골북(骨北)이 되며, 소북이 또 나뉘어져 청소북(淸小北)과 탁소북(濁小北)이 되었다. 동인이 점차 분열되어 그 세력이 점차 쇠해지자 서인이 인조(仁祖)를 도와 반정의 공훈을 세우고 그 뜻을 비로소 얻어 청서(淸西)와 공서(功西)로 나뉘었으며, 또 다시 나뉘어 노서(老西)와 소서(少西)가 되었다.

효종(孝宗) 이후에 서인과 남인이 서로 다투고 숙종 초년에 서인 송시열(宋時烈)이 유배되자 남인이 뜻을 얻었다가 또 나뉘어 청남(淸南)과 탁남(濁南)이라 불렀다. 경신대출척(庚申大黜陟; 1680) 때에 송시열이 다시 등용되어 명망이 한 시대를 기울여 국가의 대로(大老)가 되었는데 그의 의론이 군소(群小)의 무리들과 합치되지 않아 조정의 의견이 나뉘어 노론(老論)과 소론(少論)이 되어 양당이 보합만을 일삼았다. 숙종이 성지에 마음을 쓰지 않은 것은 아니지만 붕당의 일이 더욱더 성해져서 논의가 분분하고, 단지 예의(禮儀) 말단에 구애되어 서인과 남인이 서로 다투다가 나중에는 서인이 요직에 있은 지 20여 년에 노론과 소론의 분쟁으로 세월을 허송하였다. 그들이 베풀어 실시한 일들은 털끝만큼도 시무(時務)와 무관하였으니 한국의 쇠락한 운명이 여기서 배태되었다고 이를 것이다.

다시 현대 시기를 관찰해보면 대원군(大院君)이 총명하고 민첩하여 대외적으로 독립하자는 주의를 가지고서 풍기를 진작하고 정돈하며 문벌을 폐하여 인재를 등용한 것과 같은 일은 자못 일컬을 만하였다. 그러나 원래 한 시대의 효웅(梟雄)으로 그 성격이 각박하고 사나운 까닭에 잔학한 살육을 멋대로 자행하였으며, 또한 취렴(聚斂)을 일삼아 인민에게 해독을 끼쳤다. 이에 총명하고 지략이 많았던 황비(皇妃) 민비(閔妃; 명성황후)께서 장씨(張氏; 고종의 귀인)와 조영하(趙寧夏), 민승호(閔升鎬), 이최응(李最應), 이재면(李載冕) 등으로 하여금 누누이 황상께 친정(親政)하기를 권하고, 또 간관(諫官) 최익현(崔益鉉), 홍재현(洪在鉉)으로 하여금 대원군의 불충(不忠)을 통렬하게 변론케 하시었다. 대원군이 섭정했던 14년 동안 정권이 민씨에게 옮겨지고 외교 사무가 날이 갈수록 증가하므로 한국의 정략도 일변하였다. 그러나 대원군과 민씨 일족의 관계에 대해서는 우선 상세히 논하지 않겠다.

임오년 대원군의 난(亂; 임오군란)으로 인하여 청국(淸國)의 지대한 간섭을 불러들여 이에 일본과 청국의 충돌을 배태하였고, 그 후에 박영효(朴泳孝), 김옥균(金玉均) 등이 일본의 의협(義俠)에 원조 받기를 상주하여 학생 10여 명을 일본에 유학하도록 하였으며, 일본공사 다케조에 신이치로[竹添進一郎]가 새로 취임하자 이들 일파와 동조하여 세력을 크게 확장하려 하였다. 그러나 민씨 집안의 일파인 친청파(親淸派)의 대세에 저항할 수 없었고, 이즈음 한규직(韓圭稷), 조영하, 이조연(李祖淵) 등이 조용히 친러파를 조직하였으나 정치상으로 볼만한 것이 없었다.

지금으로부터 23년 전 갑신년에 우편국(郵便局)이 새로 생겨나자 황상께서 친림(親臨)하여 그 의식을 거행하려 할 때에 김옥균과 박영효 두 사람이 홍영식(洪英植), 서광범(徐光範), 서재필(徐載弼), 이인종(李寅鍾), 신복모(申福模)와 상의하고 병사를 일으켜 갑자기 공격해 대신들을 살해하려다가 모의가 이루어지지 않았다. 이에 김옥균과 박영효가 임금께 입시하여 경우궁(景祐宮)으로 피난케 하고 내관 변유(邊楡)로 하여금 다케조에 공사에게 와서 구원해주기를 청구하고, 다시 변고를 듣고 입조(入朝)한 사람을 맞이해 죽이기로 했다. 윤태준(尹泰駿), 민영목(閔泳穆), 민태호(閔台鎬), 조영하, 한규직, 이조연 등 이른바 반대당의 영수를 살해하고 박영효와 김옥균 일파가 각각 요직을 차지하여 장차 대정유신(大政維新)의 조서를 반포하려다가 청병(淸兵)이 민씨 일족의 요청으로 즉시 입궐하여 일이 실패하게 되었다. 단지 실패했을 뿐만이 아니라 일본과 청국이 충돌하는 단서를 열어서 훗날의 큰 전쟁을 촉진하였다고 할 것이다.

일본의 후원을 받아 반대당을 없애려던 자들을 세인이 일본당(日本黨)이라 부르고, 중국의 원조를 받아 반대당을 없애려는 자들을 세인이 지나당(支那黨)이라 하며, 훗날 러시아의 세력을 얻어 반대당을 없애려고 한 자들을 세인이 아국당(俄國黨)이라 일컫고, 근래 미국의 원조를 청구하여 일본의 간섭을 면하려는 자들을 세인이 미국당이라고 이른다. 이처럼 각자가 함정을 만들어 배척하여 그 수단과 방법을 찾고 일진일퇴(一進一退)에 동포들의 반목하는 나쁜 역사가 진실로 한국 비운의 원인이다.

대저 다른 당을 없애기 위해 외국의 힘에 의지하는 일이 지혜로운 듯싶지만 실은 어리석은 짓이다. 시험 삼아 보건대 중국 세력을 배척하기 위하여 일본의 세력을 의지할 때에는 그 다음으로 오는 것은 일본의 세력이요, 일본의 세력을 배척하기 위하여 러시아의 세력에 의지할 때에는 그 다음으로 오는 것은 러시아의 세력이다. 이처럼 끊임없이 순환하여 나라가 그 폐해를 견디지 못하고 마침내 멸망하고 만다. 폴란드를 멸망시킨 것은 러시아가 아니라 폴란드 사람이니, 바로 폴란드 사람이 당쟁의 결과로 러시아에 의지하여 그 반대당을 없애고, 그 다음에 러시아의 간섭이 이르러서야 저항할 수 없어 자멸한 것이다.

그러므로 한국이 러시아의 권토중래(捲土重來)를 믿지 말며 미국의 원조를 꿈에도 생각하지 말아야 한다. 또한 편안히 누워 타인의 구제를 바라는 자가 있으니 이는 나라를 지키는 도리가 아니라 망국의 길을 걷고 있음을 모르는 짓이다. 지난날의 당파는 국가의 이해와 인민의 기쁨과 괴로움을 도외시하고 단지 자신의 권세만을 목적으로 삼아 정권 쟁탈에 열심이었고, 근래의 당파는 외국의 세력을 빌려서 반대당을 없애려고 한다. 이 모두 국가의 이해를 돌아보지 아니하고 한때의 권세를 탐하려는 것이니 모두 그 방도가 잘못된 것이며 국가의 불리함이 막심하도다.

본회는 국권의 회복을 기도(企圖)하고 독립의 기초를 확정하기로 목적으로 삼고, 교육 · 식산 · 정신의 세 가지 강령을 들어 부강의 자격을 구비함에 힘쓰며, 국법의 범위를 벗어나지 않고 문명의 궤도를 밟아 착착 진행하는 자들이니 그 누가 우리의 진로를 막을 자가 있겠는가? 그리고 국가의 이해와 인민의 즐거움과 괴로움을 우리 주장의 본위(本位)에 두고서 자신의 권세와 명리(名利)에 구애되지 아니하며 공당(公黨)의 당연한 임무를 수행함으로써 안으로는 회원의 용기를 증진시키며 밖으로는 외세의 압박을 받지 않는다. 이렇게 전국의 유식한 인사들을 단결하여 각 군에 지회를 설치하고 각 지회장을 경성에 불러 모아 국민대회를 열고 앞길의 조치와 방법을 의결하여 일국의 일대 방침을 발표하는 일도 멀지 않으리라.

그러나 지금은 25개 군의 지회에 불과하여 형식상 아직 전국의 여론과 공의(公議)를 대표한다 말할 수 없고 우선 그 당세(黨勢)의 확장에만 노력할 뿐이다. 제군들이 만약 우리 대한자강회의 취지와 목적이 옳다고 여긴다면 동지들을 회유하고 이끌어 입회시키고, 만약 반대한다면 일진회에 들어가 진퇴를 명백하게 할 것이다. 한갓 수서양단(首鼠兩端)하는 마음을 품고서 국가의 전도를 방관하는 일은 국민의 본분이 아니다. 무릇 사람이 스스로를 믿는 자는 서고 남에게 의지하는 자는 망하나니 국가 역시 그러하다. 그러므로 선공후사(先公後私)하는 일치단결을 성취하여 국가 진보의 요소를 완성해야 함을 알아야 한다.

혹자는 "자강회는 국민이 스스로 믿어 사대(事大)하고 의지하는 생각을 끊어버리라 권고하면서 한편으로는 일본인이 고문(顧問)으로 있으니, 이 고문이 자신의 모순이 아니오?"라고 한다. 나는 그렇지 않다고 생각한다. 고문은 이른바 고문일 뿐이지 지휘하고 명령하는 자가 아니다. 고문의 의견이 만약 불가하다면 채용치 않는 것이 본회의 권리이다. 그 말이 시의(時宜)에 적절하고 국가의 이익을 도모할 만한 다음에 채용할 것이다. 우임금이 훌륭한 말을 들으면 일어나 절을 올렸다고 하니, 본회에 고문을 둔 것은 국사(國事)를 생각하는 마음이 간절한 때문이다. 하물며 임진란 뒤에 조선에 귀화한 모화당(慕華堂) 김충선(金忠善)은 일본인이다. 나는 동양이 대단히 소란스러운 뒤에 한국에 건너와서 자강과 독립의 대의를 수창(首唱)함이 어쩌면 하늘의 인연인 것인가 싶다.

김충선은 22세에 건너왔고 나는 47세이니 남은 수명이 짧고 임무가 중대하여 밤중에 여기에 생각이 미치면 감개한 마음을 금할 수 없다. 나는 서원시대 이래의 당파를 비루하다 하였고, 외교가 시작된 이래의 당파를 거칠다고 생각한다. 본회는 기왕의 일을 살펴보고 장래를 생각하여 국가를 구제하며 인민을 안도케 하여 공당 본연의 중대한 임무를 수행하고자 한다. 본회의 장래의 언동은 다만 이 취지를 관철하기를 스스로 기약할 뿐이다.

(11호, 7~13면)

인내의 효력

유병필

인내라는 것은 사람마다 상정(常情)에 바라지 않는 것을 힘써 행하여 그가 영위하는 일들에 대하여 목적하는 바에 도달하는 현상을 말함이다. 이 목적에 도달하는 경우에는 그 효력이 없지 않을 것이다. 그렇다면 마음으로 행하기 어려운 일과 힘으로 도달하기 어려운 효과를 어찌 쉽게 말할 수 있겠는가마는 이미 발언권을 얻은 마당에 한 마디를 해보겠다.

인내의 종류가 하나가 아니어서 용인(容忍)의 인내도 있고, 은인(隱忍)의 인내도 있으며, 불인(不忍)의 인내도 있고 잔인(殘忍)의 인내도 있다. 용인, 은인, 불인의 인내는 인(仁)으로써 인내하는 것이고, 잔인의 인내는 불인(不仁)으로써 인내하는 것이다. 인내할 만한 때 인내할 수 있다면 이는 인내의 본체를 얻은 것이요, 인내하지 말아야 할 때 인내한다면 이는 인내의 본체를 잃은 것이다.

가만히 시험 삼아 논하자면 옛사람들 가운데 인내에 마음을 두어 그 효력을 확실히 얻은 사람을 대략 찾아보니 우임금이 홍수를 다스릴 때

8년 동안 밖에 거처하며 자신의 대문을 세 번이나 지나가면서도 그 집안을 살펴보지 아니하였다. 노심초사하느라 손과 발이 굳을 지경인데도 나태한 생각이 조금도 없어 마침내 치수에 성공하여 만방이 잘 다스려졌으니 만일 인내가 아니었다면 이러한 효력이 있었겠는가. 교격(膠鬲; 은나라의 어진 신하)은 고기 잡고 소금 굽는 일로 고생하였고 부열(傅說)은 성벽 쌓는 일에 곤궁하였어도 마음을 움직여 성질이 강인하였고 근심 없이 숨어 살았다. 그 자위를 얻어서는 자신의 도(道)를 행하여 임금을 요순으로 만들고 만고에 전하는 보필(輔弼)의 어진 신하가 되었으니 인내가 아니라면 어찌 이와 같은 효력이 있었겠는가? 석씨(釋氏)는 "몸은 마음의 집이다"라고 하였고, "그 몸을 자르더라도 마음은 진실로 태연자약하다"고 하였으며, 예수는 "남을 대신하여 속죄한다"고 하고서 십자가에 못이 박혔지만 그 고통을 달게 받았으니 이것은 인내의 지극한 부뷰이다. 그러므로 무한한 효력이 있는 것이다.

가령 용인(容忍)의 인내로 말하자면 제(齊)나라의 관중(管仲)이 소백(小白; 뒤의 제 환공)에게 화살을 쏘아 허리띠의 걸쇠를 맞추었지만 소백이 제나라의 임금이 되어 관중을 등용해 패업(覇業)을 이루고 제후들을 규합하여 천하를 한 번 바로잡았으니 이 어찌 용인의 효력이 아니겠는가? 은인(隱忍)으로 말하자면 월왕(越王) 구천(勾踐)이 회계(會稽)에서 지내면서 뜻을 낮추고 마음을 눌러 범려(范蠡), 문종(文種)[1]과 함께 마음과 힘을 협동하여 오나라의 신첩(臣妾)이 되었던 수치를 잊지 않고서 장작 위에서 쓸개를 맛보아 10년 동안 국력을 모으고 10년간 훈도하여 느긋하게 20년 세월 만에 강한 오나라에게 드디어 보복하여 중국에 군대의 위세를 보였으니 이것이 어찌 은인의 효력이 아니겠는가?

불인(不忍)의 인내로 말하자면 갓난아이가 기어가다가 우물 속에 빠지

1 범려와 문종은 본래 춘추시대 초나라 사람이었는데 후에 월(越)나라에서 대부가 되었다. 오나라 왕 부차(夫差)에게 패배한 구천(句踐)을 도와 은인(隱忍)하며 힘을 길러 오나라를 멸망시켰다.

려 할 적에 사람들마다 측은히 여기기는 마음이 급하게 일어나 서둘러 구하려는 마음이 있을 것이니 이러한 인내는 사람들마다 있을 것이다.

잔인(殘忍)의 인내를 말한다면 열국 시대에 제(齊)나라가 노(魯)나라를 정벌할 때 노나라 사람들이 오기(吳起)[2]를 대장으로 삼고자 하였으나 오기가 제나라에서 처를 얻은 까닭에 노나라 사람들이 의심하였다. 이에 오기가 처를 죽이고 노나라의 장수가 되기를 요구하여 제나라 군대를 격파하였지만 이는 잔인한 행동이라 사람으로서 차마 못할 일이다.

인(仁)으로써 인내하는 자를 말해보면 장공예(張公藝)[3]는 9대가 함께 거처하면서 온 집안이 화목하였으며, 불인(不仁)으로써 인내한 자를 논한다면 백기(白起)는 조(趙)나라 병졸 40만 명을 장평(長平)에 묻어 죽였는데 그 자신은 두우(杜郵)에서 자결을 권한 칼날을 면하지 못하였다.[4] 이는 불인(不仁)으로 인내하는 자에게 감계(鑑戒)가 될 만한 증거이다.

이미 논술한 것은 지난날의 사적이거니와 현재 개인이 접하고 응대하면서 감내하기 어려운 일이라도 참고 또 참아서 비록 한신(韓信)과 백기가 앞에서 칼을 어루만지고, 소진(蘇秦)과 장의(張儀)가 뒤에서 교묘한 말을 하더라도 지키는 바를 바꾸지 않고 결심하여 행한다면 이루지 못할 일이 없으리라. 세상만사가 어찌 인내로부터 나오는 큰 효력의 결과를 이루지 아니하겠는가?

가령 친근한 말로 비유하자면 높은 곳에 오르거나 먼 길을 나선 사람의 정황을 보아도 알 수 있을 것이다. 높은 곳에 오르는 자로 말한다면 천천히 발걸음을 내디뎌 한 걸음 두 걸음 층계를 밟고 넝쿨을 잡고서 온갖 곤경을 겪은 연후에야 절정에 오르는 효력을 얻을 것이다. 먼 길을 나선 사람으로 말하자면 문을 나가 길을 걸어 5리, 10리로 바다를

2 오기(吳起) : 춘추시대 위(衛)나라 사람으로 병법가이다.

3 장공예(張公藝) : 당(唐)나라 때 사람으로 고종(高宗)이 그를 찾아가 집안이 화목한 비결을 묻자 장공예가 인(忍)자 1백 개를 써서 올렸다고 한다.

4 백기는 진나라의 천하통일에 공이 큰 명장인데, 무고한 참소를 받아 진나라 수도인 함양(咸陽) 근처인 두우에서 자결했다.

건너고 험한 고개를 넘어 무한한 고난을 두루 겪은 뒤에야 장관을 얻는 효력이 있으리라. 그 사이에 고난을 인내하지 아니하면 어찌 이 같은 효력을 기대하겠는가? 이로 말미암아 본다면 선비가 학문을 쌓고 힘써 행함도 인내가 아니면 성공의 효력이 없을 것이요, 농부가 밭을 갈아 농사에 힘쓰는 일도 인내가 아니면 추수의 효력이 없을 것이며, 공장(工匠)의 건축과 갈고닦음도 인내가 아니면 집 한 채를 짓거나 그릇 하나를 완성할 수 없을 것이요, 상인이 물건을 팔아 이익을 얻는 것도 인내가 아니면 먼 지역의 재물을 가져다 큰 이익을 얻을 수 없을 것이다. 인내의 효력이 어찌 광범하고 중대하지 아니하겠는가?

눈앞의 절실하고 비근한 사정으로 논하자면 국채를 보상하자는 말이 한 번 나오자 남자는 담배와 술을 끊겠다는 맹세를 약속하고 부녀자는 반지를 빼고 음식을 줄이는 의리를 행하였다. 이처럼 일체의 기호와 평소 아끼던 것을 인내로써 결단한 심력(心力)으로 의연금을 수합하여 거액을 청산한다면 독립의 권리를 만회함도 오직 동포들이 인내하신 효과요 노예의 속박을 벗어버림도 오직 동포들이 인내하신 능력이다. 그러나 본인은 지금 이해하기 어려운 일종의 인내가 있다. 권문세족과 부요한 가문에서는 금과 비단이 차고 넘치면서도 아직까지 차마 한 푼을 내어서 조금도 보탬이 없다고 한다. 이것은 과연 인내할만한 때에 인내하는 것인지 인내하지 못할 적에 인내하는 것인지 이들과 같은 인내의 효력은 본인의 의식으로는 설명하기 어렵다.

(11호, 13~16면)

정치가의 마음가짐

윤효정

금일은 정치가의 마음가짐이라는 문제를 연설할 것이다. 우선 정치가라 하는 것이 어떠한 것인지를 설명하자면 대개 국가와 사회라 하는 것은 실로 복잡하여 단순치 아니하다. 농업의 지원자, 상업의 경영자, 공사(工事)에의 종사자, 광업과 어업으로 본업으로 삼는 자 이외에도 혹은 문학가, 수학자, 미술학자, 의학자, 경제학자, 기예학자(技藝學者) 등 천차만별의 종류가 합하여 비로소 국가와 사회를 조직함은 누구라도 이해하는 것이다. 특히 정치가는 문명국 마다 없는 나라가 없다. 대저 정치가라 하는 것은 무심히 ○○○○○○○○[1]에 열거한 각 실업가와 ○○○○○○○○ 인물과 같지만 국가가 있는 이상에는 반드시 정치가가 있다는 것은 반드시 그 본래의 직책이 확실히 있음을 알 수 있을 것이다.

정치가의 본직은 항상 국가의 성쇠와 인민의 이해가 관계되는 원인

1 원문에 '○' 표시가 8개 되어 있다. 검열로 추정된다. '○'의 수는 검열로 삭제된 글자수일 것으로 추정되며 이하 동일하다.

을 강구하고 도모하여 국가의 품위가 증진되기를 기약하며 인민의 행복이 완전해지기를 기약하여 인민과 국가의 성쇠와 이해를 자신이 담당한 천직으로 확신하는 것이다. 그러므로 조정이나 재야를 막론하고 정치가의 본직을 실행하는 자를 정치가라 일컫는다.

조정에 있는 정치가는 바로 이른바 정부 당국자이다. 이는 국가의 공공 사무를 판단하고 진행하기 위해서 설립하였으니 귀중한 지위와 권한을 빌려주고 후한 녹봉을 제공하여 전반적인 정치 기관으로 위임한 것이다. 재야 정치가는 곧 이른바 민간 정당이니 신분은 포의(布衣)로서 국가의 앞길을 우려하는 ○○○○○○○ 종적이 초야에 있어도 천하 ○○○○○○○하는 호걸이 이것이다.

그렇다면 정치가는 하나이지만 조정에 있는 자는 정치의 사무를 인민이 위임한 사람이며, 재야에 있는 자는 정치의 의무를 천직으로 자임한 사람이다. 각기 정치계에 대한 마음가짐이 반드시 있을 것이다. 그런 까닭에 오늘 정치가의 마음가짐이라는 연설 제목을 마련하였다.

그렇다면 먼저 조정에 있는 정치가의 마음가짐을 논하겠다. 첫 번째는 인재가 있으면 정치에 천거한다는 이치를 각오해야 한다. 공명하고 청렴결백한 천하의 호걸지사를 발탁하여 상당한 지위에 임명하려는 마음이 없으면 불가할 것이다. 두 번째는 인민의 여론을 두려워해야 한다. 천하의 공론을 널리 채록하여 수용하려는 마음이 없으면 불가할 것이다. 동서고금을 막론하고 당국자가 이런 마음을 가지면 관민이 일치하며 현인이 등용되는 길이 넓게 열려서 성대히 온화한 기운 안에 국가의 이익과 인민의 복록이 날로 융성해진다. 이러한 마음이 없으면 관민이 적대시하여 뜻밖의 재앙이 일어나며 현인이 등용되는 길이 옹색해지고 간신들이 집권하게 되어 위험한 나쁜 공기 속에 국가의 우환과 인민의 병통이 날로 쇠망함에 이를 것이다.

대개 국가라는 것은 국민과 만백성이 공유하는 큰 보배이다. 조정에 있는 정치가의 마음가짐이 어떠한지에 따라 그 인민과 국가에 대한 관계가 이처럼 중대하기 때문에 민간에서는 당국자에게만 일체 방임하여 전혀 간여하지 않는 일은 절대로 불가하다.

까닭에 재야의 정치가가 있는 것이다. 그 마음가짐을 논해 보겠다. 첫 번째는 조정에 있는 정치가를 보좌하거나 감독하여 국가의 정세와 민간의 실정이 혹여 위험에 빠지는가에 주목하는 마음이 반드시 있어야 할 것이다. 두 번째는 국가의 수준과 인민의 실상을 관찰하여 한 계단 반 등급이라도 점차 고상한 문명으로 진보시킬 마음이 반드시 있어야 할 것이다. 세 번째는 각기 주의(主意)를 발표하여 정치 모임에서 단체를 조직하고, 당국자의 수완이 둔감하여 국가 행보가 발전하지 못하고 인민의 여론에 불복할 때 정부의 자리를 인계받으려는 마음이 반드시 있어야 할 것이다. 네 번째는 혹시 조정의 논의와 백성의 여론이 상반되어 국가에 매우 불리한 일이 있을 지를 판단하여 격렬함이 극도에 달하면 부득이하지만 위해(危害)한 행동으로써 정부를 전복시키려는 마음도 반드시 있어야 할 것이다. 그러나 이는 대책 없는 정치가의 가장 하등의 수단이므로 결코 상등의 정치가가 취할 바가 아니다.

그러니 당국자의 마음가짐이 혹여 이상의 진술과 상반되어 사적인 마음을 남용하며 여론을 뭉개버려 비록 하나나 반 등급의 자급(資級)이라도 자격을 불문하고 반드시 자신의 압객(狎客)이나 친척에게 부여할 마음에서 국가의 공공 기물을 자신의 은혜를 베푸는 사사로운 권한으로 만들어 해독이 생민에게 흘러들고 피해가 국가에 미치게 하는 자가 있다. 또 귀중한 권위는 인민에게서 빌린 것이며 후한 봉록은 인민이 공급한 것이요 국정 전반의 위임도 인민에게서 받은 것이기에 그 행정의 잘잘못은 마땅히 인민의 감독을 반드시 받아야만 하는 이유가 있음을 모르는 자도 있다.

존귀하고 위대한 권한을 망령스럽게 시행하고 교만과 오만을 감히 자행하는 마음으로 언론사의 직필(直筆)과 사회의 공론을 원수처럼 질시하는 자가 있다면 금일 20세기에는 어떤 나라를 막론하고 이를 국가의 적과 인민의 원수라고 지칭하지 결코 정치가라 부르지 않으니 재야의 정치가는 반드시 그들을 몰아낼 방법을 연구한다.

오늘 우리나라의 조정에 있는 정치가의 마음가짐은 만장하신 여러분들이 분명하고도 남김없이 모두 알 터이다. 여러분들이 재야의 정치가로 하여금 조정의 정치가들을 몰아낼 수고에 몰두하지 않게 해 주신다면 실로 감사해 마지않겠다.

(12호, 9~12면)

4부 기타기사

북미의 대한 사람들이 기금을 모아 해외에 신문사를 만들고 있음을 알림 | 수양의 필요 | 마땅히 명실상부해야 함 | 헌신적 정신 | 여항의 논설과 가요 | 이토 히로부미 연설을 읽고서 느낌을 적다 | 이토 통감의 연설 | 부산구 | 부산구

북미의 대한 사람들이 기금을 모아 해외에 신문사를 만들고 있음을 알림

무릇 신문이라는 것은 진실로 나라와 집안의 귀와 눈이 되고 국민의 스승과 어머니가 된다. 이것으로 의론을 활발하게 하여 안으로 문무(文武)의 정신을 기르고 밖으로 천하의 공론을 일으키며, 인민의 이익을 크게 구하고 국가의 경영을 확장하니, 그 쓰임이 중요하고도 크다. 이 때문에 문명국 사람들은 신문의 직분을 귀하게 여기고 힘써 돕는다. 그러므로 그 나라의 성쇠를 알고자 할 때는 먼저 신문사의 많고 적음과 발달 여부를 살피는 것이다.

아이, 우리나라는 사천 년의 깊은 꿈에 오래오래 아득하여 창공의 백일(白日)도 깨닫지 못하고 천만 영웅의 경쟁이 떠들썩해도, 대포 구멍 속에서 그저 잠이나 자니 살과 뼈가 탄환을 견딜 것인가? 눈이 밀고 마음이 황망하여 진실로 아픔이 어디서 오는지도 모르고, 어디서 죽을지도 모른 채 분주하며 어찌할 바를 모른다.

그러니 감히 묻건대 일국의 혼을 만들고 일국의 정신을 이끄는 자가 몇 사람이나 있겠는가? 미국으로 이민이 시작된 이래 멀리 긴 항해를 거쳐 도달한 우리 청년들이 만여 명에 달하는데, 뜻있는 자들이 시세가 급함을 알고 사람을 모아 대동교육회를 북미에 창립하여 안팎으로 힘을 모아 기금을 조성하였다. 인재배양과 구국을 종지로 삼아 문무(文武)의 정신으로 군대·국가·인민의 자격을 양성한다. 이로써 임금과 나라의 의리를 지키고 이로써 원기를 지켜서 뒷날에는 외환(外患)을 막으려 하는 원인이다. 조직한 지 몇 달 지나지 않아 대동교육회의 사무가 내외에서 크게 일어나고 지회가 여러 도시에서 세워져 단체의 견고함과 긴밀함이 진작될 것이다.

지금 본회에서 해외 신문사를 하나 세우는 것을 민간에서도 국제에서도 큰 일로 여기고 있다. 몇 주 사이에 원근의 동포들이 이 소식을 듣고 흔쾌히 정성스레 거금을 보내오니 이미 들어온 기금이 적지 않다. 무릇 외국인 중에서 뜻 있는 자들도 이 소식을 듣고 아름답게 여겨 허다한 성금을 찬조하는데, 하물며 내외에 때를 아는 지사들의 대의(大義)는 어떠하겠소! 무릇 사람이 스스로 도와야 하늘도 그를 돕는다는 이치가 있으니, 어찌 노력하여 목표를 이룰 수 없겠소! 만약 대의(大義)로 찬조하고자 하는 여러분이 계시다면 제국신문사[2]로 편지를 부치면 확실히 전해질 것이다.

북미 상항(桑港; 샌프란시스코) 대한인 대동교육회 회중에서 삼가 알리다.

(3호 목차 다음의 광고지면)

2 1898~1910년까지 발행되었던 한글전용의 『제국신문』을 이르는 것으로 추정된다.

수양의 필요

오가키 다케오

무릇 천하에 사업을 하고자 하는 자는 먼저 마땅히 힘을 다해 수양을 하여 가치 있는 자기 자신을 이룬 연후에 비로소 만사를 해낼 수 있을 것이다. 그러나 세상에 많은 사람들이 이 당연한 순서를 지키지 않고 갑자기 명예를 구하고 공적을 탐하기에 급급함은 진실로 본말을 오해한 것 아닌가. 나는 감히 많은 말을 할 것 없이 미국 루스벨트 씨의 격언을 열거하여 아래에 증거로 삼겠다.

(1) 가장 역량과 세력이 있는 인물이라도 만약 그 마음속에 한 가지 '정의'라고 하는 근저를 갖지 못했다면 그 인물은 싫어할 만한 추한(醜漢)이 아닐 수 없다.

(1) 너는 이웃의 열 가지 과실을 보기보다 너 자신의 한 가지 과실을 발견해야 한다.

(1) 역사를 보건대 작은 편안함과 안일의 생애를 즐긴 자로서 방명(芳

名)을 기록에 남긴 자는 아직 있지 않았다.

(1) '나는 무엇을 피해야 할까' 하는 소극적 경험보다 '나는 무엇을 만들어야 할까' 하는 적극적 경험이 우리에게 가장 유익하며, 이를 배움이 한 가지 상쾌한 일이 될 것이다.

(1) 다만 안전하고 즐거운 생활을 희망하여 어떻게 하면 곤란을 피할 것인가 하는 생각으로 생애를 보내는 사람은 위대한 사업을 이룰 수 없을 것이다. 위대한 사업은 어떻게 해야 장애물을 피할까 하는 사람의 머리맡에 오지 않으며, 어떻게 해야 곤란을 깨뜨려 이길 것인가 하는 사람의 머리맡에 찾아오는 것임을 알아야 한다.

(3호, 53~54면)

마땅히 명실상부해야 함

김최건

'명(名)'의 주인이 '실(實)'이고, 실의 객이 명이다. 명으로 바깥의 틀을 삼고 질로 안을 바로잡아야 명실이 상부할 수 있다. 모든 일에 명이 있는데 실이 없으면 애초에 명이 없느니만 못하다. 강서지회의 설립이 서울 자강회의 취지와 목적을 모범으로 준수한다면, 그 명을 살펴 뜻을 생각하고, 명을 따라 실에 힘쓰는 것이 급선무이자 요령이다. 무릇 우리 회원은 처음부터 끝까지 실에 힘쓰는 마음을 가지고 열심히 참여하기를 바라는가? 세속에 섞여 빛을 감춘 마음[1]으로 다만 이름만 올려놓고자 하는가?

자강회의 대의는 "애국성(愛國誠; 애국의 정성)"이라는 세 글자 위에 마음을 모은 단체로 무리를 모아 하나가 되었다. 사람마다 애국하고 마음마

1 원문인 화광동진(和光同塵)은 빛을 감추고 세속의 먼지에 섞인다는 뜻이다. 원래는 자신의 뛰어난 덕을 드러내지 않고 세속을 따른다는 뜻이나, 여기서는 그냥 '세속에 섞임'이라는 의미로 쓰인 것으로 보인다.

다 애국하게 하는 것이니, 진정 잠시라도 그 마음을 떠나고 그 본체에서 떨어진다면, 애국성으로 어찌 티끌을 모아 태산을 만들 수 있겠는가.

이러므로 '성의(誠意)'가 『대학』의 핵심이 되는 것이다. 자강의 의미는 남쪽과 북쪽의 강함이 아니요 중심이 강한 것이니, 그것으로써 곧장 자강의 의리를 기른다면 지극히 크고 지극히 강해져서 천지간을 채우게 된다.[2] 그러면 태산도 압도할 수 없고 굉장한 천둥도 꺾을 수 없을 것이니, 자강의 실이 없으면 자강의 명을 어디에 쓰겠는가. 돌아보건대 이 작은 고을에 이렇듯 성대한 사업이 있음은 하늘이 그 충실함을 인도하시고 그로 하여금 진보하게 하신 것이다. 각각 일편단심과 열혈로써 실제상에 분발하고 힘써 공익상의 극점에 이르게 하는 것, 이것이 사소하지만 간절한 소망이로다.

(6호, 74~75면)

---

2 『맹자』「공손추(公孫丑) 상」에서 "호연지기"를 설명한 구절에 나온다.

헌신적 정신

윤정원

대저 문명의 정도가 극도에 달한 오늘날 20세기는 무슨 세계인가 하면 석탄세계(石炭世界)라 해도 가하리라. 오늘날 문명의 제일가는 이기(利器)로 치는 기차(汽車), 기선(汽船)과 그 밖에 허다한 공장과 회사에 혹시라도 석탄이 없는 지경이면 1촌(寸)과 1분(分)을 움직일 수 없다. 만일 이러한 경우에는 문명세계가 변하여 암흑세계가 될 것이다. 석탄이 어찌 귀중한 물건이 아니겠는가?

그렇다면 이 문명의 어머니와도 같은 귀중한 석탄은 어떻게 생겨난 것인가? 이는 보통의 지식이 있는 이는 누구라도 아는 것이다. 지난 옛날 왕성하였던 일종의 식물이 매몰되어 수천만 년 동안 지하에서 압력을 받아 화석화 된 것이다. 오늘날 석탄이 혹여 지난날 식물 가운데 그 생명을 버리고 매몰되지 않았다면 어찌 지금 우리들의 행복을 이룰 수 있었겠는가? 그렇다면 금일 20세기 문명의 어머니는 지난날 식물이 희생한 결과라 하여도 옳을 것이다.

무릇 어떤 곡물이든지 봄, 여름에 밭에서 푸르게 생장할 때 시험 삼아 무엇이든지 뿌리 하나를 뽑아 보면 반드시 그 종자가 썩고 말라 모양만 남았을 것이다. 그 이유는 새로운 싹을 낳기 위하여 옛 종자가 죽어서이다. 혹여 하나의 종자가 죽지 않았다면 수십 수백 개의 새로운 곡물이 어떻게 생겨나겠는가?

또한 이 세계의 동서남북을 불문하고 무릇 사람의 부모 가운데 특별히 모친이 된 사람은 실로 그 자녀를 양육하기 위하여 한 평생을 저버린다 해도 가할 것이다. 태아의 모친은 태아의 보호를 한시도 잊지 않아 한 번 움직이고 멈춤도 자신의 마음대로 못한다. 영아의 모친은 영아를 위하여 한 번 드나듦도 마음대로 못한다. 병든 아이의 모친은 병든 아이를 위하여 한여름의 찌는 더위와 한겨울의 차가운 눈 속이라도 밤낮을 가리지 않고 진심으로 간병하기 위하여 잠자리 한 번을 달게 자지 않는다. 자녀를 먼 곳으로 보낸 모친은 길 떠난 자녀를 위하여 천지신명께 무사하기를 향 사르고 마음으로 기도하며 꽃피는 아침과 달뜨는 저녁에 길 떠난 자식 생각에 숨죽여 눈물을 흘린다. 이로써 보자면 모친 된 사람은 자기 일신의 온갖 고통과 괴로움을 돌아보지 않고 오로지 자녀만을 위하여 생활한다 하더라도 과언이 아닐 것이다. 그런 까닭에 동서남북 어디든지 간에 아이들이 평안하고 무사하게 생장하고 입신하여 각기 수많은 행복을 향유하니 그 원인은 어찌 다 모친의 혈심지성(血心至誠)에서 비롯되지 않겠는가?

그 밖에 예수 그리스도가 천상의 신의 자식이란 가장 높고 위대한 영광을 버리시고 이 미천한 세상에 강생하여 또한 창생(蒼生)을 위하여 천추에 썩지 않을 도리를 널리 전파하시다가 우리 인류의 죄악으로 인하여 십자가에서 성혈(聖血)을 흘리시고, 석가여래가 일국의 왕자로서 부귀와 금전옥루(金殿玉樓)의 환락을 버리시고 삼계(三界)의 중생을 구제하기 위하여 적막하고 고독한 일개 승려가 되셨으며, 대성지성(大成至聖) 공부자(孔夫子)께서는 부귀를 뜬 구름으로 여기시고 진(陳)나라와 채(蔡)나라 사이에서 수많은 풍상(風霜)과 액운을 태연하게 스스로 즐기시어 3천 명의 제자와 함께 인도(仁道)를 강론하신 일은 모두 헌신적 정신이라 이를 것이다. 이 외에도 동서고금에 타인을 위하여 자신을 버린 자는 실로 그 수가 많아서 모두 기록할 수 없다.

듣자하니 근래에 본국의 뜻 있는 여러분들의 진심어린 정성으로 부인학회(婦人學會)[1]가 창립되었다고 한다. 그 조직과 상황이 어떠한지는 아직 자세히 모르겠지만 오늘날 본국의 여성 사회에는 지극히 필요하고 훌륭한 일이다. 그러나 대개 어떤 일을 막론하고 그 목적이 훌륭할수록 불행하게도 그 결과가 여의치 못하면 다른 일보다 백배나 더 불미스럽게 보이게 된다. 그런 까닭에 우리 부인학회로 하여금 명실(名實)이 모두 훌륭하게 만들고자 하면, 이는 다름이 아니라 각각의 회원이 마음과 힘을 다하여 그 목적을 달성할 뿐이다. 그러나 대개 우리 한국 여성의 지금까지 습관은 다만 자기 집안의 좁은 방안에 엎드려 세월을 허송하고 10명 이상이 모인 곳에 나서서 교세하는 일이 애초에 없었다. 그러한 가운데 대소(大小)를 불문하고 하나의 단체에 들어가 보면 허다하게 난처한 일들이 많을 것이다. 또 어찌해야만 학회를 위하여 실로 유익한 일이 될는지 모르는 회원도 있을 듯하나 첫째로 단체에 들어가 있는 자에게 필요하고 훌륭한 덕은 헌신적 정신이라 하겠다.

무릇 어떠한 모임이나 학교든지 들어가면 자신은 바로 그 모임과 학교의 한 분자이다. 자신의 언행과 동정(動靜), 품행의 선악 여부가 직접 그 모임과 학교의 대표가 되고, 또한 명예와 성쇠에 관계 된다는 점을 꿈에도 잊지 말아 어떠한 일이든지 자신을 중심으로 삼지 말고 그 단체를 중심으로 삼아야 할 것이다. 그런 까닭에 비록 자신에게 힘들고 해가 되는 일이라도 단체를 위하여 자신을 버리는 일도 있을 것이요, 말 한마디 기침 한 번이라도 타인에게 방해되는 일은 피하여 마음대로 못하

1 부인학회는 1906년 서울에서 관료와 양반의 부인들이 남편의 영향력과 지위에 힘입어 근대화 활동을 위해 조직된 단체이다.

는 경우도 있을 것이다. 이는 극히 사소한 것 같으나 그 결과는 실로 크기 때문에 만일 명심하여 주의하지 않으면 단체에 큰 방해가 될 것이다.

외국의 대학교에서는 수백 명의 학도가 한 방에서 공부를 하여도 그 방문 밖에서 가만히 들어보면 방안에 한 사람도 없는 듯이 조용하고 정숙한 것을 대단한 명예로 여긴다. 이를 얼핏 들으면 빈말인 것 같지만 사실은 그다지 어려운 일이 아니다. 다만 저마다 조심하여 서책 한 장을 넘겨 볼 때라도 그 소리가 들리지 않게 하고, 사적인 말을 일체 내지 않으면 자신의 공부도 되고 타인의 방해도 되지 않으며 또한 학교의 훌륭한 모범도 되는 것이다. 이것은 작은 일이지만 그 효과를 보면 어찌 중대한 일이 아니겠는가?

그러나 간혹 그 중에 한 사람이라도 규칙을 무시하여 자신이 편리한 대로 원하는 일을 자행하게 되면 즉시 수백 명에게 방해가 되고 자신은 그 속에 용납되지 못할 사람이 되리니 어찌 애석한 일이 아니겠는가? 그러나 이 원인은 타인을 위하여 자신을 버리는 마음이 없기 때문이니 크게 말하면 헌신적 정신이 없기 때문이다.

이렇게 미루어 생각하면 간혹 한 가정에 다소간의 모든 식솔들이 저마다 내 몸보다 남을 위하여 서로 양보하며 지낸다면 자연스럽게 화기(和氣)가 집안에 가득 찰 것이요, 일국의 정부와 사회의 남녀노소가 모두 각기 자신의 몸을 희생으로 바치더라도 국가와 사회를 위하여 매사에 결심하고 단행한다면 그 국가의 기초가 확고하여 흔들리지 않을 것이다.

방금 우리 국민 된 사람들이 이를 생각하면 비록 작은 힘이라지만 어찌 용맹스럽게 활동하지 않겠는가? 그러나 이와 같은 정신으로 무슨 일이든지 진행하려는데 그 마음은 비록 철석(鐵石)과도 같이 단단할 지라도 실제로 행하려면 매우 어렵다. 그러므로 혹은 꿈에라도 오해하여 "모두가 사람이요 모두가 국민인데 다른 사람은 하고 싶은 대로 하면서 편의만 자행하는데 나만 홀로 천신만고하는 일은 실로 무의미하고 억울하다"는 생각이 들 수 있다. 그때는 이렇게 하라. 기독교 신자일 경우 예수 그리스도의 한 평생을 생각하여 스스로 위로하라. 불교 신자거든 석가의 평생을 생각하라. 유교를 실천하는 인사(人士)거든 공부자(孔夫子)의 평생을 생각하라. 혹시 이 세 종교를 전혀 모르시는 분들은 그 모친이 자신을 양육하던 애정을 생각해서 저마다 헌신적 정신으로 돌아갈 뿐이다.

대개 이 세상에 다른 사람이라는 것은 결단코 없고 사해(四海) 안이 모두 동포와 형제요, 부모와 자식의 정이 있음을 깊이 생각하여 더욱더 열심히 힘쓰고 전진해야 한다. 비록 금은보배와 비단금수와 산해진미가 구비되어도 가정이 없다면 어디서 그 부귀영화를 향유할 수 있겠으며, 비록 가옥이 있더라도 그 집터의 권한이 타인의 수중에 잡혀있다면 어찌 하루를 안심하며 살 수 있겠는가?

현재 우리나라의 형세는 잠시라도 방심하면 집과 집터를 모두 보존하기 어렵다. 만일 자신이 한국의 국민이라는 생각이 적은 자라도 사적인 마음과 정을 한칼에 잘라버리고 국가 전체의 시급한 근심을 구제할 생각을 반드시 지녀야 할 것이다. 하물며 4천 년 조국과 2천만 동포의 안위와 존망을 밤낮으로 우려하며 눈물이 흘러 피가 되기를 마다하지 않는 우리 동지들이 어찌 조국과 동포를 위하여 헌신하는 정신을 잠시라도 잊겠는가.

(10호, 61~65면)

여항(閭巷)의 논설과 가요[1]

겉은 찬란한 단청이었으나 속은 비굴함을 안고서 5백 년간 내려오던 영은문(迎恩門)이 헐리고 독립문(獨立門)이 건축되었다. 또한 모화관(慕華館)을 개수하여 독립관(獨立館)이라 명명했으며, 세계 우방에 대조선의 독립을 성명(聲明)하고 승인하기도 했다. 그때에는 인민의 사상이 마치 오경(五更; 새벽 4시경)의 한밤중처럼 적막하였다. 그런데 광무(光武) 9년(1905)에 새로운 조약을 체결하여 국가의 지위가 보호국으로 추락하더니 광무 11년에는 집집마다 대문의 춘첩자(春帖子)에 소위 '수산부해(壽山富海)', '국태민안(國泰民安)' 등의 구절들이 어디로 갔는지 모르겠고 대개 '독립자유(獨立自由)'와 '문명활동(文明活動)' 등의 구절로 바꿔 썼으니, 이는 이른

1　원제목은 "항론구요(巷論衢謠)"로서, 이는 여론과 거리의 노래라는 의미로 논설보다는 가볍게 당시의 세태에 대한 경고를 담은 형식이다. 비슷한 형식의 기사가 다른 매체에는 담총(談叢), 가담(街談), 항요(巷謠) 등의 이름으로 연재되었다. 이 기사는 연재물은 아니었다.

바 '소 잃고 외양간 고치기'와 '굿한 뒤에 북 그리기'가 아니겠는가?

아니다. 굶주림이 심해진 뒤에야 콩과 곡식의 참맛을 비로소 알게 되고 추위가 극에 이른 다음에야 비단과 무명의 따뜻함을 바로 깨닫는다. 콩과 곡식이 아니면 굶주림을 면할 수 없음을 사람들이 모두 알기 때문에 콩과 곡식을 사람들이 찾으며, 명주와 무명이 아니면 추위를 막을 수 없음을 사람들이 모두 알기 때문에 무명과 명주를 사람들이 모두 찾는 것이다. 보호국의 치욕을 스스로 당해 본 연후에 '독립자유'의 쾌락을 깨달음이 또한 상정(常情)이다. '독립자유'가 아니면 민족과 국가를 보존하지 못한다는 사실을 사람들이 모두 안 연후에 '독립자유'를 사람들이 모두 찾을 것이다. 팔도 인민들의 집집마다 문 위에 '수산복해' 등의 헛된 생각이 변하여 '독립자유'의 진심 어린 춘첩자를 걸어 붙이는 동시에 국권 회복이라는 큰 영광과 경사를 비로소 볼 것이다.

어느 해 어느 달에 어느 나라에서 금전을 빌려와서 어떤 사람의 의견으로 어느 곳에 소비한 줄도 막연히 모르던 인민들이 경향(京鄕)의 남녀로 빈부(貧富)와 지우(智愚)를 막론하고, 혹은 평소에 애호하던 패물을 풀어놓거나, 혹은 밤낮으로 즐기며 좋아하던 연초(煙草)를 사절하며, 혹은 비단옷을 벗고 무명옷을 입으며, 혹은 진수성찬을 물리고 나물 반찬을 들면서 국채보상을 결심하여 실행하니 이는 하늘이 그 참된 마음을 회유한 것인가, 아니면 스스로 꿈에서 깨어난 것인가? 수천 년 이래로 국가의 본의에 대해 한 마디도 듣지 못했던 이들 인민이 세계 만국에 대하여 당당하고 부끄러움이 없는 애국의 참된 정성을 어디에서 얻은 것인가? 그러나 현재 우리나라의 재정은 거북이의 등에서 털을 뽑는 격이라고 할 것이요, 우리 인민의 성질은 원래 처음에는 부지런하다가 종국에는 게을러진다. 일천삼백만 원의 국채를 끝내 청산하지 못한다면 우리는 장차 어디에서 깃들어 살 것이며 외국인들은 장차 무슨 말로 기롱하고 모멸할 것인가? 끝맺음이 나쁜 일은 시작하지 않음만 못하다고 하겠다.

아니다. 현재 전국에 팽창하는 국채보상의 문제는 실로 사람의 힘과 지혜가 미칠 바가 아니다. 우리나라에 재앙을 뉘우치게 하려는 아득하고 아득한 하늘의 뜻을 여기에서 볼 수 있으며, 이는 바로 옛 국가에 천명(天命)이 새로워져 인민의 사회를 새롭게 조직하는 기회라 이르더라도 불가하지 않으니 어째서인가? 무릇 국가는 인민이라는 원소(原素)로 성립되었다. 만일 혹시라도 인민이 국가가 어떠한 것인 줄도 모를 지경이라면 원소라 누가 말할 수 있겠는가? 그러므로 그 원소가 실력을 갖추어 국가를 아는 자는 간혹 5백만의 인민으로도 세계에서 독립하며, 원소의 실력이 없어서 국가를 모르는 자는 혹여 4억만의 인민으로도 열국의 억압과 모멸을 받는다. 우리나라 인민들은 지금까지 국가와 인민의 관계가 어떠한지 아는 자인가, 모르는 자인가? 무지해서 오늘날의 곤란에 빠진 것이니 실은 국채 일천삼백만 원을 보상하기보다 2천만 인민이 국가를 아는 일이 실로 국가를 다시 보존하는 중대한 기본이다. 국가를 알거나 알 수 없다는 증거는 애국의 참된 정성을 표시하느냐 않느냐에 달려 있다.

지금 이 국채보상에 대하여 어떤 사람도 강제로 독촉하는 사람이 전혀 없거늘, 비록 5원이나 10전, 백 원, 천 원이라도 스스로의 정성으로 헌납하는 일이 어찌 애국의 참된 마음의 증거가 아니겠는가? 그러므로 금액의 많고 적음은 따지지 말고 가령 국채의 의무금(義務金)을 헌납한 사람이 10만 명에 그치면 우리 대한의 국민은 10만으로 계산하는 것이 옳고, 백만 명에 그치면 백만 명으로 계산함이 옳으며, 1천만이나 2천만 명에 달해도 그러하다. 근자에 각각의 신문지상에서 국채보상금과 성명의 광고를 어느 해 어느 날까지라도 총괄 계산하여 대한민국의 정당한 국민이라는 새로운 인구조사표로 간주함이 옳을 것이다. 이렇게 하늘의 도움을 받는 선민(善民)으로써 채무 금액의 상환과 국권의 회복에 어찌 희망이 없다 하겠는가?

(10호, 67~70면)

이토 히로부미 후작의 연설을 읽고서 느낌을 적다

윤효정

일본 인민은 우리 대한의 강산을 도처에서 금이 나오고 곡식을 심지 않아도 수확할 수 있는 세계에서 둘도 없는 이익의 소굴로 잘못 알고서, 날마다 몇백씩 혹은 달마다 몇만씩을 헤아릴 정도로 현해탄을 건너오고 있다. 그들은 대개가 세계 1등이라 일컫는 문명국에서 뇌수(腦髓)를 양성한 사람들이다.

아니다. 국가의 진보 수준이 어느 정도 고상한 지경에 이르더라도 그 국민 전체가 상등의 지식을 양성한다는 법은 절대 없다. 대개 남녀 일반이 소학교의 보통지식을 가지고 있으며, 특히 상등의 학문을 수학한 자는 혹 백에 하나나 천에 하나에 불과하다. 그렇다면 금일 한국을 황금이 쏟아져 나오는 곳으로 잘못 알고서 날마다 한국으로 건너오는 자들이 어찌 모두 일본의 정당한 인격으로 도덕과 법률을 이해한 사람이겠는가? 열에 칠 팔은 모두 무랑자들과 노동자들이거나 빈곤한 사람과 욕망가(慾望家)와 교활한 자들이다. 이들이 국내에 흘러들어와 경성과 각 항구, 도회지는 물론이요, 개벽한 이래로 외국인의 모습과 그림자조차 들도 보도 못했던 궁벽한 시골에까지 종적이 두루 미쳐서 복사꽃 피는 인가에 개 짖는 소리가 서로 들리며 저마다 이익을 낚으려는 희망을 수행하고자 하니 어떻게 정당한 행위를 이행하며 도덕과 법률을 벗어나지 않을 수 있겠는가?

그러므로 그들이 드러내는 행위는 반드시 내국의 무뢰하고 간악한 무리와 부합하여 재산을 속여서 취하거나 권리를 능멸하여 순박한 백성들로 하여금 일본에 대해서 자연 싫어하고 괴롭게 여기는 마음을 환기시킨다. 쟁송(爭訟)이 생기는 경우에 본국의 관헌(官憲)들이 간혹 그들의 기염에 위축되며, 일본 관리들은 혹여 편파적인 변호를 고집한다. 그러므로 우리 일반 인민은 그 영향으로 실물을 추측하여 혹자는 "한국에 대한 일본의 정책은 완전히 병탄주의(倂呑主義)에서 나왔다" 하며, 혹자는 "자멸주의(自滅主意)에서 나왔다" 하고, 혹자는 "압제주의(壓制主義)에서 나왔다"는 각종 유언비어가 셀 수 없을 정도이다. 간혹 자국의 정신으로 극렬함이 극도에 이르면 의병을 일으켜 한 번 싸우다 죽기로 스스로 맹세하는 자도 있으며, 혹은 세계를 관측하는 허상이 극도에 이르면 제3국의 원조를 희망하는 자도 있다. 이는 도리어 자국의 복리(福利)를 너무도 저해하며 이웃나라의 후의를 저버려서 식자의 눈물과 지사의 혈성(血誠)을 번뇌케 한 지 여러 해이니 어찌하여 이를 개량할 방침은 전혀 없단 말인가?

일본인과의 관계가 어떠한지 우리 한인(韓人)의 고통이 어떠한가를 우리들의 입장에서 본다면 손바닥을 보듯 분명할 터이다, 그러나 일본인의 시각에서 보자면 한층 편애하는 사사로운 마음이 눈 안의 광명을 막아버려서 수십 년 이래로 수많은 공사와 영사가 외교계에서 정신과 생각을 허다하게 애써보았지만 이를 바로잡을 방법을 가려내지 못하였다. 이와 같은 폐단의 근원을 간파하여 양국의 시기와 의심을 일소하고 우리 백성의 행복을 증진시켜 선진국의 광휘를 선양하는 일은 세계 제일류의 대정치가가 아니라면 할 수 없고, 물아(物我)의 사고를 타파한 자가 아니면 할 수 없으며, 혜안을 두루 비추는 자가 아니면 불가능하리니, 이 세 가지를 누가 할 수 있는가? 이토 히로부미 후작의 노성한 수완이 이것이다.

이는 본 기자의 공허한 이상에서 나온 것이 아니다. 명백하고 확실한 성문(成文)의 증거로써 종래 우리나라 사람들이 일본의 정책에 대한 시기와 의심의 비구름을 확연히 청소하고자 한다. 이것을 증명할 것은 무엇인가? 바로 4월 24일 이토 후작의 금구옥언(金口玉言)에서 나온 연설이 이것이다.

해당 연설은 아래에 게재하여 월보를 읽는 여러분들이 참고하게 하였다. 이렇게 설명하면 혹여 본 기자가 이토 후작의 한 마디를 금석과 같이 과신한다는 실없이 비꼬는 평가가 반드시 있을 줄을 알지만 본 기자는 우리들이 여기에 대단히 주목할 것이 세 가지가 있다고 생각한다.

금일 소위 통감(統監)이라는 자리가 우리 한국에 식접적으로 큰 책임이 있다. 이토 후작이 그 부서의 관리에게 했던 연설은 평범한 정객의 공허한 담론과는 달라 실로 그 관리에 대한 명령으로 인정함이 옳다. 이후로 우리들은 한국에 있는 일본 관리와 인민의 행동이 지난날과는 달라질 것임을 기대할 수 있음이 첫 번째이다.

만약 혹시라도 그 관민(官民)의 행동과 정치의 방침이 한결같이 한국을 제압하고 일본을 보호하는 상태를 취한다면 이 연설문으로 이토 후작의 언행에 대조하여 비록 필부(匹婦)라도 일본 관헌에게 소원(訴願)하고 질문할 수 있는 권한이 생길 것이 두 번째이다.

연래에 일본정부가 우리 한국에 대하여 보호(保護)라는 미명을 빌려와서 탐욕스럽고 포악한 이리의 마음을 자행한다는 일반적인 헛된 의심 때문에 모든 일에 시기(忌氣)가 떨어지는 자가 종종 있다. 그러나 지금 이토 후작의 연설로 밝은 거울을 삼아 일본 황실과 정부의 진의를 철저하게 비춰보는 이상에는 우리 관민은 백배나 정신을 진작하며 정치와 실업을 개선하고 진보하여 털끝만큼의 주저하거나 위축된 마음이라도 끊어버리는 것이 세 번째이다.

그렇다면 우리 대한의 인사들은 이토 후작의 일장 연설로써 저마다 자신을 보호하는 훌륭한 부적과 나라를 지키는 분명한 증거로 삼아 말마다 굳게 기억하고 구절마다 암송하여 이토 후작의 한국에 대한 고심을 미루어 살피고 깨닫는 것이 옳다고 하겠다.

(11호, 80~83면)

이토 통감의 연설[1]

한국의 재정과 세관의 사무, 농공은행(農工銀行)[2] 및 다이이치은행[第一銀行][3] 등이 모두 한국 재무상에 중대한 임무를 가지고 오늘의 한국 형세에 제일의 요점을 점거한 것들이다. 제군은 지금 이와 같은 중대한 임무에 종사하는 이들이다. 나는 항상 접하는 각지의 보도나 한국 대신과 기타 관민(官民)에게 직접 들은 바에 의거해 사정이 어떠한지를 차근차근 관찰하였노라. 대개 한국 인민에게 제일의 휴척(休戚; 행복과 불행)은

1 제목 아래 "1907년 4월 24일 메가다 타네타로[目賀田種太郎] 재정고문의 관저에서 원유회(園遊會)를 열고 재정 감사(監査)와 은행가에 대해 이토 통감이 훈유(訓諭)한 요지가 아래와 같다"라는 기록이 있다.

2 농공은행은 1906년 3월에 설립되었는데 재정고문인 메가다 타네타로가 추진하였다. 일본인들의 식민지 정착을 위한 기관으로 1918년 조선식산은행에 흡수되었다.

3 다이이치은행은 개항 후 조선에 가장 먼저 진출한 일본 민간 은행으로 1878년부터 부산, 원산, 경성 등 조선 각지에 영업망을 확장하였으며 1905년에는 조선의 중앙은행이 되었다. 그러나 1906년 식민지 개발을 목적으로 통감부가 새로운 중앙은행으로 한국은행을 설립하였다.

이 재정에 있고 제군들은 이 중대한 임무를 분담하는 이들이니 제군이 충실히 이 임무에 종사하면 한국의 경제와 재정은 점차 진보할 수 있으리라. 혹은 일본을 위함이라 말하고 혹은 정책상으로 하는 일이라 말하는 자가 있으나 나는 추호도 이런 필요가 없는 줄로 알고 있다.

평소 이집트의 재정에 이타(耳朶)를 기울이고 주목하다가 통감에 취임하게 된 고무라[4] 경이 한 봉서(封書)를 도쿄의 영국대사에게 보냈으니, '일본이 한국을 알선한다 함은 극히 중대한 일이라. 영국은 평소 이집트에서 이집트를 위하여 도모함을 위주로 하니 이 열심이 없으면 그 목적을 이루기 불가능하다'고 하였다. 나는 이를 듣고 때에 맞춰 한국에 부임을 명받았노라. 이 고무라 경의 서간 내용에 '정치상 제 일류의 인물로 부임하게 하라' 하였는데 나는 제 일류라 자인하는 자는 아니나 한국의 경영이 얼마나 중대한지를 이로써 알 수 있도다.

나는 이 목적이 용이하지 아니함을 각오하고 이 결심에 따라 이 나라를 위하여 도모하는 자이다. 그러나 이 근본 목적을 걸핏하면 억측하여 한국을 위해 도모한다 하는 명의(名義)로 일본의 이기주의를 도모하고자 한다는 풍설(風說)이 한인 사이에 전파되어 과대한 의혹을 야기함은 이후 제군들이 한층 주의할 바이라. 다수의 일본인은 각종 사업에 노력하는데, 간혹 적수공권(赤手空拳)으로 일확천금의 이득을 얻으려는 자가 있다 들었다. 그리고 이를 틈타 한인의 교활한 자가 그 이득을 나누기로 공모하는 자가 있다고 한다. 이와 같이 한인의 수중에 들어가 농락당함은 더욱 불가한 즉 제군은 평소에 이를 교정하기를 염두에 둘 것이다.

한국 관리가 사리(私利)에 급급하여 인민의 고혈을 빼앗아 자신의 배를 채우려는 자가 있음은 역력한 사실인데, 제군이 한국 관리와 접근하여 공동으로 일치하여 사업에 종사할 것이므로 특히 주의가 필요하지

---

4 원문은 "코로마"로 되어 있는데 당시 일본의 외무대신이었던 고무라 쥬타로[小村壽太郎]을 오기한 것으로 보인다.

만 한국 관리와 소격(疏隔)하라 말함은 아니니라. 요약하면 한국 인민과 접근하여 민정을 잘 살피고 현재 곤궁한 상태를 구휼하기로 각오할 것이며 이를 구휼함에 있어서는 항상 한국 인민을 정성스레 위무하여 나의 의사를 잘 이해하게 하고 매사에 간절함을 위주로 하여 성심성의로써 이에 임할지니라.

소위 선진국으로 동양 문명의 제1위를 점유한 일본이 한국을 두해(蠹害; 좀먹어 입는 해)할 일이 어찌 있겠으며 또 한국 인민에게 원부(怨府; 원한 되는 정부)를 만들 일이 어찌 있으리오? 내가 부임할 때에 우리 황상 폐하께서 한인에 임함에 항상 친절함을 위주로 해야 한다고 재한(在韓) 일본 관민을 훈계하신 칙유를 봉승(奉承)하였으니 순간이라도 이를 염념불망(念念不忘)할지어다. 이에 나의 복심(腹心)을 열어서 제군에게 보였으니 사무와 관계된 것이라면 고문과 대신이 담당할 것이고, 나는 단지 그 결재에만 종사하는 자인즉 여기 상세히 서술할 필요가 없노라.

(11호, 83~85면)

부산구(釜山狗)

장지연

내주(萊州; 동래)의 부산(釜山)에 상점을 경영하는 부인이 개 한 마리를 키우는데 너무도 사나웠다. 부인의 성격이 사나운데다 개를 사랑했기에 이웃들이 두려워하여 감히 개를 해치지 못하였다. 이 때문에 개가 갈수록 교만하고 사나워졌다.

하루는 서양인이 나막신을 신고 개를 끌면서 지나가는데, 상점의 개가 포효하면서 달려들어 물어뜯는데 기세가 대단히 사나웠다. 서양인의 개가 으르렁거리면서도 감히 대항하지 못하고 흐르는 피가 귀를 덮었다. 서양인이 대단히 화가 나서 상점에서 나무 몽둥이를 찾아 상점의 개를 힘껏 때렸다. 상점의 개는 더욱더 설치면서 뛰어올라 한편으로는 개를 물면서 한편으로는 그 사람을 대적하는데 너무도 많은 몽둥이질을 당하면서도 조금도 물러나지 않았다. 이에 구경하는 남녀들이 담처럼 둘러서서 모두가 조용히 있으며 감히 누구도 뭐라고 하지 못하였고 구경하는 사람들뿐만 아니라 상점의 부인도 구제하지 못하였다.

상점의 이웃 개도 상점의 개와 적대 관계였다. 평상시에 항상 먹을 것을 다투며 싸우느라 만나기만하면 깨물고 싸워 대단히 사이가 좋지 않았다. 이날은 마침 밖에서 들어오다가 상점의 개가 다른 개와 싸우면서 몽둥이질 당하는 광경을 보고는 횃불 같은 눈빛으로 포효하며 돌입하여 상점의 개를 구원하는데 무는 것을 도우면서 때리는 자에 대적하였다. 힘이 맹렬하고 형세도 사나워서 서양인의 개는 온몸이 피투성이가 되어 숨이 가빠 죽을 지경이었다. 이에 서양인은 대적할 수 없음을 알고서 급히 개를 구하여 도망갔다. 두 마리의 개가 그런데도 달려가 따라가며 크게 짖다가 상점 부인이 힘써 막아서야 그쳤다.

곁에서 구경하던 자들이 모두 감탄하며 이렇게 말하였다.

"수풀처럼 둘러서서 보던 우리들은 개만도 못하구나. 저 개는 어리석은 동물인데도 사감(私感)을 잊고 동족을 급히 여겨 저처럼 매우 사납게 결사적으로 분투하거늘, 우리들은 비록 동포와 동족이 이러한 횡역(橫逆)을 만나더라도 어리석게 머뭇거리면서 회피하고 심한 경우에는 다른 족속들에게 붙어서 도리어 동족을 해치며 철면피처럼 부끄러워할 줄 모르고 있다. 어찌 개에게 부끄럽지 않겠는가?"

그 때 그 광경을 본 사람들이 한바탕 통곡하고서 그 의리를 연설하고는 곧 돈을 내어 고기를 마련해 두 마리 개에게 먹여 감사하고는 시를 지어 칭송하였다고 한다. 내가 부산에 들렀는데 나에게 그 일을 말한 자가 있어 기록한 것이다.

내가 그 일을 동지들에게 말했더니 하정(荷亭) 선생 여규형(呂圭亨) 씨 또한 글 하나를 지었는데, 그 문장이 예스럽고 강건할 뿐만이 아니라 문장의 기세가 오르내리고 반복하는 사이에 충분히 감발하고 징계될 만한 것이 있으므로 여기에 함께 실어서 뜻 있고 안목을 갖춘 자들이 열람하고 창화(唱和)하게 한다.

(13호, 52~53면)

부산구(釜山狗)[1]

여규형

내주(萊州; 부산 동래)의 상점 부인이 큰 개 한 마리를 키웠는데 자식처럼 먹이며 사랑하였다. 부인이 사나워서 이웃들이 두려워하며 감히 개를 해치지 못했었다.

하루는 서양인이 개 한 마리를 끌고 지나갔는데, 그 개는 상점의 개에 비하면 작았다. 상점의 개가 달려가서 물어버리자 서양인이 상점의 큰 나무 몽둥이를 가져다 상점의 개를 때리니 상점의 개가 물기도 하고 몽둥이를 막아도 보는데 몽둥이질이 사나워 거의 죽을 지경이었지만 상점 부인은 구할 수가 없었다.

상점의 이웃 개는 항상 먹이를 타투며 싸우느라 서로 미워했었는데, 이날 마침 지나다가 포효하며 곧장 들어와 상점 개를 도와서 물고 몽둥이질도 막다가 서양인의 손을 물어버렸다. 서양인은 다급히 상점 부인

1 주제와 제목이 같은 사정은 앞의 기사 말미에 해설되어 있다.

과 이웃들을 불러 막게 하고는 자신의 개를 끌어안고 도망갔다. 이때 상점 주위에서 구경하던 사람들이 모두 말하기를, "아! 사람이 개만도 못하구나. 부인뿐만이 아니라 우리들도 모두 마찬가지다. 우리뿐만이 아니라 또한 모두가 그러하도다"라고 하고서 돈 200전(錢)을 모아 고기를 사서 두 마리의 개를 먹이고 곧 일제히 상회(商會)로 달려가 논의를 하다가 돌아갔다고 한다.

이사씨(異史氏)는 말한다.

사람과 금수의 구별은 타고난 기질의 맑고 탁한 차이 때문이다. 맑은 기운을 받은 자는 이해를 따지기를 잘하지만 그 말단은 지기(志氣)가 없는 지경에까지 이른다. 탁한 기운을 받은 자는 이해를 따지지 않고 본성에 따라 움직인다. 그렇다면 기운이 맑은 자가 도리어 탁한 자만 못한 것인가?

가령 서양인이 높은 관직과 비싼 금액을 걸고서 이웃 개를 사주하여 상점 개를 물어죽이게 했다면 이웃 개는 반드시 따르지 않았을 것이다. 어째서인가? 개는 높은 관직과 비싼 금액을 모르기 때문이다.

또한 가령 서양인이 개 두 마리에게 "내가 장차 네 주인의 집에 불을 지르고 사람과 가축도 죽일 것이다"라고 협박한다면 두 마리의 개는 또한 분명 물러서지 않을 것이다. 어째서인가? 개는 교묘하게 아첨하면서 구차하게 면할 줄 모르기 때문이다.

오호라! 교묘하게 아첨하는 자가 반드시 아첨이 먹혀들지만은 않을 것이며, 구차히 면하려고 하는 자가 끝내 반드시 면할 수 있는 것도 아니다. 높은 관직과 비싼 금액 역시 세 길의 나무[2]가 아니거늘 동류를

2 세 길의 나무 : 진나라의 효공(孝公)이 상앙(商鞅)을 좌서장(左庶長)으로 삼아 변법(變法)을 시행하기 전에 백성들이 이것을 믿지 못할 것으로 여겨서 마침내 세 길 크기의 나무를 도성의 남문에 세우고서 이 세 길의 나무를 북문으로 옮기는 사람이 있으면 10금을

원수처럼 보다가도 급하면 해치기도 하니 이는 진정 개조차도 그들이 남긴 것을 먹지 않을 자들이다. 아득히 돌아보건대 이들 개만큼 하는 자가 드무니 슬프도다.

주겠다고 하였다. 백성들이 괴이하게 여기면서도 감히 나무를 옮기지 않자 다시 상금을 50금으로 올렸다. 어떤 사람이 그 나무를 옮기자 바로 50금을 주어서 백성을 속이지 않음을 보이고 마침내 변법을 시행하였다. 이 내용은『사기(史記)』「상앙전(商鞅傳)」에 보인다.

:: 『대한자강회월보』 해제

20세기 초 근대계몽기 한국 사회에는 새로운 양식의 '잡지'가 대거 등장했다. 잡지의 성격과 종류는 매우 다양했는데 그중에서도 이 시기 잡지의 주된 형식을 이룬 것은 매달 발행된다는 의미의 '월보'라는 형태의 잡지였다. 당대의 계몽운동 단체이자 지식인 그룹인 학회가 만든 기관지이자 학술 잡지는 주로 월보로 발행되었으며 그 이름을 열거해 보면 『대한자강회월보』, 『대한협회회보』, 『조양보』, 『대동보』, 『서우』, 『서북학회월보』, 『호남학회월보』, 『기호흥학회월보』, 『교남교육회잡지』, 『태극학보』, 『공수학보』, 『대한유학생회학보』, 『낙동친목회학보』, 『대한학회월보』, 『대한흥학보』 등으로[1] 20여 종에 달한다.[2]

외교권을 빼앗기고 군대가 해산되면서 국권 상실이 임박해오던 시

1 이 시기 잡지들의 개황 및 편집 체제와 지향 등에 대해서는 다음 책에 상세하게 제시되어 있다. 임상석, 『20세기 국한문체의 형성과정』, 지식산업사, 2008 참조. 열거한 매체들 중에는 격주간이나 격월간, 계간으로 발행되었던 것들도 소수 존재한다.

2 20여 종이라는 숫자는 국한문체로 표기되어 정론과 계몽에 비중을 두었던 잡지들을 기준으로 하여 잡은 것이다. 기독교 관계 잡지나 주부, 아동용의 잡지까지 합치면 30종을 넘을 것이다.

기, 1905년을 전후하여 집중적으로 등장한 근대계몽기 월보는 당대 계몽 지식인들의 다급한 근대지식의 수혈 의지의 표현이자 국가적 위기에 대한 정치 단체들의 대응으로서의 성격을 갖고 있었다.[3] 이미 신문지법(1907), 학회령(1908), 사립학교령(1908), 출판법(1908) 등 법적 제약을 통한 통감부의 외압이 거세지는 가운데 조선의 계몽과 근대화를 모색하고자 했던 조선 지식인들은 '학회'라는 이름의 정치적 결사체를 구성하였고, 자신들의 기관지인 각 학회지를 통해 자신들의 사회적 위상과 정치적 견해를 표명하였던 것이다.

그 가운데 가장 대표적인 계몽단체 중 하나가 '대한자강회(大韓自强會)'이다. 대한자강회는 1906년 3월 31일 장지연, 윤효정, 심의성, 임진수, 김상범 등 5명이 발기하여, 20여 명이 4월 14일 임시회를 열고 임원진을 구성한 뒤 통감부의 허가를 받아 합법적인 단체로 발족하였다. 대한자강회의 구성과 체제는 1, 2호에 걸쳐 게재된 「대한자강회규칙(大韓自强會規則)」 등의 기사에서 자세히 확인할 수 있는데, 구성원은 회원과 찬성원으로 이원화되어 있으며 임원 직책은 회장, 부회장, 평의원, 간사원, 고문 등으로 이루어졌다. 통상회는 매월 1회씩 개최하여 여러 사안을 결정했고 평의회는 통상회 일주일 전에 개최하여 안건을 결정했는데, 총 24회 가량 개최된 통상회는 회의 기본 방침을 결정하는 역할을 했다. 그 외에도 연설회 자리를 꾸준히 마련하여 주요한 대외 활동을 펴는 자리로 활용했다. 평의회는 50여 회 이상 열렸는데 주로 운영위원회의 기능을 담당했던 것으로 보인다. 지회는 모두 25개가 설립되었으며 회원은 약 1,500명이었다. 이들은 훗날 헤이그 밀사 사건으로 인해 고종이 일제에 강제 양위되던 당시, 고종 퇴위를 반대하고 친일단

3 이 당시 학회들의 운동 성격에 대해 임상석은 '대정부 건의서 작성, 각료들과의 면담 요청, 학교 설립, 각 단체들의 이합집산 및 친일 인사들과의 연결 시도에 이르기까지 정치적 성격이 강하게 드러난다'고 지적했다. 임상석, 위의 책. 홍인숙 또한 대한자강회가 '근대주의를 내세운 정치단체로서의 성격이 강하다'고 평가한 바 있다. 홍인숙, 정출헌, 「『大韓自强會月報』의 운동성과 지향 연구」, 『東洋漢文學研究』 30집, 2010.

체인 일진회의 성토 운동을 벌이다가 1907년 8월 21일 강제해산 되었다.

『대한자강회월보』는 대한자강회의 기관지로, 1906년 7월부터 1907년 7월까지 총 13호가 발간된 월보 유형의 대표적인 초기 잡지라 할 수 있다. 매 호마다 65~85면 정도의 분량으로 2천 부씩 발행했으며 1부에 15전의 가격에 판매되었다. 전체 구성은 '논설부(論說部), 교육부(教育部), 식산부(殖產部), 문원(文苑), 사조(詞藻), 본회회보(本會會報), 해외기사(海外記事), 관보적요(官報摘要), 방언(方言), 소설(小說), 회원명부(會員名簿)'로 되어 있다. 그러나 1호에서 5호까지는 주요 목차가 완비되지 못해 기사를 쉽게 분별하기 힘들고 목차와 기사 내용이 일치하지 않는 경우도 종종 있었다. 6호부터는 '논설, 교육, 식산' 등의 주요 분류가 생기고 7호부터 2단 체제로 편집이 정비되었다. 각 권의 권두에 목차가 실려 있지만 모든 글의 제목이 목차에 들어가 있지는 않기 때문에 본문을 직접 확인하면서 실제 실려 있는 글과 필사를 확인해야 한다. 각 권의 목차에 없는 글들은 '축사(祝辭), 서문(序文), 연설문(演說文), 잡록(雜錄), 별보(別報), 투서(投書), 기서(奇書)' 등의 다양한 형식으로 해당 권호 내 곳곳에 실려 있다.

이 중 '논설부(論說部)'는 대한자강회의 정체성과 지향을 강하게 드러내는 부분으로, 핵심 필자들이 직접 쓴 창작 논설이 주를 이루었고, 드물게 양계초 등 청말 사상가의 번역 논설이 실리기도 했다. 1호와 2호는 '논설부'가 따로 독립되어 있지 않으며 각종 축사와 서문, 연설문들이 곳곳에서 산견되고 있어 그 분량만으로 각 권의 절반 가량을 차지한다. 3호 이후에는 논설의 분량이 평균 15면 정도로 유지되었다. '교육부(教育部)'와 '식산부(殖產部)'는 각각 관련된 분야의 서구의 근대적 분과학문을 번역하여 소개하는 부분으로 11호 이후에는 여기에 '정치부(政治部), 법률부(法律部), 역사지리부(歷史地理部)'가 추가되었다. 근대적 지식을 압축적으로 정리하여 전달하는 성격을 갖고 있었던 이 부분은 월보에서 분량상 가장 큰 비중의 지면이었다. '문원, 사조'는 두세 편의 한

시에 유기(遊記)나 전(傳) 계통의 전통적인 한문산문이 2~3면에 걸쳐 실려 있었다. '본회회보, 해외기사, 관보적요' 등은 각각 자강회 회의록, 해외 뉴스, 정부 관련 소식 등을 전하는 기능으로 15면 내외를 차지했으며 11호부터는 여기에 '내지휘보(內地彙報)'가 추가되었다. '방언'은 우리말 어원에 대한 5행 안팎의 간략한 단상이며, '소설'은 5~10행의 짧은 소화(笑話)나 계몽담(啓蒙談) 형식의 한문 산문으로 대개 1~2면의 분량이다. 『대한자강회월보』의 분량은 50면을 기본으로 한다고 제3호에서 언급되고 있으나 70면을 초과하는 것이 보통이었다.[4]

『대한자강회월보』에서 대한자강회의 계몽운동의 방향성 제시 측면에서 가장 눈여겨 볼만한 부분은 '교육부'와 '식산부'이다. 『대한자강회월보』 제7호에 실려 있는 다음 회의록에서 이 점은 뚜렷하게 명시되고 있다.

> 月報編輯員 李鍾濬氏 議案에 本會目的이 敎育殖産二者가 主要點인즉 月報目次에 二部롤 特立區別ᄒᆞ고 實地程度롤 條陳縷析ᄒᆞ야 每號揭載然後에 本會目的에 開導ᄒᆞᄂᆞᆫ 要素이오 (…중략…) 尹孝定氏가 再改議ᄒᆞ기롤 敎育殖産兩部롤 特定以協贊員ᄒᆞ야 隨宜開協贊會ᄒᆞ야 俾相妥定케 ᄒᆞ쟈 ᄒᆞ야 動議가 可決되다.[5]

『대한자강회월보』의 편찬위원을 담당했던 이종준은 위 회의에서 '본회 목적이 교육, 식산 두 가지이니 이 두 개의 부를 따로 구별해 두자'는 제안 발언을 하고 있다. 또 초대 평의원이었던 윤효정은 '교육부와 식산부를 담당할 협찬원을 따로 두자'고까지 말하고 있다. 이는 대한자강

---

4 1호에서 13호까지 각 호별 면수는 다음과 같다. 1호 68면, 2호 70면, 3호 72면, 4호 79면, 5호 64면, 6호 83면, 7호 72면, 8호 70면, 9호 72면, 10호 72면, 11호 86면, 12호 72면, 13호 81면.

5 「本會會報」, 『大韓自强會月報』 7, 1907.1.

회라는 조직이 계몽운동의 궁극적인 목적인 '자강(自强)'에 다가가기 위해 가장 시급한 과제로 여기고 있었던 분야가 무엇보다 '교육(教育)'과 '식산(殖産)'이었음을 알게 해준다. 문명의 힘과 경쟁 능력의 부족으로 힘 있는 외세에게 국권이 침탈당하는 현실을 뼈저리게 곱씹어야 했던 이 당시 조선의 지식인들에게 '교육'과 '식산'은 나라의 힘을 배양할 수 있는 가장 직접적인 방책으로 생각되었기 때문일 것이다.

본 편역서는 『대한자강회월보』의 전체 기사를 교육, 학술, 식산 등의 주제 항목에 맞추어 편집하고 주석을 달았다. 이는 기본적으로 대한자강회라는 계몽운동 단체가 실질적인 운동방향으로 스스로 제시한 '교육, 식산, 애국' 등에서 실제로 어떤 내용의 운동을 진행했는지 확인해보기 위함이다. 또한 이러한 작업은 근대 초입부터 우승열패의 신화 속에서 정신적·물질적 힘을 기르기 위해 고군분투해야 했던 한국 사회의 무의식에 대한 흥미로운 근거 자료가 되어줄 것이라 생각한다. 더 나아가 이 작업이 이 시대를 연구하는 현재의 연구자들에게 애국계몽 진영의 지식인들이 구성했던 '교육 담론', '경제 담론', '사회진화 담론' 등의 구체적인 단면에 접근하게 해주는 효과적인 자료로도 활용될 수 있기를 바란다.

::『대한자강회월보 편역집』을 완간하며

2012년부터 간행되었던『대한자강회월보 편역집』이 3권 "자강의 논리"를 마지막으로 3권 1질로 마무리 되었다.

대한자강회는 근대 계몽기의 사회단체로 시대적 대표성을 가진다. 또한, 모든 문서는 국한문체로 작성한다는 원칙을 내세웠다. 번역문에도 자세하게 드러나듯이 당대의 국한문체는 한문고전과 일본을 포함한 서구의 학지(學知) 사이에서 길항하던 지식인들의 언어로, 그 자체가 고전을 근대적으로 전용하고 새로운 학지를 번역하려는 노력의 산물이었다. 경사자집(經史子集)의 전통적 연원과도 다르고, 현재 한국에 통용되는 분과학문의 체제와도 다른 무수한 용어와 표현 때문에 그리 두껍지 않은 3권의 책을 세상에 내놓기 위해 만 3년의 세월이 지나갔다는 변명을 표할 수밖에 없다.

3권에 수록된「대한자강회취지서」에서도 명기되었듯이 자강의 내용은 식산과 교육의 두 가지로 집약될 수 있다. 이에 따라 본 편역집은 학술을 포함한 교육 관계 기사를 모아 첫째 권으로, 법학·정치학·농공학 등의 실용학문과 산업을 주제로 한 식산 관계 기사를 모아 둘째

권으로 구성하였다. 마지막 권은 교육, 산업, 실용학문 등을 직접적으로 내세우지 않은 다양한 논설을 모아 펴냈다. 1권과 2권이 계몽의 구체적 내용을 제시했다면 3권은 자강의 수사와 논리를 내밀하게 보여준다는 점에서 의미가 크다. 특히 3권의 기사 중에는 당시의 자강운동이 일제 식민지 정책과 연동되어 있던 정황을 보여주는 자료가 적지 않다. 이름만 남은 채 실권이 모두 일제에게 귀속된 절체절명의 상황에서 자강회 회원들은 친일, 독립, 계몽 등의 참치한 경계들을 방황할 수밖에 없었다. 그 속에서 남겨진 목소리들의 진정한 의미를 탐색하는 작업은 이제 보다 친숙한 언어로 본 자료에 접근하게 될 독자의 손에 의해 새롭게 시작될 것이라 기대해마지 않는다.

『대한자강회월보』가 대한제국의 국운이 다해가던 시기, 민간 계몽운동의 실제를 규명할 수 있는 핵심 자료인 것은 재론할 필요가 없다. 무엇보다 『대한자강회월보』는 서구 분과학문이 일본과 중국을 경유하여 긴급하게 수혈되고, 새로운 학지와 전통적 지식을 융화하려는 노력이 치열하게 병행된 현장을 생생하게 증언한다. 그러한 지식 운동이 고전과 번역의 경계를 넘나들며 이루어졌다는 점은 이 편역집을 점필재연구소가 내세운 고전번역학의 성과로 내세울 수 있는 가장 큰 이유이다.

마지막으로 번역에 참여한 모든 번역자들, 기획과 편찬의 전 과정에 아낌없는 지원을 보내주신 정출헌 소장님, 귀찮은 우문에 항상 현답을 주신 정석태 선생님께 재배를 올린다.

부산대 점필재연구소 고전번역학센터

강유위(康有爲, 1858~1927) : 중국 청나라 말기의 학자, 정치가. 무술변법의 중심적 지도자로 양계초 등을 교육했으며 베이징과 상하이에 면학회(勉學會)를 조직하는 활동을 했다. '변법자강책(變法自疆策)'으로 개혁을 지도했다. 『신학위경고(新學僞經考)』, 『공자개제고(孔子改制考)』, 『대동서(大同書)』 등의 많은 저서가 있다.

강태공(姜太公, ?) : 주나라의 정치가, 공신. 무왕을 도와 은나라를 멸망시켜 천하를 평정하였다. 위수(渭水)에서 낚시를 하고 있는 그를 보고 인재를 찾고 있던 주나라 문왕이 문답을 통해 인물됨을 알아보고 재상으로 등용하였다. 태공망이라고도 하는데 주나라 무왕의 선군인 태공(太公)이 바랐던 인물이었다는 뜻이다.

고무라 쥬타로(小村壽太郞, 1855~1911) : 일본의 외교관, 정치가이다. 미야자키 현 출신으로 도쿄제국대학 전신인 대학남교(大學南校)에 공부하다가 문부성 해외유학생으로 선발되어 하버드대학에서 법학 학위를 받았다. 1901~1906년과 1908~1911년, 두 차례 외무대신을 역임했다. 1902년 영일동맹을 적극적으로 추진하였고 러일전쟁의 전시외교를 담당하여 포츠머스 조약을 조인하였다.

글래드스톤(William Ewart Gladstone, 1809~1898) : 영국 정치인, 수상. 리버풀 출생. 4차례(1868~1874, 1880~1885, 1886, 1892~1894)에 걸쳐 영국 총리를 지냈다. 처칠과 함께 가장 위대한 영국의 수상으로 평가받는다. 자유무역을 목적으로 하는 관세개혁 단행, 곡물법 철폐 찬성, 상속세 제안 등 자유주의적 정책을 제안, 입안했다. 아일랜드 국교회 폐지, 국민교육법 성립, 무기명투표제 제정 등의 개혁을 추진했다. 백작 작위를 사양하여 '위대한 평민(The Great Commoner)'으로 생을 마감했다.

김상범(金相範, 1870~1954) : 본관은 안동, 충주 출신이며, 아버지는 중추원 의관을 지낸 김형식(金亨植)이다. 대한자강회의 창립회원. 중추원 의관이었으며, 평안북도 창성 및 정주 군수였다. 1898년 갑오개혁을 주도한 박영효, 서재필을 벌하라는 상소를 올리기도 했다.

김성희(金成喜, ?) : 호는 송당(松堂). 대한자강회, 대한협회 임원. 국채보상운동에도 참여하였다. 『대한자강회월보』와 『대한협회회보』에 다수의 글을 게재하였다.

김효원(金孝元, 1532~1590) : 본관은 선산, 자는 인백(仁伯), 호는 성암(省庵)이다. 1564년 진사가 되고, 1565년 알성문과에 장원으로 급제했다. 병조좌랑 · 정언 · 지평 등을 지내고, 1573년 사가독서(賜暇讀書)했다. 당쟁이 심화되면서 안악군수로 자청해 나갔으며 당쟁에 책임을 느끼고 시사에 대해서는 언급하는 일이 없었다 한다.

남궁벽(南宮壁, 1895~1922) : 본관은 함열로 일본 유학 후 귀국하여 시인으로 활동하였다. 오산중학교에서 교사로 재직했으며, 『창조』, 『폐허』 등에 시를 발표하였다.

남궁훈(南宮薰, ?) 한말, 일제시기 언론인 · 계몽운동가. 본관은 함열(咸悅). 시인 남궁벽(南宮璧)의 부친. 대한자강회를 조직하고 활동한 인물로 황성신문사(皇城新聞社) 3대 사장, 조선일보사(朝鮮日報社) 사장을 역임했다. 1922년 11월 서울 남대문에서 각계 인사들과 함께 민립대학기성준비회를 조직하여 민립대학(民立大學) 설립에 일조했다.

노 애공(魯 哀公, ?~B.C. 468) : 중국 춘추시대 노나라의 왕. 노나라는 약소국이었으며 실제적인 권한도 간신들에게 있었다. 여러 나라를 한 바퀴 돌고 돌아온 공자가 그에게 좋은 정책을 권하였으나 듣지 않았다. B.C. 481년에 그가 사냥을 나가서 성스러운 동물인 기린을 잡았을 때 공자가 탄식하였다고 한다.

다케조에 신이치로(竹添進一郎, 1841~1917) : 자는 고코[光鴻], 호는 세이세이[井井]로 구마모토 출신이다. 1875년 대장성(大藏省)에 발탁되었으며, 그 뒤 조선변리공사(朝鮮辨理公使)를 지냈다. 당시 조선 정국은 1882년 임오군란이 청군의 개입으로 실패한 후 청나라 고문 묄렌도르프의 영향력 아래서 민씨 정권이 소극적 근대화 정책을 취하고 있었다. 이에 김옥균을 중심으로 한 개화파는 신속하고 전면적인 근대화정책을 추진하는 데 가장 큰 장애가 민씨정권과 청나라의 내정간섭이라고 여기고, 무력을 동원한 정변을 계획했다. 이 과정에서 김옥균은 청나라의 무력에 대항하기 위해 병력을 지원해줄 것을 요청하자 종래 개화파에 대해 적대적이었던 태도를 바꾸어 일본공사관 호위병 150명을 동원했다. 그러나 청군의 개입으로 정변이 실패하자, '사변시말서(事變始末書)'를 가지고 정변 당시 자신이 취한 행동을 성낭화하려 했으나 조선정부는 그가 난도를 비호한 당사자라 하여 교섭에 응하지 않았다. 1913년 관직에서 물러난 뒤에는 도쿄대학에서 경서(經書)를 강의했다.

당 태종(唐 太宗, 600~649) : 중국 당나라의 2대 황제. 이름은 세민(世民). 당의 실질적인 창건자로 평가된다. 재위 기간 중 돌궐족을 몰아냈고 중국을 통일했다. 수 양제의 폭정과 실패를 거울삼아 공정한 정치를 하는 데 힘을 썼다. 국자감(國子監)을 세워 교육을 진작시키고 관리가 될 인재들을 길렀으며, 지방 행정조직, 재정, 조세, 토지 사용 등 제 방면의 제도를 재정비했다. 그의 치세를 '정관(貞觀)의 치(治)'라 하여 후세 제왕의 모범으로 일컫는다.

레셉스(Ferdinand de Lesseps, 1805~1894) : 프랑스의 외교관. 베르사유 출생. 이집트 카이로의 프랑스 영사 출신의 외교관으로, 1859년에서 1869년에 걸쳐 수에즈 운하 굴착을 기획, 지휘하였다.

루소(Jean Jacques Rousseau, 1712~1778) : 프랑스의 철학자, 작가, 계몽사상가. 스위스 제네바에서 태어났고 사회계약론, 직접민주주의, 공화주의를 주장했다. 『에밀』 등의 소설도 남겼고 『사회계약론』 등은 전 유럽에 큰 영향을 끼쳤다

루이 14세(Louis XIV, 1638~1715) : 프랑스의 왕. '짐이 곧 국가'라는 말을 남길 만큼 절대

왕권을 상징하는 인물로, 프랑스 역사상 가장 강한 권력을 가진 왕이었다. '태양왕'이라고 불린다. 재상제를 폐지하고 파리고등법원을 격하시켰으며 전국적인 관료제를 실시했다. 중앙집권체제를 완성하였고 중상주의 정책과 식민지 개발을 강력하게 추진했으며 유럽의 주도권을 장악했다. 프랑스 귀족 문화의 정점을 완성한 시대이기도 하다. 그러나 신교도를 박해하였고 화려한 궁정생활로 프랑스 재정 결핍을 초래하였다.

마치니(Giuseppe Mazzini, 1805~1872) : 이탈리아의 혁명가이며 통일운동 지도자. 마르세유에서 청년 이탈리아당을 결성하여 이탈리아를 공화정치로 통일할 것을 호소하고, 로마 공화국을 수립하였으나 프랑스군의 간섭으로 실패한 후 망명하였다.

마틴 루터(Martin Luther, 1483~1546) : 독일의 종교개혁자, 신학자. 면죄부 판매에 반대하여 교황에 맞섰으며, 이는 종교개혁의 발단이 되었다. 신약성서를 독일어로 번역하여 독일어 통일에 공헌하였고 새로운 교회 형성에 힘써 '루터파 교회'를 성립하였다.

메가다 타네타로(目賀田種太郎, 1853~1926) 일본의 정치가, 법률가로 도쿄 출신이다. 어려서는 일본의 성균관에서 한학(漢學)을 공부하고 도쿄제국대학 전신인 대학남교(大學南校)에 입학하여 국비유학생으로 하버드대학에서 법학을 공부했다. 을사늑약 직전 대한제국의 재정고문으로 파견되어 1907년 통감부의 재정감사장관(財政監査長官)으로 근무하고 남작이 되었다. 변호사회 회장과 추밀원 고문관 등을 역임했다.

몽테스키외(Baron de LaBrde et de Montesqu, 1689~1755) : 계몽주의 시대 프랑스의 정치사상가. 권력분립에 대한 명확한 설명을 제시하여 많은 근대국가 헌법에서의 분립주의 원칙의 기반을 제공한 인물이다.

민승호(閔升鎬, 1830~1874) : 본관은 여흥, 자는 복경(復卿). 아버지는 치구(致久)이다. 치록(致祿)에게 입양되어 명성황후(明成皇后)의 오빠가 되었다. 1864년 증광문과에 급제했다. 1866년 여동생이 왕비로 책봉되자 중용되기 시작해 이조참의 · 호조참판 · 형조판서 · 병조판서 등을 역임했다. 1873년 흥선대원군이 실각하자 적극적으로 국정에 참여했다. 그러나 다음해 한 수령(守令)이 선물로 위장해 보낸 폭약을 열다가 폭발해 일가족이 함께 죽었다. 시호는 충정(忠正)이다.

민영목(閔泳穆, 1826~1884) : 본관은 여흥, 자는 원경(遠卿), 호는 천식(泉食)이다. 1871년 알성문과에 급제한 뒤, 1881년 이조판서에 오르고 군무변정기연사당상(軍務邊情譏沿司堂上) · 한성부판윤 · 평안도관찰사 등을 거쳤다. 1883년 독판교섭통상사무(督辦交涉通商事務)가 되어 전권대사로서 조영수호통상조약 · 조일통상장정 등을 체결했다. 서장관(書狀官)으로 청나라에 다녀온 뒤 박규수 등과 함께 서양의 기술도입과 개국통상의 유용성을 강조했다. 박문국당상(博文局堂上)으로 있을 때 박영효 · 유길준 · 김윤식 · 김만식 등과 함께 1883년 10월 30일 한국 최초의 신문인 『한성순보(漢城旬報)』를 발간했다. 그는 민태호(閔台鎬) · 민영익(閔泳翊) · 민응식(閔應植) 등과 함께 민씨 척족의 핵심인물로 1884년 갑신정변 때 조영하(趙寧夏) · 민태호 등과 함께 경우궁(景祐宮)으로 입궐하다가 개화당에 의해 살해당했다. 시호는 문충(文忠)이다.

민태호(閔台鎬, 1834~1884) : 본관은 여흥, 자는 경평(景平), 호는 표정(杓庭)이다. 유신환(兪莘煥)의 문인이며 순종황제의 장인이다. 1870년 정시문과에 급제한 뒤, 1875년 경기도관찰사를 지냈다. 1882년 강화유수, 1883년 통리군국사무아문독판을 지냈고, 1884년에는 총융사 · 어영대장 · 대제학 등을 지냈다. 1884년 12월 갑신정변 때 민영목(閔泳穆) · 조영하(趙寧夏) · 이조연(李祖淵) · 한규직(韓圭稷) 등과 함께 경우궁(景祐宮)에 입궐하다가 개화당 사람들에게 참살 당했다. 영의정에 추증되었으며 시호는 충문(忠文)이다.

박승종(朴承宗, 1562~1623) : 본관은 밀양, 자는 효백(孝伯), 호는 퇴우당(退憂堂)이다. 1586년 별시문과에 급제하여 봉교 · 지제교 · 병조정랑 등을 지냈다. 1600년 동지사로 명나라에 다녀온 뒤 부제학 · 병조판서, 1610년 형조판서 등을 역임했다. 1612년 이이첨(李爾瞻)의 사주로 윤인(尹訒) · 이인경(李寅卿) 등이 경운궁에 난입하여 인목대비(仁穆大妃)를 죽이려 할 때 죽음을 무릅쓰고 이를 저지했으며 1617년 폐모론(廢母論)이 제기되자 극력 반대했다. 이듬해 우의정에 오르고 이어 좌의정, 1619년에는 영의정이 되고 밀양부원군(密陽府院君)에 봉해졌다. 1623년 인조반정이 일어나자, 아들인 자흥(自興)의 딸이 1611년 광해군의 세자빈으로 책봉된 뒤부터 일족이 권세를 누려온 것을 사책해 아들과 함께 목을 매고 자결했다. 이어 관작이 추탈되고 가산이 적몰되었으나 뒤에 신원되었다. 시호는 숙민(肅愍)이다.

박은식(朴殷植, 1859~1925) : 언론인, 계몽운동가, 역사가. 본관은 밀양, 호는 겸곡(謙谷), 백암(白巖). 황해도 황주 출신이다. 『황성신문』, 『대한매일신보』 주필로 활동했고, 『대한자강회월보』, 『서우』, 『서북학회월보』에 여러 편의 글을 실었다. 1910년 이후 중국으로 망명, 임시정부 대통령직을 맡으며 활발한 항일운동을 폈다. 『한국통사(韓國通史)』, 『한국독립운동지혈사(韓國獨立運動之血史)』를 저술했다.

박정동(朴晶東, ?) : 본관은 순천으로 1897년 한성사범학교를 졸업하고 학부의 사범학교 교원으로 근무했다. 수신, 지리, 가정학 등 다양한 교과서를 출간하고 『기호흥학회월보』, 『태극학보』 등 여러 잡지에도 물리학, 지리학 관계 기사를 게재했다. 국채보상운동에도 참여하였다.

복희(伏羲, ?) : 중국 고대의 전설상의 제왕, 또는 신. 삼황오제 중 중국 최고의 제왕으로 친다. 신(陳)에 도읍을 정하고 150년 동안 제왕의 자리에 있었다고 한다. 몸은 뱀과 같고 머리는 사람의 머리를 하고 있어서 해와 달과 같은 큰 성덕을 베풀었다 하여 대호(大昊), 또는 대공(大空)이라고도 한다. 팔괘(八卦)를 처음 만들고 그물을 발명하여 어획 · 수렵의 방법을 가르쳤다고 기록되어 있다.

부열(傅說, ?) : 은나라의 현인. 은나라 고종(高宗)이 꿈에서 본 성인을 부암(傅巖)의 들판에서 찾아내 재상으로 삼았다고 하여 부열이라고 하였다. 고종이 그를 보았을 때 담장을 쌓는 노예였다고 한다.

브라이언(William Jennings Bryan, 1860~1925) : 미국의 정치가. 일리노이주 출생. 1896년 민주당의 대통령 후보로 지명되어 농민들의 입장을 대변했으나 낙선했다. 1912년 민주당의 대통령 후보 윌슨의 당선을 위하여 힘썼고, 1913년 국무장관이 되어 중립외교를 추진했다. 제1차 세계대전에 대처하는 방책을 둘러싸고 윌슨 대통령과 의견 차이로 장관직을 사임하였다. 안으로는 금권정치를, 밖으로는 제국주의를 반대한 진보파 정치가이다.

비스마르크(Otto Eduard Leopold von Bismarck, 1815~1898) : 독일의 정치가. 프로이센 총리로 '철혈정책'으로 독일을 통일했다. 보호관세정책으로 독일의 자본주의 발전을 도왔으나 전제적 제도를 그대로 남겨놓았다. 통일 후 유럽의 평화 유지에 전력하였으며 여러 동맹과 협상 관계를 체결했다.

빌헬름 1세(Wilhelm 1, 1797~1888) : 프러시아 국왕, 북독일 연방의장, 독일제국 황제. 비스마르크를 등용하여 내정을 다스리고 보오전쟁과 보불전쟁에 승리하여 1871년 독일제국 황제가 되었다.

서상돈(徐相敦, 1851~1913) 서울의 천주교 가문에서 출생하여 박해를 피하여 대구에 정착하였다. 대구에서 상업에 종사하여 크게 성공하고 1886년 이후 정부의 특명으로 경상도시찰관으로 복무하였다. 1907년 대구 광문사(廣文社)를 대동광문회(大東廣文會)로 개칭하고 김광제와 국채보상운동을 시작하였다. 이 운동은 각계각층의 큰 호응을 얻었으나 결과적으로 실패하였다.

설태희(薛泰熙, 1875~1940) 유학자, 계몽운동가. 호는 오촌(梧村), 필명은 반구실주인(反求室主人). 평안도 단천 출신이다. 대한자강회, 서북학회 임원으로 많은 논설을 기고했다. 갑산(甲山)군수, 영흥(永興)군수, 조선경제회 이사, 민우회 회원, 물산장려회 고문 등을 역임했으며, 『대학신강의(大學新講義)』, 『다반경작(茶飯更嚼)』 등의 저술을 남겼다.

슈타인(Heinrich Friedrich Karl vom und zum Stein, 1757~1831) : 프러시아 정치가. 프러시아가 1806년 프랑스에 패전하자 슈타인 개혁이라 불리는 일련의 쇄신책을 단행하여 농민해방, 내각제, 도시자치권 확립 등을 기도한 인물이다.

스사노 오미코토(素盞嗚尊) : 일본의 신화 속 인물. 우두천왕(牛頭天王)과 동일시되는 경우도 있다. 삼귀자(三貴子)의 막내에 해당된다. 하지만 태양을 신격화한 아마테라스[天照大神]이나, 달을 신격화 한 쯔쿠요미[月夜見尊]와 달리 그 역할이 모호하다. 『고사기』에 의하면 이자나기[伊弉諾]가 황천으로부터 돌아와 바닷물에 몸을 씻던 중, 코를 푸니 그가 탄생하였다고 한다. 난폭한 성격 때문에 천상 세계에서 쫓겨났다가 이즈모[出雲]의 조발산(鳥髮山)에 강림하여 그 땅을 황폐하게 하고 있던 머리 8개, 꼬리 8개가 달린 이무기를 퇴치하고 그 꼬리로부터 나온 천총운검(天叢雲劍)을 아마테라스에게 헌상하였다고 한다.

신복모(申福模, ?~1886) : 조선 말기의 무관이자 개화당원이다. 개화당이 형성되면서 김옥균(金玉均)의 알선으로 일본에 유학하여 1882년 육군도야마학교[陸軍戶山學校]에서 사관교육을 받았다. 이듬해 귀국하자 무과에 배사(拜賜)되어 무관이 될 자격이 주어졌고, 해방사(解放使) 민영목(閔泳穆) 밑에서 교관이 되었다. 그 뒤 박영효(朴泳孝)가 한성판윤에서 광주유수 겸 수어사로 전임하여 병권을 가지게 되자, 1883년 이은돌(李殷乭)과 함께 교관으로 채용되어 광주에 있는 군인 1,000여 명을 약 1년 정도 신식으로 훈련시켰다. 이 군인들이 뒤에 친군(親軍) 전영(前營)과 후영에 전속되어 갑신정변 때 그의 지휘 하에 행동대로 활약하였다. 1884년 12월 4일 갑신정변 때 전위영 병졸 40여 명을 인솔하고 대신들이 출입하는 금호문(金虎門) 밖 진골 근처에 매복하였다가 우정국에서 사건이 일어나면 대궐에 들어올 민태호(閔台鎬) · 민영목 · 조영하(趙寧夏) 등 사대당 대신들을 저격하려 하였다. 계획은 실패했으나 개화당의 3일천하를 이룩하는 데 중요한 소임을 담당하였다. 개화당정권이 수립되자 전위영부령관(前衛營副領官)으로 임명되었으나, 3일천하로 무너지자 도피하였다가 1886년 체포령이 내려져 참살되었다.

심의겸(沈義謙, 1535~1587) : 본관은 청송(靑松), 자는 방숙(方叔), 호는 손암(巽菴) · 간암(艮菴) · 황재(黃齋)이다. 인순왕후(仁順王后, 명종의 비)의 동생이다. 1562년 별시문과에 급제한 뒤 병조좌랑을 거쳐 정언 · 부수찬 · 교리 등을 지냈으며 국왕의 밀지(密旨)를 받고 대제학 기대항(奇大恒)으로 하여금 상소케 하여 외숙부인 이량(李樑) 일파를 탄핵하였다. 1564년 지평 · 검상, 1565년 사간 · 부응교, 1566년 직제학 · 동부승지 등을 지냈다. 이어 1569년에 좌부승지 · 대사간, 1572년에 이조참의를 지내면서 선배 사류(士類)와 교유가 많았다. 동서간의 대립이 심화되는 것을 우려한 이이(李珥)의 상소로 김효원과 더불어 외직으로 밀려나, 개성유수 · 전라감사를 지냈다. 그 뒤 사직하고 파산(破山)에 내려가 있다가 1580년 다시 등용되어 예조참판과 함경감사 등을 지냈다. 정인홍(鄭仁弘)의 탄핵을 받았을 때 율곡 이이의 변호로 무사했으나, 율곡이 운명한 후 1584년 동인의 득세로 파직당했다. 청양군(靑陽君)에 봉해졌고, 나주 월정서원(月井書院)에 제향되었다.

심의성(沈宜性, 1873~?) : 본관은 청송, 자는 경명(敬明). 고종 31년(1894) 진사에 급제한 후 태학의 유학생 신분으로 '공자 성사(聖師)를 높이는 대법을 시행'하도록 하는 상소를 올렸다. 중추원3품 관원, 파주군수를 역임했다. 대한자강회 회원으로 「이공업재설(理工業財說)」, 「공업이재술(工業理財術)」 등의 논설을 실었다.

아돌프(Gustavus Adolphus, Gustavus II 1594~1632) : 스웨덴 왕. '북방의 사자왕'이라고 불린다. 재정개혁을 단행해 스웨덴의 국고를 풍족하게 하고, 사법권을 일원화했으며, 병원, 구호시설, 우편제도, 교육제도 등을 확충하는 등 내정에서 큰 업적을 이루었다. 군사면에서 놀라운 군사 개혁과 전술 개발을 이루었다. 종교적 이유 및 발트 해의 제해권을 수립하려는 독일 제국에 맞서 30년 전쟁에 참여하여 대승으로 이끌고 전사했다.

악비(岳飛, 1103~1141) : 중국 송나라의 무인, 학자, 서예가. 북송이 멸망할 무렵 의용군에 참전하여 전공을 쌓았으며, 남송 때 호북 일대를 영유하는 대군벌이 되었다. 그러나 재상 진회가 군벌끼리의 불화를 틈타서 그들의 군대 지휘권을 박탈하였고 이때 조정의 명령에 복종하지 않았던 악비는 누명을 쓰고 살해되었다. 진회가 죽은 후 명예가 회복되었으며 악왕묘에 배향되었다.

양계초(梁啓超, 1873~1929) : 중국의 학자, 정치가. 강유위의 제자로 그와 함께 변법자강운동을 전개한 계몽사상가이다. 750만여 자에 이르는 방대한 저술을 남긴 문필가이자 교육자이며, 중국 근대신문의 토대를 형성한 언론인이자 중국 근대 역사학의 창시자이기도 하다. 1896년 중국인에 의한 최초의 잡지인 『시무보(時務報)』를 간행했고, 무술정변 실패 후 일본으로 망명하여 『청의보(淸議報)』, 『신민총보(新民叢報)』 등을 간행했다. 정치적으로는 입헌군주제를 주장하면서 공화제에 반대하였다. 서양 철학의 소개에 힘을 기울였지만, 중국 봉건사회의 사상적 우위를 주장했다.

에드워드 7세(Edward VII, 1841~1910) : 영국 윈저 왕가의 왕. 60세인 1901년에 즉위했다. 국제 외교계에 능통하여 영국의 입장을 유리하게 하였으며, 영국~프랑스 협상(1904), 영국~러시아 협상(1907)의 체결로 말미암은 삼국 협상의 성립에 큰 영향을 미쳤다.

예양(豫讓, ?) : 중국 전국시대의 진(晉)나라 자객. 처음에 범씨와 중행씨를 섬겼지만 알아주지 않자 그 둘을 멸망시킨 지백을 섬겼다. 지백이 조양자를 죽이려고 하다 실패하여 죽임을 당하자, 보복으로 조양자를 살해하기 위해 몸에 옻칠을 하고 숯을 먹어 문둥이와 벙어리 행세를 하고 다녔다. 두 번이나 조양자를 죽이는 데 실패하자 자결했다.

오가키 다케오(大垣丈夫, 1861~1929) : 근대 초기 계몽운동세력과 광범위하게 접촉한 일본인 정치 브로커. 필명은 금릉거사(金陵居士). 경성통신사(京城通信社) 사장을 지냈고 대한협회 · 대동사문회(大東斯文會) 등을 조종했다고 알려져 있다. 그 외에도 친일단체 갑자구락부(甲子俱樂部)를 조직하고, 친일 운동을 위한 무당 조합인 경신무격조합(敬神巫覡組合)을 지휘했다. 경무국 및 총독부 고위층과 주로 접선했으며 반독립 모략 · 정보 활동을 담당했다.

요시다 쇼인(吉田松陰, 1830~1859). 일본 에도시대 사상가, 교육자. 명치유신의 정신적 지도자이자 이론가. 1853년 페리 함대 내항 당시 주전론의 무모함을 깨달은 그는 미국 함대에 밀항하여 유학을 가려다 실패하여 투옥되었다. 그 후 고향에서 사설학교를 열어 제자들을 길렀고, 이들이 훗날 명치유신의 주역이 되었다. 반막부 세력을 대대적으로 탄압한 안정대옥(安政大獄) 때 처형되었다.

원영의(元泳義; ?) 본관은 원주로 아버지는 동지중추부사 원휘(元暉)이며, 1895년에 한성사범학교에서 수학했다는 기록이 있다. 대한자강회와 대한협회의 회원으로 활동하였으며 관립소학교 교원 및 판임관 등을 역임했다. 계몽기에 한문과 역사

등 다양한 교과서를 편찬하였고 『대한자강회월보』와 『기호흥학회월보』, 『대한협회회보』 등의 잡지에 다양한 식물학, 정치학 등의 다양한 기사를 연재했다. 호는 장은(漳隱)이다.

유병필(劉秉珌, ?) 대한제국의 의사. 1902년 관립의학교 1회 졸업생으로 육군에서 군의관으로 근무하다, 모교의 교관으로 근무하였다. 최초의 근대적 의사단체인 의사연구회를 창설하고 대한의원 교수로 근무하였다. 1909년 교수직을 사임하고 의원을 개업하고 1910년 위생회를 조직하였다.

유영경(柳永慶, 1550~1608) : 본관은 전주(全州), 자는 선여(善餘), 호는 춘호(春湖)이다. 1572년 춘당대문과에 급제하여 정언 등 청요직(淸要職)을 역임했다. 1592년 임진왜란이 일어나자 사간으로서 초유어사(招諭御史)가 되어 의병을 모집했고, 다음해 황해도순찰사가 되어 해주에서 일본군을 물리친 공으로 행재소(行在所)에서 호조참의에 올랐다. 동서(東西)의 당론이 일어났을 때 유성룡(柳成龍)과 함께 동인에 속했고, 동인이 다시 남인 · 북인으로 나뉘자 이발(李潑)과 함께 북인에 가담했다. 1599년 대사헌으로 있을 때 남이공(南以恭) · 김신국(金藎國) 등이 같은 북인인 홍여순(洪汝諄)을 탄핵하면서 대북 · 소북으로 나뉘자 남이공과 함께 소북파의 영수가 되었다. 이때 대북파에 밀려 파직되었다가 1602년 이조판서에 이어 우의정에 올랐는데, 대북파의 기자헌(奇自獻) · 정인홍(鄭仁弘) 등과 세자문제로 심한 마찰을 빚었다. 1604년 호성공신(扈聖功臣) 2등에 책록되고, 전양부원군(全陽府院君)에 봉해진 뒤 선조에게 존호를 올리고 영의정이 되었다. 선조가 갑자기 죽고 광해군이 즉위하자 대북 이이첨(李爾瞻) · 정인홍이 탄핵을 받고 경흥에 유배되었다가 사사(賜死)되었다. 1623년 관작이 복구되었다.

유종원(柳宗元, 773~819) : 중국 당나라의 문인. 한유와 함께 중당기(中唐期)를 대표하는 고문가로 꼽힌다. 자는 자후(子厚)이며 하동(河東) 출신이다. 혁신적 진보분자로서 왕숙문(王叔文)의 신정(新政)에 참여했으나 실패하여 유주사마(柳州司馬)로 좌천된 후 47세의 젊은 나이로 죽었다. 문집으로 『유하동집(柳河東集)』 45권과 『외집(外集)』 2권이 전한다.

유희분(柳希奮, 1564~1623) : 본관은 문화, 자는 형백(亨佰), 호는 화남(華南)이다. 아버지는 광해군의 장인인 문양부원군(文陽府院君) 자신(自新)이며, 어머니는 좌의정 정유길(鄭惟吉)의 딸이다. 임진왜란이 일어나자 세자를 호종(扈從)했으며, 1597년 별시문과에 급제하여 예조좌랑이 되었다. 광해군이 즉위한 뒤에는 왕의 처남으로서 신임을 받아 예조참판이 된 뒤 소북(小北) 일파를 몰아내고 정인홍(鄭仁弘)과 함께 대북(大北)에 가담하여 대사간 · 도승지, 이조 · 병조 · 형조의 참판을 지내면서 정권을 좌우했다. 1613년 임해군(臨海君)을 무고로 몰아 죽이는 데 참여한 공으로 익사공신(翼社功臣) 1등이 되고 문창부원군(文昌府院君)에 봉해졌다. 1617년에는 병조판서로서 인목대비(仁穆大妃)를 폐비시키는데 가담하였나. 1623년 인조반정 때 참형을 당했다.

윤돈구(尹敦求, ?) 관료, 계몽운동가. 1905년 동양개진교육회(東洋開進教育會) 발기인, 1907년 궁내부(宮內府) 수학원(修學院) 교관을 역임했으며, 동년에 학부(學部)에서 선정한 국문연구소위원(國文研究所委員)으로 활동했다. 1909년 유교 부흥을 기치로 내건 태극교종(太極教宗)의 임시 회장직을 맡기도 했으며 대동학회 회원이기도 했다.

윤치호(尹致昊, 1865~1945) 정치가, 계몽운동가. 본관은 해평, 호는 좌옹(佐翁) 대한자강회 회장, 평양 대성학교 교장, YMCA 회장, 연희전문학교 교장 등을 역임했다. 『찬미가(讚美歌)』, 『의회통화규칙』, 『이솝우화』, 『걸리버여행기』 등의 저역서가 있다.

윤태준(尹泰駿, 1839~1884) : 본관은 파평(坡平), 자는 치명(稚命), 호는 석정(石渟)이다. 1873년 진사시에 합격하고 음보(蔭補)로 세자익위사세마(世子翊衛司洗馬)가 되었다. 1881년 김윤식(金允植)과 함께 69명의 영선사(領選使)가 청나라에 파견되었을 때 종사관(從事官)으로서 따라갔다. 그 뒤 영선사 파견 결과로 1884년 근대 병기공장인 기기국(機器局)이 설치되자 기기국총판(機器局總辦)에 임명되었다. 1882년에 별시문과에 병과로 급제하고 사어직각(司禦直閣) 등을 역임하였다. 이 해에 임오군란이 일어나자 명성황후를 피신시켜 구했다. 임오군란이 실패로 돌아가고 황후를 중심으로 한 수구파와 개량개화파들이 결합, 관제개혁이 진행되자 농상사협판(農商司協辦)으로 임명되고 군대의 지휘권도 담당했다. 중앙에서 개화당과 수구당의 대립이 한층 격화된 그 해 12월 4일, 우정국 낙성식을 기해 개화파들이 갑신정변을 일으켰을 때, 살해되었다. 영의정에 추증되었고, 편서로 『형향록(馨香錄)』이 있다. 시호는 충정(忠貞)이다.

윤효정(尹孝定, 1858~1939) : 계몽운동가. 본관은 파평, 호는 운정(雲庭), 별호는 조양(朝陽). 『대한자강회월보』에 '조양루주인'이라는 필명으로 기고하기도 했다. 경기도 양주 출신으로 탁지부주사를 지내고 고베에서 조일의숙(朝日義塾)을 세워 한국 유학생들을 수용했다. 독립협회에서 활동했으며 대한자강회와 대한협회를 함께 조직했고, 저서로 『풍운한말비사』가 있다.

이이첨(李爾瞻, 1560~1623) : 본관은 광주(廣州), 자는 득여(得輿), 호는 관송(觀松) · 쌍리(雙里)이다. 성종 · 연산군대의 권신(權臣)으로 무오사화를 일으켰던 좌찬성 극돈(克墩)의 5대손이다. 1582년 사마시에 합격, 1593년 광릉참봉을 지내고 이듬해 별시문과에 급제하여 전적이 되었다. 선조 말년에 세자인 광해군과 선조의 유일한 적통(嫡統)인 영창대군(永昌大君)을 둘러싸고 후사(後嗣) 문제가 대두되자, 광해군의 옹립을 주장하면서 영창대군을 받드는 유영경(柳永慶) 등 소북(小北)을 논박하다가 왕의 노여움을 사서 1608년 갑산으로 유배당했다. 이해 선조가 급사하고 광해군이 즉위하자 유배 도중 돌아와 예조판서가 되었다. 이때부터 정인홍과의 관계를 밀접히 하여 그의 수제자임을 자처하며 그를 통해 조식(曺植)의 학통을 이어받은 것으로 자부했다. 1613년에는 계축옥사를 일으켜 김제남(金悌南, 영창대군의 외조부) 등 영창대군의 지원세력을 축출하고 영창대군을 강화도로 유폐했다. 이듬해 영창대군이 강화도에서 죽은 후 1618년 인목대비(仁穆大妃)를 폐위하고 유폐시켰다. 이 일 때문에 인륜을 저버린 패륜아라는 여론의 지탄을 받고, 1623년 인조반정이 일어나자 가족을 이끌고 도망가다가 광주의 이보현(利甫峴)에서 체포되어 처형당했다.

이재면(李載冕, 1845~1912) : 본관은 전주(全州), 자는 무경(武卿), 호는 우석(又石), 뒤에 희(熹)로 개명했다. 1863년 사용(司勇)이 되고, 1864년 문과정시에 급제한 뒤 대사성·병조판서·이조판서 등을 지냈다. 1882년 6월 임오군란이 일어나 대원군이 재집권하자 무위대장(武衛大將)이 되었고, 이어 훈련대장으로 호조판서·선혜청당상·어영대장·금위대장을 겸했다. 민씨세력의 요청으로 대원군이 청군에 납치된 뒤 청나라에 왕래하며 천진(天津)에 감금되어 있던 대원군을 봉양하면서 대원군의 귀국을 위해 이홍장(李鴻章)과 교섭했다. 1885년 8월 홍선대원군을 따라 귀국한 뒤 운현궁에 칩거했다. 1894년 6월 일본군의 경복궁 쿠데타로 대원군이 집정하자 동문사당상경리사(同文司堂上經理事)가 되었다. 1895년 을미사변이 일어나자 대원군과 일본공사 미우라 고로[三浦梧樓]의 밀약에 의해 김홍집내각의 궁내부대신이 되었다. 이듬해 2월 아관파천이 일어나자 파면되었다. 1900년 완흥군(完興君)에 책봉되었다. 1907년 10월 육군부장(陸軍副將)이 되었으며, 11월 보빙대사(報聘大使)로 일본에 다녀왔다. 1910년 흥친왕(興親王)에 봉해졌다.

이조연(李祖淵, 1843~1884) : 본관은 연안(延安), 자는 경집(景集), 호는 완서(翫西)이다. 1880년 예조참판 김홍집(金弘集)이 수신사(修信使)로 일본의 관청과 공장 등을 시찰할 때 사헌부감찰로서 반접낭청(伴接郎廳)에 임명되어 수행했으며, 이듬해에도 수신사 조병호(趙秉鎬)의 종사관으로 일본에 다녀왔다. 1882년 고선관(考選官)으로 청나라에 가서 영선사(領選使) 김윤식(金允植)을 따라 천진(天津)에 간 유학생과 공상(工匠)들의 상황을 조사했고, 다시 사은겸진주사(謝恩兼陳奏使) 조영하(趙寧夏)의 종사관으로 청에 가서 임오군란의 내용을 보고하고 구원병을 속히 보내준 것에 감사했으며 빠른 시일 내에 대원군을 환국(還國)시켜달라고 청했다. 1883년 참의교섭통상사무(參議交涉通商事務)가 되었고, 기기국총판(機器局總辦)·이조참의·혜상공국총판(惠商公局總辦)·예조참판 등을 역임했다. 1884년 갑신정변이 일어났을 때 개화파에 의해 사대당(事大黨)으로 지목되어 윤태준(尹泰駿), 한규직(韓圭稷) 등과 함께 살해당했다. 이조참판에 추증되었다. 시호는 충정(忠貞)이다.

이준경(李浚慶, 1499~1572) 본관은 광주(廣州), 자는 원길(原吉), 호는 동고(東皐)·남당(南堂)·홍련거사(紅蓮居士)·연방노인(蓮坊老人)이다. 6세 때인 1504년(연산군 10) 갑자사화로 할아버지와 아버지가 사사되었으며 그도 연좌되어 형 윤경(潤慶)과 함께 충청도 괴산에 유배되었다. 1506년 중종반정으로 풀려나 외가에서 성장, 1531년(중종 26) 식년문과에 급제하여 관직에 나아갔으나 권신(權臣)인 김안로(金安老) 일파에 밀려 파직 당했다. 1558년 우의정에 오른 이후 좌의정을 거쳐 1565년 영의정이 되었다. 시호는 충정(忠正)이다.

이최응(李最應, 1815~1882) : 본관은 전주(全州), 자는 양백(良伯), 호는 산향(山響)이다. 흥선대원군 하응(昰應)의 형으로 흥인군(興寅君)에 봉해졌다. 고종이 즉위하자

종척집사(宗戚執事)가 된 후 좌찬성 등을 거쳐 1865년 경복궁 중건 때 영건도감제조(營建都監提調)를 지냈고, 판의금부사·호위대장 등을 역임했다. 대원군 정권하에서는 요직에 등용되지 못했으나, 서도(書道)에서 재능을 발휘해 옥보전문서사관(玉寶篆文書寫官)·존호옥책문서사관(尊號玉冊文書寫官) 등을 지냈다. 1873년 대원군이 물러나고 민씨 정권이 수립되자, 호위대장을 거쳐 이듬해 좌의정이 되었다. 1875년 세자의 스승을 겸하면서 예전과 격식이 다른 일본의 서계(書契)를 받아들이자고 했으며, 그해 영의정이 되었다. 1880년 부산이 개항된 후 수령들이 뇌물을 받고 몰래 미곡을 파는 행위를 엄히 처벌하자고 했고, 수신사 김홍집이 일본에서 가져온 『조선책략(朝鮮策略)』의 내용에 대해 고종이 묻자 우리나라 사람들은 이 책의 내용을 믿지 않을 것이지만 미국과 연교(聯交)하는 것은 좋은 계책일 것이라고 했다. 1881년 통리기무아문(統理機務衙門)의 총리대신이 되었고, 1882년 광주부유수를 거쳐 다시 영돈령부사가 되었으나, 임오군란 때 난민(亂民)들에 의해 살해되었다. 효헌(孝憲)이라는 시호가 내려졌다가, 1884년 충익(忠翼), 1905년 문충(文忠)으로 다시 내려졌다.

임진수(林珍洙, 1861~?) 본관은 나주이고 호는 하정(何丁)이다. 대한자강회 회원이며 서화가로 활동하여 『근역서화징(槿域書畵徵)』에 필적이 수록되어 있다.

정운복(鄭雲復, ?) : 조선 말기의 언론인. 서북학회(西北學會)를 결성하여 계몽운동에 활발히 참여했다. 일본 대판상업학교 한국어교사, 『경성일보(京城日報)』, 『한자신문(漢字新聞)』의 주필, 『제국신문』의 2대 사장, 학부(學部)의 편집촉탁(編輯囑託)을 역임했다. 일제에 협력하여 서북학회와 일진회를 연합하려 하고 친일적 논조의 기사를 썼다는 혐의를 받는다.

정인홍(鄭仁弘, 1535~1623) : 본관은 서산(瑞山), 자는 덕원(德遠), 호는 내암(萊菴)이다. 남명 조식에게 수학하였으며 1573년 김우옹의 천거로 처음으로 관직에 나가 황간현감이 되었다. 임진왜란 때 의병을 일으켜 공이 컸다. 광해군이 즉위한 후 이이첨(李爾瞻)·이산해(李山海) 등 대북의 정권 주도를 지원하고 대북의 고문으로서 정치적 영향력을 발휘했다. 이후 조식과 조식학파의 학문적 위상 강화작업을 활발히 추진하여 조식의 문묘종사를 추진하는 한편, 이언적(李彦迪)·이황(李滉)의 학문을 비판하고 이들의 문묘종사를 저지했다. 이 일로 8도의 유생들에게 탄핵을 받고 청금록(靑襟錄)에서 삭제되었다. 1613년 계축옥사가 일어나자 영창대군을 지원하는 세력을 완전히 제거하라고 주장하였으며 1618년 폐모론(廢母論)이 논란을 일으켰으며 1623년 인조반정 때 처형되었다.

조영하(趙寧夏, 1845~1884) : 본관은 풍양(豊壤), 자는 기삼(箕三), 호는 혜인(惠人)이다. 1863년 정시문과에 급제했고, 이듬해 규장각대교가 되었다. 당시 대왕대비로서 섭정하고 있던 조대비의 총애를 받아 1865년 대사성으로 승진했고, 이어 이조참의·개성부유수를 거쳐 호조판서가 되었다. 1873년 민승호(閔升鎬) 등 민씨 세력과 결탁하여 대원군세력을 몰아내는 데 앞장섰다. 대원군이 하야(下野)하고 고종이 친정하자 이듬해 금위대장이 되었고, 이어 훈련대장을 역임했다. 공조판서와 이조판서를 거쳐 1880년 한성부판윤이 되었다. 같은 해 신설된 통리기무아문(統理機務衙門)에도 상호군(上護軍)으로 근무했다. 1882년 전권대신이 되어 조미(朝美)·조영(朝英)·조독(朝獨) 수호조규(修好條規)를 체결했다. 같은 해 임오군란이 발생하자, 윤웅렬(尹雄烈)을 통하여 일본공사 앞으로 서한을 보내 군란의 상황을 통고하고 자위책을 강구하도록 했다. 그 후 대원군이 다시 집권하자 지삼군부사(知三軍府事)가 되었고, 청군이 개입하자 접견대관(接見大官)으로 청나라의 도원(道員) 마건충(馬建忠)을 만나 군란발생배경을 설명했다. 청·일 양국의 출병으로 민씨 세력이 다시 집권하자 진주사(陳奏使)로 청에 가서 청국에 대한 감사의 표시와 대원군의 조속한 환국을 요구했고, 차관교섭 및 세관설립에 필요한 관세·외교 담당고문으로 묄렌도르프를 초빙했다. 1884년 갑신정변 때, 개화파에 살해당하였나. 시호는 충문(忠文)이다.

현은(玄櫽, 1860~1934) : 호는 운초(雲草)이고 본관은 천녕(川寧)이다. 1880년에 역과(譯科)에 급제하고 사헌부, 통리교섭통상사무아문 등에 근무하였다. 1905년부터 대한자강회, 대한구락부 등에서 활동하였다. 통감부 시절부터 학부의 국문연구소에서 근무하였고 1910년부터는 조선총독부 취조국 위원으로 조선어 사전 촉탁업무를 맡아 1918년에는 조선어사전 심사위원을 역임하였다. 1921년 중추원 참의가 되었다. 민족문제연구소의 친일인명사전에 수록되었다.

한규직(韓圭稷, 1845~1884) : 본관은 청주(淸州), 자는 순좌(舜佐), 호는 다옥(茶玉)이다. 동생이 참정대신 규설(圭卨)이다. 1864년 무과에 급제한 뒤 선전관·함안군수·길주목사·경상좌수사·전라도병마절도사 등을 지냈다. 1884년 초 기기국총판(機器局總辦)·혜상공국총판(惠商公局總辦)을 겸했으며, 8월에는 전영사(前營使)가 되어 민영익(閔泳翊)·이조연(李祖淵)·윤태준(尹泰駿) 등과 함께 중앙군대의 지휘권을 장악하면서 박영효(朴泳孝)가 양성해오던 신식군대를 친군전영에 편입시켰다. 이 때문에 개화파에게 원한을 사게 되었다. 그해 12월 우정국(郵征局) 낙성축하연에서 개화파세력이 갑신정변을 일으키자 피신하여 병졸의 복장으로 갈아입고 창덕궁으로 갔다가 고종을 따라 경우궁(景祐宮)에 이르렀다. 이조연·유재현(柳在賢) 등과 함께 정변을 진압할 계책을 논의하다가 경우궁 밖으로 쫓겨나 황용택(黃龍澤)·이규완(李圭完) 등에게 살해되었다. 갑신정변이 진압된 뒤 좌찬성에 추증되었다. 시호는 충장(忠壯)이라고 했다가 충숙(忠肅)으로 고쳤다.

홍재현(洪在鉉, 1815~?) : 본관은 남양(南陽), 자는 경옥(景玉)이다. 1859년 경과증광별시문과(慶科增廣別試文科)에 병과로 급제하였다. 1867년 대사성에 임명되었고, 그 뒤 예방승지를 거쳐, 1875년 이조참판, 1877년 강원도관찰사를 지냈다. 1879년 도총부도총관과 한성부판윤을 겸직한 뒤, 같은 해에 형조판서가 되었으며, 1881년 대사헌, 1882년 예조판서를 지냈다.

인명 및 기타

ㄱ

강태공(姜太公) 231, 232
강한희(姜漢熙) 50
걸(桀) 145
고무라 쥬타로[小村壽太郎] 280
고염무(顧炎武) 123
고정림(顧亭林) 123
공부자(孔夫子) 268, 271
공자 78, 113, 139, 146, 165, 175, 207, 208
관중(管仲) 251
광무제(光武帝) 239
구스타브 2세 아돌프 72
구양수(歐陽脩) 97
구천(勾踐) 73, 251
굴원 114
글래드스톤 75, 211, 212
기자(箕子) 35, 38, 44, 220
김명준(金明濬) 54
김상범(金相範) 24, 34, 48, 50, 54, 128
김석환(金碩桓) 25, 50, 54
김영규(金英圭) 50, 54
김옥균(金玉均) 246, 247
김유신 90
김최건 168, 265
김충선 249
김효원(金孝元) 245

ㄴ

나철(羅喆) 140
나폴레옹 71, 72, 73, 157
남궁벽 131, 133
남궁식(南宮湜) 142, 156, 164
남궁훈(南宮薰) 50, 54, 132
남숭산인 20, 151
네로 황제 184
노자 16
니토베 이나조[新渡戶稻造] 108

ㄷ

다부치 도모히코[田淵友彦] 90
다케조에 신이치로[竹添進一郎] 246, 247
단군 35, 38, 44
당 태종 65, 220, 229
대원군(大院君) 246
덕종(德宗) 16
등봉(鄧鳳) 234
등즐(鄧騭) 234
등태후(鄧太后) 234

ㄹ

로버트 하트(Sir Robert Hart) 162
루소 108
루스벨트 263
리빙스턴 73
링컨 73, 77

ㅁ

마르틴 루터 71
마젤란 73
마치니 72, 73
만당자(晩堂子) 132
맹열(孟說) 70
맹자(孟子) 68, 114, 116, 127, 146, 165, 189, 195, 229
메가다 타네타로 279
명성황후 246
몽테스키외 108
무열왕 90
무왕 68, 70, 97, 165
문공(文公) 35

문왕(文王) 99, 157, 165, 192, 232
문종(文種) 251
민비(閔妃) 246
민승호(閔升鎬) 246
민영목(閔泳穆) 247
민태호(閔台鎬) 247

ㅂ

박승봉(朴勝鳳) 50
박승종(朴承宗) 245
박영효(朴泳孝) 246, 247
박은식 57, 81, 93
박정동(朴晶東) 148, 151
박주헌(朴周憲) 48
백기(白起) 252
백상규(白象圭) 50, 54
범려(范蠡) 251
범준(范浚) 168
부열(傅說) 158, 231, 251
부차(夫差) 251
브라이언 225
빅토르 위고(Victor Hugo) 76

ㅅ

사광(師曠) 70
상앙(商鞅) 285
서광범(徐光範) 246
서백(西伯) 232
서상돈(徐相敦) 148, 151
서재필 204, 246
석가 271
선무사(還無社) 122
선조(宣祖) 245
설태희 110
세네카 184
소백(小白) 251
소진(蘇秦) 188, 252
솔로몬 185
송시열(宋時烈) 245
숙종(肅宗) 244, 245
순임금 107, 113, 116, 167
순조(純祖) 172
슈타인 73
신복모(申福模) 246
신숙전(申叔展) 122
심의겸(沈義謙) 245
심의성 34, 48, 50, 54

ㅇ

악광(樂廣) 184
악비(岳飛) 229
안병찬(安秉瓚) 48, 50, 54
안제(安帝) 234
애공(哀公) 114
양계초(梁啓超) 68, 70, 73, 74, 76, 78, 116, 117, 121, 124
양제 220
엄복(嚴復) 79
에그버트 61
에드워드 7세 61
에비숀 184
여규형(呂圭亨) 283, 284
여병현(呂炳鉉) 54
예수 그리스도 114, 251, 268, 271
예양(豫讓) 77
오가키 다케오 18, 41, 50, 59, 206, 220, 224, 243, 263
오기(吳起) 252
오야츠히메[大屋津姬命] 221
오우진[應神]천황 221
오주혁(吳周爀) 50
오획(烏獲) 70
왕인(王仁) 222
왕징(王澄) 184
요임금 68, 107
우임금 113, 249, 250
워싱턴 62, 72, 73, 157, 211
원영의 194, 197
위고 76
윌리엄 1세 61
윌리엄 제임스(William James) 194
유근(柳瑾) 54
유묘(有苗) 167

유방(劉邦) 167
유병필 250
유비 145
유석태(柳錫泰) 48
유선 145
유영경(柳永慶) 245
유자(有子) 114
유희분(柳希奮) 245
윤돈구 27
윤정구(尹貞求) 54
윤정원 267
윤치호 13, 50, 203, 217, 243
윤태준(尹泰駿) 247
윤효정 21, 34, 37, 38, 48, 50, 54, 137, 160, 182, 229, 238, 254, 275
이 충무공 126
이광 76
이기 15, 63, 96, 99
이덕수(李德洙) 54
이루(離婁) 70, 110, 133, 189
이명건(李命健) 50, 54
이보상(李輔相) 54
이상천(李相天) 50
이소타케루[五十猛命] 221
이순신 126
이원긍(李源兢) 50
이윤(伊尹) 144, 145, 147, 158
이이첨(李爾瞻) 245
이인종(李寅鍾) 246
이재면(李載冕) 246
이조연(李祖淵) 246, 247
이종일(李鍾一) 63
이종준 98, 117, 132, 187
이준경(李浚慶) 245
이최응(李最應) 246
이토 히로부미 43, 191, 225, 275, 277, 278, 279
인조(仁祖) 245
임병항(林炳恒) 50
임비(任鄙) 70
임진수(林珍洙) 33, 34, 48, 50

ㅈ

장공예(張公藝) 252
장의(張儀) 188, 252
장지연 20, 34, 50, 53, 67, 85, 134, 148, 171, 176, 179, 224, 282
정동모(鄭董謨) 140
정운복(鄭雲復) 50, 54, 209
정인홍(鄭仁弘) 245
정조(正祖) 172
정호면(鄭鎬冕) 54
제갈량 77, 145, 147
조맹(趙孟) 188
조영하(趙寧夏) 246, 247
존슨(Andrew Johnson) 185
주수창(朱壽昌) 77
주왕(紂王) 97, 99
중종(中宗) 244
지석영 29, 152
진구황후[神功皇后] 221

ㅊ

최상집(崔庠集) 54
최익현(崔益鉉) 246
최재학(崔在學) 50
츄아이[仲哀]천황 221
츠마츠히메[抓津姬命] 221

ㅋ

카이카[開化]천황 221
콜럼버스 71, 73, 75
크롬웰 72, 73, 77

ㅌ

탕(湯) 145, 157
태갑(太甲) 145
태명식(太明軾) 31, 54

ㅍ

표트르 대제 73
풍당(馮唐) 100

ㅎ

한 고조 167, 229
한규직(韓圭稷) 246, 247
한신(韓信) 252
한영복(韓永福) 48, 50
한유(韓愈) 101, 175, 207
해럴드(Harold) 2세 61
허유(許由) 239
헉슬리(Huxley, T. H.) 79
헤르바르트 108
현은(玄檃) 54
호무보지(胡毋輔之) 184
홍영식(洪英植) 246
홍재현(洪在鉉) 246
홍필주 53
환공 251
황제(黃帝) 16, 70, 231, 238
효공(孝公) 285
효종(孝宗) 245

서명

ㄴ

『논어』 104, 114, 139, 146, 175, 208, 222

ㄷ

『대학(大學)』 113, 266
『대한자강회월보』 21, 22, 63, 93
『도덕경(道德經)』 19
「독립론(獨立論)」 116

ㅁ

『만법정리(萬法精理)』 108
『맹자(孟子)』 68, 110, 116, 127, 133, 146, 168, 188, 189, 192, 195, 266

ㅅ

『사기(史記)』 76, 114, 167, 235, 286
『사회세악론』 108
『산해경(山海經)』 123
『상서(尙書)』 97
『서경(書經)』 102, 113, 132, 139, 167, 189
『성경』 185
『소학(小學)』 219
『시경(詩經)』 75, 100, 118, 119, 192
『신민설(新民說)』 68, 70, 73, 74, 76, 78

ㅇ

『역경(易經)』 67
『열자(列子)』 188
『예기(禮記)』 102, 196
『일본서기(日本書紀)』 221, 222
『일지록(日知錄)』 123

ㅈ

『자강회월보』 16, 28, 67, 93, 102, 168
「자살론」 184
『장자(莊子)』 159, 171
『제국신문』 151, 262
『주례(周禮)』 64, 102
『주역(周易)』 29, 67, 102, 105, 127, 171, 192
『중용(中庸)』 22, 29, 173, 196
『진화와 윤리』 79

ㅊ

『천연론(天演論)』 79
『천자문(千字文)』 222
『청의보(淸議報)』 116
『춘추(春秋)』 102, 107, 115, 207
『춘추전(春秋傳)』 173
『춘추좌씨전(春秋左氏傳)』 121, 122, 192

ㅌ

『타임즈(*The Times*)』 120

ㅎ

「학파설(學派說)」 108
『황성신문(皇城新聞)』 132